Die Miete

von

Wohnungen und anderen Räumen.

Die Miete

von

Wohnungen und anderen Räumen

nach dem

Bürgerlichen Gesetzbuch für das Deutsche Reich
unter Berücksichtigung der Ausführungsgesetze der deutschen
Bundesstaaten.

Für den praktischen Gebrauch bearbeitet

von

Hermann Brückner,
Reichsgerichtsrat.

Leipzig,
Verlag von Veit & Comp.
1900.

Druck von Metzger & Wittig in Leipzig.

Vorwort.

Der Verfasser, der in früheren Jahren bei einem durch Mietstreitigkeiten viel in Anspruch genommenen erstinstanzlichen Gerichte beschäftigt war, hat bereits im Jahre 1877 eine kurze systematische Darstellung der die Wohnungsmiete betreffenden Vorschriften nach gemeinem Recht unter vergleichender Berücksichtigung des preußischen, sächsischen und gothaischen Landesrechts geliefert und auch später diesem Rechtsteile, der bei den heutigen Verkehrsverhältnissen immer mehr an Bedeutung gewinnt, seine Aufmerksamkeit zugewendet.

Die von ihm gegenwärtig verfaßte Bearbeitung der „Miete von Wohnungen und anderen Räumen" enthält zunächst in systematischer Ordnung die hierauf bezüglichen Vorschriften des Bürgerlichen Gesetzbuches für das Deutsche Reich, sowie des dazu erlassenen Einführungsgesetzes mit den sich aus den Materialien (Motive, Kommissionsprotokolle, Denkschrift) ergebenden näheren Erläuterungen, außerdem aber auch die das Mietrecht berührenden Vorschriften sonstiger Reichsgesetze, wie namentlich der Civilprozeßordnung, der Konkursordnung (in der neuen Fassung) und des Gesetzes über die Zwangsversteigerung und Zwangsverwaltung. Dabei sind fortlaufend die Abweichungen der neuen Gesetzgebung von den hauptsächlichsten früheren Rechtssystemen: dem gemeinen Recht, dem preußischen allgemeinen Landrecht, dem rheinisch-französischen Recht (Code civil) und dem Bürgerlichen Gesetzbuch für das Königreich Sachsen, hervorgehoben, auch bei den wichtigeren Lehren (z. B. „Kauf bricht nicht Miete", gesetzliches Pfandrecht des Vermieters) die wesentlichen Punkte der Entwickelungsgeschichte aufgeführt.

Neben den Reichsgesetzen sind ferner einschlagende Gesetze der deutschen Bundesstaaten, namentlich die Ausführungsgesetze derselben zum Bürgerlichen Gesetzbuch, berücksichtigt, soweit dies bis zum Abschluß der Arbeit (Anfang November 1899) möglich war.

Da die Ergebnisse der seitherigen Rechtsprechung teilweise auch noch nach dem Inkrafttreten des Bürgerlichen Gesetzbuches verwendbar sind, so sind, insoweit dies der Fall, auch die seitherigen Entscheidungen des Reichsgerichts, sowie des früheren Reichsoberhandelsgerichts und des früheren preußischen Obertribunals, ebenso die Entscheidungen anderer oberer Gerichtshöfe aus Seufferts Archiv, Gruchots Beiträgen und dem sächsischen Archiv für bürgerliches Recht und Prozeß an den geeigneten Stellen angeführt.

Daneben sind zur Erläuterung der neuen und abweichenden Vorschriften des Bürgerlichen Gesetzbuches eine große Anzahl von praktischen Beispielen aufgestellt.

Das kleine Werk soll vor allem dem Juristen, an welchen überhaupt die oft schwierige und verantwortungsvolle Handhabung der neuen Gesetzesbestimmungen zunächst herantritt, als Hilfsmittel in der Praxis dienen. Es soll aber auch dem Nichtjuristen eine verständliche Darstellung der ihn interessirenden Hauptpunkte gewähren, welche zu diesem Zweck im Text in möglichster Kürze zusammengefaßt sind, während die Anmerkungen den weiteren juristischen Ausführungen und Erläuterungen gewidmet sind.

Sollte die Arbeit diesem doppelten Zwecke entsprechend befunden werden, so würde sich der Verfasser reichlich dafür belohnt fühlen.

Leipzig, im Dezember 1899.

Hermann Brückner.

Inhalt.

Fünfter Abschnitt.

Beendigung des Mietverhältnisses.

Sechster Abschnitt.

Einfluß der Rechte Dritter, insbesondere der Besitznachfolger und Hypothekengläubiger des Vermieters auf das Mietverhältnis.

I. Freiwillige Veräußerung und Belastung des vermieteten Grundstücks.

Abkürzungen

bei den Quellen- und Litteraturangaben.

a) Bürgerliches Gesetzbuch für das Deutsche Reich und darauf bezügliche Litteratur.

B.G.B. = Bürgerliches Gesetzbuch für das Deutsche Reich vom 18. August 1896 (die im Text eingeklammerten Zahlen bezeichnen die Paragraphen des B G.B.).

Einf.-Ges. = Einführungsgesetz zum Bürgerlichen Gesetzbuche vom 18. August 1896.

Mot. I, II = Motive zu dem Entwurf eines Bürgerlichen Gesetzbuchs für das Deutsche Reich I. Lesung Bd. I, II. ꝛc. 1888.

Prot. = Protokolle der Kommission für die zweite Lesung des Entwurfs eines Bürgerlichen Gesetzbuchs für das Deutsche Reich, metallographiert

Denkschr. = Denkschrift zum Entwurf eines Bürgerlichen Gesetzbuchs für das Deutsche Reich. 1896.

Buchka = Vergleichende Darstellung des Bürgerlichen Gesetzbuchs für das Deutsche Reich und des Gemeinen Rechts von Buchka. 1898.

Förtsch = Vergleichende Darstellung des Code civil und des Bürgerlichen Gesetzbuches für das Deutsche Reich von Förtsch. 1897.

Planck = Bürgerliches Gesetzbuch nebst Einführungsgesetz, erläutert von Planck in Verbindung mit Achilles, André, Greiff, Ritgen Unzner. 1898/99.

Rehbein = Das Bürgerliche Gesetzbuch mit Erläuterungen für das Studium und die Praxis von Rehbein. 1898/99.

Haidlen = Das Bürgerliche Gesetzbuch nebst Einführungsgesetz mit den Motiven und sonstigen gesetzlichen Vorarbeiten von Haidlen. 1897.

Kuhlenbeck = Das Bürgerliche Gesetzbuch für das Deutsche Reich nebst dem Einführungsgesetz, im Auftrage des Vorstands des deutschen Anwaltsvereins erläutert von Kuhlenbeck. 1898.

Endemann = Einführung in das Studium des Bürgerlichen Gesetzbuchs von Endemann. 3. Aufl. 1897.

Cosack = Lehrbuch des deutschen bürgerlichen Rechts auf der Grundlage des Bürgerlichen Gesetzbuchs für das Deutsche Reich von Cosack. 1899.

Schollmeyer = Das Recht der einzelnen Schuldverhältnisse im Bürgerlichen Gesetzbuch von Schollmeyer. 1897.

Meisner = Das Recht der Schuldverhältnisse von Meisner (Bd. 2 seines Kommentars). 1898.

Fränkel = Miet- und Pachtrecht nach dem Bürgerlichen Gesetzbuch von Fränkel. 1897.

Fuld = Das Mietrecht nach dem Bürgerlichen Gesetzbuch für das Deutsche Reich von Fuld. 1898.

b) Sonstige Reichs- und Landesgesetze und darauf bezügliche Litteratur.

H.G.B. = Handelsgesetzbuch vom 10. Mai 1897.

G.V.G. = Gerichtsverfassungsgesetz für das Deutsche Reich, in der Fassung des Gesetzes vom 17. Mai 1898.

C.P.O. = Civilprozeßordnung für das Deutsche Reich in der Fassung des Gesetzes vom 17. Mai 1898.

K.O. = Konkursordnung für das Deutsche Reich in der Fassung des Gesetzes vom 17. Mai 1898.

Zw.-Verst.-Ges. = Reichsgesetz über die Zwangsversteigerung und die Zwangsverwaltung vom 27. März 1897.

R.G. = Entscheidungen des Reichgerichts in Civilsachen.

R.G.Strfs. = Entscheidungen des Reichsgerichts in Strafsachen.

Bolze = Praxis des Reichsgerichts in Civilsachen. Bearbeitet v. Bolze.

Petersen u. Kleinfeller = Konkursordnung für das Deutsche Reich. 3. Aufl. 1892. Für den praktischen Gebrauch erläutert v. Petersen und Kleinfeller.

Windscheid = Lehrbuch d. Pandektenrechts v. Windscheid. 7. Aufl. 1891.

Seuff. A. = Seufferts Archiv für Entscheidungen der obersten Gerichte, herausgegeben von Schütt.

A.L.R. = Allgemeines Landrecht für die Preußischen Staaten.

Rehbein u. Reincke = Allgemeines Landrecht für die Preußischen Staaten. Mit Erläuterungen von Rehbein und Reincke.

O.Tr. = Entscheidungen des Preußischen Obertribunals, herausgegeben im amtlichen Auftrage.

Str.A. = Archiv für Rechtsfälle, herausgegeben von Striethorst.

Gruchot = Beiträge zur Erläuterung des deutschen Rechts von Gruchot, herausgegeben von Rassow, Küntzel und Eccius.

Förster-Eccius = Preußisches Privatrecht auf der Grundlage des Werkes von Dr. Franz Förster, bearbeitet von Eccius. 6. Aufl. 1893.

Rehbein, Entsch. = Die Entscheidungen des vormaligen Preußischen Obertribunals auf dem Gebiete des Civilrechts. Für das Studium und die Praxis bearbeitet v. Rehbein. 1884/88.

Niendorff = Das Preußische Mietrecht, herausgegeben von Mugdan. 4. Aufl. 1896.

C. c. = Code civil.

Zachariä-Crome = Handbuch des Französischen Civilrechts nach Zachariä v. Lingenthal, bearbeitet von Crome. 1894.

S.G.B. = Bürgerliches Gesetzbuch für das Königreich Sachsen vom 2. Januar 1863.

Grützmann = Lehrbuch des Königl. Sächsischen Privatrechts von Grützmann. 1887.

Sächs. Arch. = Sächsisches Archiv für bürgerliches Recht und Prozeß, herausgegeben von Hoffmann, von Sommerlatt und Wulfert.

Wengler = Der Mietvertrag nach Königl. Sächsischem Rechte dargestellt von Wengler. 2. Aufl. 1891.

Einleitung.

Die Regelung der Miete von Wohnungen und anderen Räumen ist nicht nur in rechtlicher, sondern auch in wirtschaftlicher und sozialer Hinsicht von erheblicher Bedeutung. Wichtige Interessen der Vermieter wie der Mieter kommen dabei in Frage. Die Ersteren erstreben die entsprechende Verwertung ihres Eigentums, die Letzteren die Beschaffung eines Heims für sich und ihre Familie, eines Platzes für die Ausübung ihrer Berufs- und Erwerbsthätigkeit. Zahllose persönliche und gesellschaftliche, gemütliche, geistige und materielle Interessen sind von der Beschaffenheit der gemieteten Räume und von den Bedingungen abhängig, unter welchen der Gebrauch des Mieters daran besteht. Eine gerechte und billige Ordnung des Mietwesens ist daher eine der Grundlagen der Gesellschaftsordnung überhaupt, namentlich in einer Zeit, wo in den Großstädten der Mangel an geeigneten Wohnungen vielfach in empfindlicher Weise hervortritt.

Die neue Regelung dieses Mietverhältnisses, wie sie jetzt für die Zeit vom 1. Januar 1900 ab durch das Bürgerliche Gesetzbuch für das Deutsche Reich vollzogen ist, hat deshalb Anspruch auf allseitiges Interesse. Von Interesse ist aber daneben auch eine Erörterung darüber, auf welchen Grundlagen und auf welche Weise im Laufe der Zeiten in denjenigen Rechtsgebieten, deren Vorschriften die neue Gesetzgebung teilweise beeinflußt haben, dieses Mietverhältnis im großen und ganzen ausgebildet und entwickelt worden ist.

Deshalb möge der in gegenwärtiger Arbeit unternommenen Darstellung der vom 1. Januar 1900 ab geltenden Gesetzesbestimmungen über die Wohnungsmiete eine kurze Übersicht über die grundlegenden Bestimmungen vorangehen, welche seither bezüglich dieses Teiles des Obligationenrechts in den hauptsächlichsten Rechtsgebieten Deutschlands, dem des gemeinen Rechts, des preußischen Landrechts, des rheinisch-französischen Rechts und des sächsischen bürgerlichen Gesetzbuches, in Geltung waren.

Ein derartiger Rückblick auf das alte Recht, wie er im weiteren Verlaufe der Arbeit auch bei den Einzelvorschriften erfolgen wird, dient ebenso zum Verständnis der neuen Vorschriften, wie zur Würdigung und Wertschätzung ihres materiellen Inhalts.

1. Für die rechtliche Regelung des Mietverhältnisses überhaupt ist vor allem das römische Recht von hervorragender Wichtigkeit gewesen, welches die Rechtsentwickelung gerade auf diesem Gebiete bis in die neueste Zeit vielfach beherrscht hat. Das römische Recht aber hat in unverkennbarer Weise die Interessen des Eigentümers und Vermieters vor denen des Mieters ins Auge gefaßt und bevorzugt. Es beruht dies teils auf der eigentümlichen nationalen Entwickelung jenes Rechts selbst, teils auf den sozialen Verhältnissen der Stadt Rom. In ersterer Beziehung tritt uns der Grundzug des römischen Rechts entgegen, vor allem das Eigentum und dessen Schutz in voller Reinheit und Schärfe auszubilden, von Beschränkungen durch Rechte Dritter möglichst frei zu halten. Eine eingehende und umfassende Regelung derartiger Rechte fehlte; die Vermietung von Häusern kam, nachdem anfänglich der römische Bürger regelmäßig im eigenen Hause gewohnt hatte, erst in den späteren Zeiten der Republik, unter voller Anerkennung der bis dahin ausgebildeten Oberherrschaft des Eigentums in Gebrauch.[1] Dazu trat als zweites Moment die Verschiedenheit in der sozialen Stellung der Vermieter und Mieter. Die Ersteren, die Hauseigentümer, waren die Besitzenden und Einflußreichen; zur Miete wohnten nur die Unbemittelten und politisch Einflußlosen, die kleinen Leute, unter ungünstigen Verhältnissen in großen Mietkasernen (insulae) zusammengedrängt.[2] Es fehlte ihnen die Macht, eine Entwickelung des Rechtverhältnisses zu ihren Gunsten herbeizuführen; der öffentlichen Rechtsordnung aber war der Schutz des wirtschaftlich Schwächeren gegenüber dem Stärkeren unbekannt.

Infolge dieser Umstände war im römischen Recht dem Mieter, obwohl er nach der Natur des Rechtsverhältnisses die

---

[1] L. Jacobi, Miete und Pacht, 1889, S. 27 flg.

[2] Jacobi a. a. O. S. 30. Mommsen, röm. Geschichte I S. 828.

Wohnung zum dauernden Gebrauch inne hat, doch Besitz und Besitzesschutz gegen Dritte nicht verliehen; er übte den Besitz nur als Vertreter des Vermieters aus, hatte nur ein persönliches Recht gegen denselben auf Überlassung und Belassung des Gebrauches, konnte aber auf Grund dieses Anspruches nach dem ursprünglichen römischen Recht auf dem Klagwege nicht einmal die Gewährung der Wohnung selbst, sondern nur die Zahlung einer Geldentschädigung wegen Nichtgewährung des Gebrauches durchsetzen;[3] er mußte dem Vermieter weichen, wenn derselbe ihn wegen eigenen Bedürfnisses austrieb und konnte, falls der Vermieter verkaufte und der Käufer kraft seines dinglichen Rechts den Mieter zum Auszug zwang, nur auf Grund seines persönlichen Rechtes einen Entschädigungsanspruch gegen seinen Vermieter geltend machen (l. 25 § 1 D. loc. 19, 2); andererseits aber stand dem letzteren wegen aller seiner Ansprüche aus dem Mietvertrage an allen eingebrachten Sachen des Mieters ein gesetzliches Pfandrecht zu. Recht bezeichnend für die damalige abhängige Stellung des Mieters ist der Satz der l. 25 § 1 D. de acqu. vel amitt. poss. 41, 2: „Nec inter colonum et servum nostrum, per quem possessionem retinemus, quidquam interest."

Die in diesen Vorschriften liegenden Härten und Unzuträglichkeiten wurden allerdings schon in der späteren italienischen Rechtslehre und Rechtsprechung des zwölften und dreizehnten Jahrhunderts gemildert, namentlich dadurch, daß man dem Mieter Besitzesschutz gegen Dritte (actio spolii), sowie den unmittelbaren und vollstreckbaren Anspruch auf Einräumung der Wohnung selbst gewährte.[4] Im übrigen aber blieb die römische Auffassung der Miete, als eines rein persönlichen (obligatorischen) Rechts, bestehen und gelangte allmählich auch in Deutschland und, obschon nur in beschränktem Maße, in Frankreich zur Geltung.

2. Das ältere französische Recht hatte die römisch-rechtliche Auffassung durchweg, insbesondere auch den Satz: „Kauf bricht Miete" aufgenommen. Das wurde im Code civil (vom Jahre 1804 und 1807) art. 1743 geändert. Danach konnte im Verkaufsfalle der Erwerber den Mieter dann nicht austreiben, wenn derselbe einen authentischen oder mit einem gewissen Datum

[3] Ziebarth, Realexekution und Obligation mit besonderer Rücksicht auf die Miete, 1866, S. 64. 119.

[4] Fischer in den Verhandlungen des neunzehnten deutschen Juristentages 1888 Bd. I S. 379.

versehenen Mietvertrag (un bail authentique ou dont la date est certaine) besaß. Nur dann, wenn in einem solchen Mietvertrag das Recht, im Verkaufsfalle die Räumung zu verlangen, ausdrücklich vorbehalten war, konnte der Erwerber ungeachtet der Authentizität auf Räumung bestehen (art. 1743). Doch war er alsdann an eine Kündigungsfrist gebunden und der Mieter brauchte nicht eher zu räumen, als bis er vom Vermieter oder vom neuen Erwerber entschädigt war (art. 1748).[5] Vermochte dagegen der Mieter einen formgerechten Vertrag nicht vorzulegen, so konnte der Erwerber demselben mit den üblichen Fristen kündigen und nach deren Ablauf Räumung verlangen, ohne zur Entschädigung verpflichtet zu sein; vielmehr lag letztere Pflicht nur dem Vermieter ob (art. 1750). Diese Vorschriften galten auch dann, wenn der Mieter die Mieträume noch nicht inne hatte und auch im Falle des Zwangsverkaufes.[5]

Im übrigen war im französischen Recht die Miete als dingliches Recht nicht anerkannt, auch dem Mieter keinerlei Besitzesschutz gewährt.

Vorstehende Grundsätze galten im wesentlichen auch in denjenigen deutschen Gebieten (Rheinpreußen, Rheinpfalz, Rheinhessen, Elsaß-Lothringen und Baden), in welchen der Code civil direkt oder indirekt (als badisches Landrecht) Gültigkeit erlangt hat.

3. In Deutschland hatte anfänglich die Rechtsentwickelung eine vom römischen Recht abweichende Richtung genommen. Sobald es hier in den Städten gebräuchlich wurde, Häuser oder Hausteile an Dritte zum Bewohnen gegen Vergütung zu überlassen, gestaltete sich dieses Gebrauchsrecht als ein dingliches, entsprechend dem Grundzuge des deutschen Rechts, daß in allen Fällen, wo eine Sache der thätigen Einwirkung eines Anderen unterstellt wird, das Recht desselben ein dingliches ist, d. h. sich zu einem unmittelbaren Herrschaftsverhältnis über die Sache, nicht zu einem bloß persönlichen Verhältnis gegenüber dem Überlassenden gestaltet.[6] Anfänglich vollzog sich diese Überlassung in der Form der Leihe, eines der römischen superficies ähnlichen Rechtsverhältnisses; erst seit dem Ausgang des vierzehnten Jahrhunderts kam die Miete auf, auch diese aber anfänglich als dingliches

[5] Vgl. hierzu Förtsch S. 266, 267. Zachariä-Crome § 349.

[6] Heusler, Institutionen des deutschen Privatrechts, 1885, Bd. I S. 378.

Verhältnis.[7] Das änderte sich seit Ende des fünfzehnten Jahrhunderts, als das römische Recht mehr und mehr zur Herrschaft gelangte. Die deutschrechtliche Ordnung des Mietverhältnisses, die zu dieser Zeit erst unvollständig entwickelt war, trat gegenüber dem ausgebildeten, in Rechtslehre und Rechtsprechung mehr und mehr überwiegenden römischen Recht auch in Bezug auf das Mietverhältnis zurück: es siegte die Auffassung des letztgenannten Rechts, wonach sich das Verhältnis als ein rein obligatorisches Rechtsverhältnis zwischen dem Vermieter und dem Mieter darstellte. Auch in Deutschland suchte man die mit dem nationalen römischen Recht verbundenen Härten zu mildern; man gab dem Mieter die actio spolii, auch wohl die actio injuriarum gegen Dritte; man gab, wenn der Vermieter verkaufte und sich durch Vereinbarung mit dem Käufer dessen Eintritt in das Vertragsverhältnis zum Mieter versprechen ließ, dem letzteren aus diesem Vertrag ein unmittelbares Recht gegen den Erwerber. Immerhin aber wurde der rechtliche Grundzug der Miete dadurch nicht geändert.

4. Im Grunde römisch-rechtlich, im einzelnen aber wesentlich durch die angedeutete spätere Praxis gemildert war die Gestaltung, welche das Mietrecht in dem seit dem Jahre 1865 in Kraft getretenen Bürgerlichen Gesetzbuch für das Königreich Sachsen erfuhr. Dem Mieter wurde zwar nicht Besitz (§ 186), wohl aber aus praktischen Rücksichten in § 208 Besitzesschutz gewährt. Es wurde ferner für den Fall eines freiwilligen Verkaufes des vermieteten Grundstückes in § 1222 zwar der Käufer an das Vertragsverhältnis des Vermieters mit dem Mieter nicht gebunden, vielmehr nur eine Entschädigungspflicht des Vermieters dem Mieter gegenüber anerkannt, dabei aber die mit der unbeschränkten Austreibungsbefugnis des Käufers verbundene Härte dadurch gemildert, daß der Käufer zur Einhaltung der in § 1215 aufgestellten Kündigungsfristen und, wenn er den ersten, nach dem Erwerb zulässigen Kündigungstermin nicht benutzte, zur Aushaltung des Vertrages seines Vorgängers verpflichtet wurde (§ 1225). Auch wurde in dem Falle, wenn der Vermieter sich ihm gegenüber verpflichtet hatte, im Verkaufsfalle dem Erwerber die Einhaltung des Vertrages zur Bedingung zu machen, dem Mieter die Befugnis gegeben, auch ohne Zustimmung des Vermieters die Eintragung dieser Verpflichtung im Hypothekenbuch und dadurch

---

[7] Arnold, Zur Geschichte des Eigentums in den deutschen Städten, 1861, S. 193—197.

wenigstens im Fall eines freiwilligen Verkaufes deren Übergang auf den Erwerber herbeizuführen (§ 1224).

5. Dagegen nahm das preußische allgemeine Landrecht (vom Jahre 1794) bezüglich der Auffassung des Mietverhältnisses eine von dem römischen Recht grundsätzlich abweichende Stellung ein. Wenn sich im landrechtlichen Gebiete der Eigentümer einer Sache verpflichtete, einem Anderen ein Nutzungs- oder Gebrauchsrecht an derselben einzuräumen, so erwarb der Letztere ein Recht zur Sache. Dieses Recht wurde durch Besitzerwerb, also durch Überlassung der vermieteten Sache, zu einem dinglichen, welches jeder neue Erwerber anerkennen mußte (I 21 §§ 2, 3). Dazu betonte noch besonders in Bezug auf das Mietverhältnis der § 358 I 21, daß „durch einen freiwilligen Verkauf in den Rechten und Pflichten des Mieters nichts geändert werde". Dagegen gab § 350 im Fall einer Zwangsversteigerung sowohl den Gläubigern wie dem Ersteher ein Kündigungsrecht. Hiernach stand also dem Mieter ein dingliches Recht mit Rechtsbesitz und unvollständigem Sachbesitz zu (I 7 § 9). Der Käufer aber trat (bei freiwilligem Verkauf) in den von seinem Vorgänger abgeschlossenen Mietvertrag auch persönlich ein.

6. Dem preußischen Landrecht hat sich in der bezeichneten Richtung im wesentlichen auch das Bürgerliche Gesetzbuch für das Deutsche Reich angeschlossen. Noch der erste Entwurf hatte die römisch rechtliche Auffassung mit dem Grundsatz: „Kauf bricht Miete" anerkannt, wenn auch in gemilderter Fassung, mit Verpflichtung des Erwerbers zur Einhaltung der gesetzlichen Kündigungsfristen und mit Rücktrittsrecht des Mieters im Fall des Verkaufes. Infolge des von den verschiedensten Seiten: dem neunzehnten deutschen Juristentag, dem deutschen Anwaltstag, hervorragenden Rechtslehrern, teilweise auch den deutschen Hausbesitzervereinen u. s. w. erhobenen Widerspruchs wurde bereits im zweiten Entwurf und infolge dessen in § 571 des Gesetzbuches in dem Falle, wenn die vermietete Sache nach der Überlassung an den Mieter von dem Vermieter an einen Dritten verkauft wird, der Erwerber zum Eintritt in den Mietvertrag an Stelle des Vermieters verpflichtet und damit der Grundsatz: „Kauf bricht nicht Miete" wenigstens zu Gunsten des besitzenden Mieters anerkannt. Damit stellt sich die Miete zwar nicht als ein dingliches Recht dar, wie z. B. Meisner zu § 571 annimmt, sondern als eine (zweiseitige) Zustandsobligation, welche mit dem Erwerbe des Grundstücks aktiv und passiv auf den Erwerber übergeht. So Schollmeyer S. 52;

Endemann § 167; Planck, Erläuter. 1 zu § 571. Außerdem hat das Bürgerliche Gesetzbuch dem Mieter vollständigen Sachbesitz und Besitzesschutz gegeben, auch das an seinen eingebrachten Sachen dem Vermieter zustehende Pfandrecht nicht unerheblich abgeschwächt. Andererseits hat es zu Gunsten des Vermieters die Gebrauchsüberlassung von seiten des Mieters an einen Dritten (Untermiete) an die Zustimmung des Vermieters geknüpft und dem Mieter das Zurückbehaltungsrecht wegen Verwendungen genommen.

Bei Vergleichung dieser neuen Rechtsgrundsätze mit den vorangestellten älteren erscheint die Anerkennung begründet, daß die gesetzgebenden Organe des Reiches bemüht gewesen sind, eine gerechte und billige Ordnung des Mietverhältnisses herbeizuführen, Licht und Schatten zwischen dem Vermieter und dem Mieter gleichmäßig zu verteilen. Die weitere Ausgestaltung dieser Grundsätze wird Sache der Handhabung derselben durch die Vertragsparteien und die Gerichte sein. Für diese aber hat das neue Gesetzbuch neben den das Mietverhältnis betreffenden besonderen Vorschriften noch zwei wichtige allgemeine Grundsätze aufgestellt, denjenigen der §§ 157 und 242, daß Verträge so auszulegen und zu erfüllen sind, wie Treu und Glauben mit Rücksicht auf die Verkehrssitte es erfordern, und sodann denjenigen des § 226, daß die Ausübung eines Rechts unzulässig ist, wenn sie nur den Zweck haben kann, einem Anderen Schaden zuzufügen. Hochhaltung von Treu und Glauben einerseits, Unterdrückung der Chikane andererseits, das sind die beiden Punkte, welche insbesondere auch dem Richter bei Entscheidung von Mietsachen in den oft hoch gehenden Wogen einander widerstreitender Interessen und in den Verwickelungen des ihm vorliegenden Streitmateriales als Leitsterne leuchten sollen.

Erster Abschnitt.

Begriff und Voraussetzungen des Wohnungsmietvertrages.

§ 1. Begriff.

Die Miete überhaupt besteht darin, daß die eine Vertragspartei, der Vermieter, der anderen Partei, dem Mieter, den Gebrauch[1] einer beweglichen oder unbeweglichen Sache während der Mietzeit gegen den vereinbarten Mietzins gewährt (535). Eine Art der Sachenmiete ist die nachstehend zu erörternde Miete von Wohnungen und anderen Räumen,[2] für welche die Vorschriften über die Miete von Grundstücken gelten (580). Diese Vorschriften, welche von denen über die Miete beweglicher Sachen vielfach abweichen, kommen also namentlich auch dann zur Anwendung, wenn der Eigentümer (oder Nießbraucher) einzelne Teile seines Hauses vermietet oder wenn der Mieter die von ihm gemieteten Räume ganz oder teilweise anderweit vermietet.

Von der Pacht unterscheidet sich die Miete dadurch, daß erstere neben der Verpflichtung zur Gewährung des Gebrauches auch diejenige zum Genuß der Früchte,[3] soweit sie nach den

---

[1] Ähnlich A.L.R. I 21 §§ 258, 259. S.G.B. § 1187. Abweichender C. c. art. 1709, 1711. Förtsch S. 259.

[2] Der Kürze halber wird hierfür im folgenden der Ausdruck: „Wohnungsmiete" gebraucht.

[3] In ähnlicher Weise wird nach dem Zweck der Überlassung — zum Gebrauch oder daneben auch noch zur Fruchtziehung — unterschieden im A.L.R. I 21 § 259 und im S.G.B. § 1187, während der C. c. art. 1711 nach dem Gegenstande — Miete bei Häusern und beweglichen Sachen, Pacht bei ländlichen Grundstücken — unterscheidet und das röm. Recht unter dem Ausdruck locatio conductio sowohl Miete als Pacht begreift.

Regeln einer ordnungsmäßigen Wirtschaft als Ertrag des Grundstücks anzusehen sind, umfaßt und sich nicht bloß auf körperliche Gegenstände (Sachen), sondern auch auf Rechte erstrecken kann.[4] Wird mit einer Wohnung zusammen ein fruchttragendes Grundstück gewährt, so ist die Frage, ob das Verhältnis in seiner Gesamtheit als Wohnungsmiete oder Pacht anzusehen ist, danach zu entscheiden, ob nach dem Inhalte des Vertrages und nach der Absicht der Vertragschließenden das fruchttragende Grundstück oder die Wohnung als die Hauptsache erscheint.[5]

---

[4] Hiernach wird z. B. der Vertrag, durch welchen zum Betrieb eines Gewerbes eingerichtete oder bestimmte Gebäude oder Räume, wie Fabriken, Mühlen, Schmieden, Bäckereien, Restaurationen, zur Benutzung überlassen werden, sich regelmäßig als Miete darstellen, obschon der gewöhnliche Sprachgebrauch derartige Verträge häufig als „Pachtverträge" bezeichnet. Denn der Nutzungsberechtigte erzielt hier die ihm zugehenden Erträgnisse nicht unmittelbar aus dem ihm überlassenen Gebäude oder Raum — als natürliche Früchte — und auch nicht infolge eines in Bezug darauf eingegangenen Rechtsverhältnisses — als bürgerliche Früchte (99 Abs. 1 u. 3) — sondern durch seinen Gewerbebetrieb. O.Trib. Bd. 31 S. 414. R.G. Bd. 40 S. 23 flg., insbes. S. 27. Sächs. Arch. Bd. 1 S. 796. Bd. 6 S. 242. Wengler S. 3 Anm. 7. A.M. Planck § 585 Erl. Abs. 1. Fränkel S. 3. Fuld S. 16 flg. — Pacht wird dagegen vorliegen bei entgeltlicher Überlassung eines Logierhauses, dessen Erträgnisse nach der Bestimmung eines solchen Grundstückes durch Weitervermietung, also infolge eines hinzutretenden Rechtsverhältnisses, als bürgerliche Früchte gewonnen werden. Pacht wird ferner vorliegen bei Überlassung des Rechts auf Gewinnung von Bodenbestandteilen, des Jagd- und Fischereirechts § 99 Abs. 2. Planck S. 325. — Die praktische Bedeutung des Unterschiedes tritt namentlich hervor bei der Erhaltungspflicht (536—582, 586), bei der Kündigung infolge der Nichtgestattung von Aftermiete oder Afterpacht (549.—596 Abs. 1), den gesetzlichen Zahlungsterminen (551.—584), der Art der Rückgewähr des Miet- oder Pachtgegenstandes (556 Abs. 1. — 591—594), der Entschädigung des Vermieters oder Verpachters bei nicht rechtzeitiger Rückgewähr (557.—597), dem gesetzlichen Pfandrecht (559, 563.—585), der gesetzlichen Kündigungsfrist (565.—595), dem Kündigungsrechte beim Tode des Mieters oder Pachters, sowie bei Versetzung von Beamten (569, 570.—596 Abs. 2 u. 3) und bei der Gerichtszuständigkeit nach § 23 G.V.G. Vgl. auch § 709 Z. 1 C.P.O. und § 42 Z. 2 K.O.

[5] So auch A.L.R. I 21 § 260. Wird z. B. ein Wohnhaus mit einem Obst- oder Gemüsegarten zum Gebrauche überlassen, so wird regelmäßig ein Mietvertrag vorliegen. Handelt es sich dagegen um Überlassung einer Handelsgärtnerei oder eines Stadtgutes mit einem Wohngebäude, so wird ein Pachtvertrag anzunehmen sein.

Von der Leihe (598) unterscheidet sich die Miete im wesentlichen dadurch, daß bei ersterer der Gebrauch einer (beweglichen oder unbeweglichen) Sache unentgeltlich überlassen wird.

Anschließend an den oben aufgestellten Begriff der Wohnungsmiete sind in dem gegenwärtigen Abschnitte die allgemeinen Voraussetzungen und Unterlagen dieses Vertrages, also zunächst die Gegenstände der beiderseitigen Leistungen, Mietraum und Mietzins, sodann die Personen der Vertragsparteien, hierauf die Art, wie sie zu einander in Beziehung treten, also der Abschluß und die Form des Vertrages und schließlich die unter Umständen hierbei vorkommenden Mängel und deren Wirkungen (Nichtigkeit und Anfechtbarkeit) zu behandeln. Die Mietzeit wird unten (§ 33 flg.) zugleich mit der Beendigung des Vertragsverhältnisses zur Erörterung gelangen.

§ 2. Mieträume.

Der Mietvertrag kann über Wohnhäuser oder als Wohnungen eingerichtete Teile derselben, aber auch über andere Räume der verschiedensten Art, namentlich solche, die zu gewerblichen oder industriellen Zwecken eingerichtet oder bestimmt sind, wie Fabriken, Mühlen, Werkstätten, Magazine, Verkaufsläden, Viehställe, Kellerräume, Lager- oder Trockenplätze, abgeschlossen werden (580).

Daß die vermieteten Räume im Eigentum des Vermieters stehen, ist zur Gültigkeit des Vertrages nicht erforderlich. Auch fremde Gebäude oder Gebäudeteile können vermietet werden, und zwar vor allem von einem Gebrauchsberechtigten wie von dem Nießbraucher (s. unten § 14 Anm. 15 § 48) oder dem Mieter (s. unten § 25),[1] sodann aber auch von einem Unberechtigten. Erteilt in letzterem Falle der Eigentümer oder Gebrauchsberechtigte zum Mietvertrag seine Einwilligung oder nachträgliche Genehmigung, so ist der Vertrag voll wirksam (182, 185). Widerspricht er dagegen, so daß der Vermieter den Gebrauch des vermieteten Raumes nicht gewähren kann, so wird der Vermieter nach den über die Gewährleistungspflicht bestehenden Grundsätzen (s. unten § 14) dem Mieter haftbar.

Steht das vermietete Haus in gemeinschaftlichem Eigentum mehrerer Miteigentümer, so ist zur Vermietung desselben an einen Dritten die Zustimmung aller Miteigentümer erforderlich

[1] Vgl. z. B. Bolze Bd. 21 Nr. 421.

(747 S. 2). Anders, wenn jedem Miteigentümer durch Vereinbarung mit den übrigen bestimmte Räume des Hauses zur ausschließlichen Benutzung überwiesen sind; alsdann ist er zur Vermietung dieser Räume für sich allein befugt (747 S. 1). — Erhält ein Miteigentümer durch Vertrag mit den übrigen den Gebrauch des ganzen Hauses gegen Entgelt überwiesen, so bilden den Gegenstand dieses Mietvertrages die den anderen Miteigentümern zustehenden Anteile.

Endlich ist auch die Miete eines dem Mieter selbst gehörigen Hauses oder Hausteiles nicht schlechthin ungültig. Gültig ist insbesondere der Mietvertrag, durch welchen der Eigentümer den Gebrauch des ihm gehörigen Gebäudes von einem dazu Berechtigten, dem Nießbraucher oder Mieter, erhält.[2] Dagegen steht dem Mieter, wenn er in Unkenntnis seines Eigentums einen Mietvertrag über ein ihm gehöriges Haus abschließt, den er bei Kenntnis des wahren Sachverhalts nicht abgeschlossen haben würde, das Recht der Anfechtung dieses Vertrages wegen Irrtums zu (119, 121, 142, 143 Abs. 1 und 2).[3]

Außer dem vermieteten Gebäude oder Gebäudeteile erstreckt sich der Vertrag — selbst ohne ausdrückliche Anführung — auch auf den Gebrauch oder Mitgebrauch solcher Räume, welche als Zugang zu denselben dienen, wie Treppen, Vorplätze, Hausflur, oder welche zur gemeinschaftlichen Benutzung der Hausbewohner nach allgemeiner Anschauung oder seitheriger Übung bestimmt sind, wie Waschhaus, Trockenboden, Hofraum, ein darin befindlicher Brunnen, auch der in dem betr. Stockwerk befindliche Abtritt, welcher im Zweifel nicht bloß von sämtlichen Mietern des Stockwerks, sondern auch von deren Untermietern benutzt werden kann.[4]

Neben dem Gebäude oder dessen Teilen können auch bewegliche Sachen mit unter den Mietvertrag fallen. Zunächst auf Grund ausdrücklicher Vereinbarung. So in dem Falle, wenn mit einem Zimmer auch das darin befindliche Mobiliar (möblierte Wohnung), mit einer Restauration das darin befindliche Inventar,

---

[2] So auch nach röm. Recht l. 29 pr. D. qu. mod. usfr. 7, 4 und nach dem S.G.B. § 1189.

[3] Motive II S. 371. Nach röm. Recht l. 20 Cod. de loc. 4, 65 und nach dem S.G.B. §§ 1189, 1227 trat in einem solchen Falle Ungültigkeit des Vertrages ein.

[4] Niendorff S. 57. Vgl. auch § 1093 Abs. 3.

mit einer Fabrik auch die zu deren Betrieb erforderliche Dampfkraft[5] vermietet wird.

Aber auch ohne ausdrückliche Bestimmung erstreckt sich der Mietvertrag nach der Absicht der Vertragschließenden im Zweifel auch auf das Zubehör der vermieteten Wohnung, welches sich beim Vertragsabschluß darin befindet:[6] bewegliche Sachen, welche, ohne Bestandteile des betr. Gebäudes zu sein, dem Zwecke desselben, nicht bloß persönlichen Zwecken des Eigentümers oder Mieters, zu dienen bestimmt sind und mit dem Hause in einem dieser Bestimmung entsprechenden räumlichen Verhältnis stehen (97).[7] So sind bei einem Gebäude, das für einen Gewerbebetrieb dauernd eingerichtet ist, insbesondere bei einer Mühle, Schmiede, einem Brauhaus, einer Fabrik, die darin aufgestellten, zu dem Betriebe bestimmten Maschinen und Gerätschaften, bei einem Gasthofe das darin befindliche Inventar[8] als Zubehör anzusehen, worauf sich im Zweifel der Mietvertrag miterstreckt (98 Z. 1). Außer diesen besonders hervorgehobenen Stücken gelten im Zweifel als Zubehör auch Dampfmaschinen und elektrische Beleuchtungsanlagen, sofern sie nicht in das Haus eingebaut sind,[9] zum Hause gehörige Schirme und Schutzdecken über Verandas und sonstigen Sitzplätzen, die für das Logis bestimmten, dem Vermieter gehörigen Doppelfenster, Gaskronleuchter, Regale, auch Thürschlüssel.[10]

---

[5] Die wirtschaftliche Einheitlichkeit des Vertrages, als eines über das Gebäude abgeschlossenen, wird durch Vereinbarung einer solchen Nebenleistung nicht aufgehoben. R.G. Bd. 33 S. 47. Abweichend Sächs. Arch. Bd. 7 S. 438.

[6] So auch Schollmeyer S. 42. Die Auslegungsregel des § 314, wonach sich die Verpflichtung zur Veräußerung oder Belastung einer Sache im Zweifel auch auf deren Zubehör erstreckt (s. auch § 926 Abs. 1 S. 2), findet zwar auf den Mietvertrag keine unmittelbare Anwendung. Indessen wird in der Regel hier wie dort ein Gleiches als Absicht der Vertragsparteien anzunehmen und auf Grund der Auslegung des Vertrages derselbe mit auf das Zubehör, welches mit der Hauptsache eine wirtschaftliche Einheit bildet, zu erstrecken sein. Mot. III S. 65. Vgl. auch §§ 926, 1031, 1062, 1093, 1096, 1120, 2164.

[7] Die Zubehör-Eigenschaft ist ausgeschlossen, wenn die Nebensache im Verkehr nicht als Zubehör angesehen wird oder nur zu vorübergehender Benutzung in das Gebäude eingebracht ist (97 Abs. 1 u. 2).

[8] R.G. Bd. 39 S. 293.

[9] R.G. Bd. 34 S. 167, Bd. 36 S. 261.

[10] Nach § 94 Abs. 2 können die Schlüssel nicht wohl, wie Jakubezky, Bemerkungen zu dem Entwurf des B.G.B. 1892 S. 188 unter Bezug-

Vom Zubehör begrifflich verschieden sind die wesentlichen Bestandteile des Hauses, d. h. die zur Herstellung des Gebäudes eingefügten Sachen, die von demselben nicht ohne Zerstörung oder wesentliche Veränderung (des Gebäudes oder des Bestandteils) getrennt werden können (93, 94 Abs. 2). Als solche Bestandteile, auf welche sich der Mietvertrag in jedem Falle (nicht bloß im Zweifel) mit erstreckt, kommen z. B. in Betracht: Thüren, Fenster, die in das Gebäude eingebauten Öfen, Gas- und Wasserleitungen, Centralheizungen.[11]

§ 3. Mietzins.

Der Mietzins kann nicht nur in Geld und anderen vertretbaren Sachen,[1] sondern in Leistungen jeder Art, insbesondere auch in Diensten, bestehen.[2] So in dem Falle, wenn der Mieter als teilweises Entgelt für die Gewährung der Wohnung die Aufsicht und Sorge für die Erhaltung des Hauses, die Reinigung des Hofraumes sowie der Plattengänge vor dem Hause übernimmt und seine Vergütung für diese Mühewaltung auf den bedungenen Mietzins verrechnet wird. Doch kann ein derartiger Vertrag auch in einen Dienst- oder Werkvertrag übergehen, wie z. B. der Vertrag mit dem Hausmeister, wonach derselbe als Vergütung für seine Dienste freie Wohnung vom Hauseigentümer erhält. Auf einen Vertrag der letzteren Art finden die Vorschriften der Woh-

---

nahme auf l. 17 pr. D. 19, 1 annimmt, den Bestandteilen zugezählt werden. Auch Planck § 94 Anm. 6 sieht sie als Zubehör an.

[11] Kuhlenbeck § 94 Anm. 4. Gruchot, Beitr. Bd. 37 S. 961. Das in den betr. Leitungen zugeführte Material an Wasser, Dampf, Gas oder Elektrizität ist dagegen, wenn darüber nichts ausdrücklich oder stillschweigend vereinbart ist, als in dem Vertrag nicht inbegriffen besonders zu vergüten. Bolze Bd. 15 Nr. 320.

[1] Nach röm. Recht mußte der Mietzins in Geld bestehen. l. 5 § 2 D. de praescr. verb. 19, 5. § 2 J. de loc. 3, 24. Nach A.L.R. I 21 § 263, I 11 § 46 mußte derselbe in Geld bestimmt sein, wodurch aber eine anderweite Tilgung und die Verpflichtung zu Nebenleistungen nicht ausgeschlossen wurde. Rehbein u. Reincke, A.L.R. I 11 § 46 Anm. — Das S.G.B. § 1190 erforderte Geld oder andere vertretbare Sachen. — Der C. c. art. 1709 verlangte „un certain prix", aber nicht unbedingt Bestimmung in Geld. Förtsch S. 260.

[2] Mot. II S. 372. Planck § 535 Anm. 1. Meisner S. 148.

nungsmiete nur teilweise Anwendung, namentlich insoweit sie die beiderseitigen Verpflichtungen in Bezug auf Gewährung und Ausübung des Gebrauches, die Tragung der Lasten, den Ersatz von Verwendungen und die ordnungsmäßige Rückgabe der Wohnung betreffen. Im übrigen, namentlich in Bezug auf die Beendigung des Vertragsverhältnisses, kommen die für jene anderen Vertragsverhältnisse bestehenden Vorschriften zur Geltung.

Der Mietzins braucht nicht ausdrücklich vereinbart zu sein, sondern kann auch dem Ermessen eines Teils, namentlich des Vermieters, oder auch eines Dritten überlassen werden. Doch muß nach den Umständen des einzelnen Falles der Wille der Vertragschließenden ersichtlich darauf gerichtet sein, daß der Vermieter oder, was seltener der Fall, ein Dritter den Mietzins bestimme.[3] Im Zweifel soll diese Bestimmung nach billigem Ermessen erfolgen und ist für den anderen Teil nur verbindlich, wenn sie der Billigkeit entspricht. Ist dies nicht der Fall oder wird sie verzögert, so wird die Bestimmung vom Gericht, erforderlichen Falles nach Anhörung von Sachverständigen, durch Urteil getroffen. (315, 317 Abs. 1, 319 Abs. 1).

§ 4. Personen beim Mietvertrag.

Beim Mietvertrag können, sei es als Vermieter, sei es als Mieter,

1. natürliche Personen (Menschen), und zwar geschäftsfähige oder geschäftsunfähige oder in der Geschäftsfähigkeit beschränkte, und
2. juristische Personen (Vereine, Stiftungen) sowie Gesellschaften und Vermögensmassen vorkommen.

---

[3] Auf das Ermessen des Vermieters wird der Mietzins insbesondere dann gestellt sein, wenn ein Gast in einem Logierhause oder Gasthofe ohne weitere Vereinbarung des Mietzinses Wohnung nimmt oder wenn ein Kaufmann für kurze Zeit, z. B. für die Dauer eines Marktes, ein Geschäftslokal mietet und bezieht. Anders, wenn die Parteien eine künftige Einigung über den Mietzins in Aussicht genommen haben und der Mieter in Erwartung einer solchen die Wohnung bezogen hat. Alsdann ist ein Vertrag überhaupt noch nicht zu stande gekommen (s. unten § 9) und der Vermieter nur zum Anspruch auf eine angemessene Entschädigung befugt.

1. Natürliche Personen und zwar:

a) Geschäftsfähige. Vertretung durch Bevollmächtigte.

Geschäftsfähige Personen können als Vermieter oder Mieter in Person oder durch Vertreter (Bevollmächtigte) den Vertrag abschließen oder darauf bezügliche Erklärungen abgeben.[1] Damit in letzterem Falle die Erklärung für oder gegen den vertretenen Vermieter oder Mieter wirke, ist erforderlich, daß sie vom Vertreter:

a) innerhalb der ihm erteilten Vertretungsmacht (Vollmacht),[2]

b) im Namen des Vertretenen — ausdrücklich oder aus den Umständen erkennbar[3] — abgegeben worden ist (164). Die rechtlichen Erfordernisse der Willenserklärung sind aus der Person des Vertreters zu beurteilen (166), da solcher eben Vertreter im Willen ist. Ob also die Erklärung einer Vertragspartei nichtig ist, weil der Erklärende den der anderen Partei erkennbaren Vorbehalt, das Erklärte nicht zu wollen, gemacht oder die Erklärung mit dem Einverständnis der anderen Partei nur zum Schein abgegeben oder ob er seine Erklärung in der Erwartung, der Mangel der Ernstlichkeit werde nicht verkannt werden, nicht ernstlich gemeint hat (116—118), ob sie wegen Irrtums des Erklärenden (119) oder wegen einer gegen ihn begangenen arglistigen Täuschung oder widerrechtlichen Drohung (123) anfechtbar ist, bestimmt sich nach der Person des Vertreters.[4]

---

[1] Selbstverständlich können auch die gesetzlichen Vertreter von geschäftsunfähigen oder in der Geschäftsfähigkeit beschränkten Personen, oder von juristischen Personen sich eines bevollmächtigten Stellvertreters bedienen.

[2] So wird namentlich für die Frage, ob die vom Hauseigentümer bestellten Hausverwalter oder Hausmeister zum Abschluß eines Mietvertrages befugt seien, der Umfang der ihnen vom Eigentümer erteilten Vollmacht oder Ermächtigung maßgebend sein, über deren Inhalt daher der Mietlustige sich vor Abschluß eines Vertrages mit ihnen zu vergewissern haben wird.

[3] Die Abgabe der Erklärung im Namen des Vertretenen wird sich z. B. schon dann ergeben, wenn der Vertreter sich in dem Vertrage als Hausverwalter, Vormund oder Prokurist des Vermieters bezeichnet.

[4] Wenn z. B. der Vermieter einer Restauration dem Bevollmächtigten des Mieters wahrheitswidrig einen viel zu hohen Bierumsatz vorspiegelt und der Bevollmächtigte daraufhin den Mietvertrag abschließt, so kann der Mieter auf Grund dieser gegen seinen Vertreter verübten Täuschung den Vertrag nach § 123 anfechten.

Ebenso kommt es in den Fällen, wo die Kenntnis oder Unkenntnis einer Vertragspartei von gewissen Umständen erheblich ist und bestimmte Wirkungen erzeugt, auf die Kenntnis oder Nichtkenntnis des Vertreters an.[5] Nur wenn ein Bevollmächtigter nach bestimmten Weisungen des Vollmachtgebers zu handeln hat, kann sich dieser in Ansehung solcher Umstände, die er selbst kannte oder kennen mußte, nicht auf die Unkenntnis des Vertreters berufen (166).[6] Im übrigen kommt für die Frage nach dem Vorhandensein von Willensmängeln auch hier die Person des Vertreters in Betracht.

Die Vertretungsmacht kann:

a) durch eine (Bevollmächtigungs-) Erklärung gegenüber dem zu Bevollmächtigenden oder gegenüber der anderen Vertragspartei, der gegenüber die Vertretung stattfinden soll, und zwar formlos, also auch mündlich, erteilt (167) oder

b) durch besondere Mitteilung an die andere Partei von der erfolgten Bevollmächtigung, namentlich auch durch Ausstellung einer Vollmachtsurkunde, welche der Bevollmächtigte der anderen Partei vorlegt, begründet werden (172).

Wird die Bevollmächtigung durch Erklärung oder Mitteilung gegenüber der anderen Partei oder durch eine derselben vorgelegte Vollmachtsurkunde kundgegeben, so bleibt sie der anderen Partei gegenüber in Wirksamkeit, bis der letzteren im Falle vorausgegangener mündlicher Erklärung oder Mitteilung das Erlöschen der Vollmacht in gleicher Weise angezeigt (170, 171) oder bis, bei Ausstellung einer Vollmachtsurkunde, letztere dem Vollmachtgeber zurückgegeben oder von ihm durch eine öffentliche Bekanntmachung für kraftlos erklärt worden ist (172, 176).[7] Doch muß die andere Partei das Erlöschen der Vollmacht gegen sich

---

[5] So wird die nach § 538 begründete Schadensersatzpflicht des Vermieters, der dem Vertreter des Mieters, eines Spezialarztes für Nervenkrankheiten, zur Errichtung einer Klinik für derartige Kranke ein zeitweise durch einen benachbarten geräuschvollen Gewerbebetrieb (Kreissäge) in hohem Grade beunruhigtes Logis vermietet, dann ausgeschlossen, wenn der Vertreter des Mieters den erwähnten Mangel kennt.

[6] In dem soeben (Anm. 5) erwähnten Falle kann also der Mieter, der seinen Vertreter beauftragt hat, ein bestimmtes Logis zu mieten, in dem Falle, wenn er vor Abschluß des Vertrages selbst den Mangel gekannt hat, keinen Schadensanspruch erheben und sich nicht darauf berufen, daß seinem Vertreter der Mangel unbekannt geblieben sei.

[7] Vgl. S. G.B. § 1327 a. E.

gelten lassen, wenn sie das Erlöschen der Vertretungsmacht bei Abschluß des Vertrages kannte oder kennen mußte (173).

Ist dagegen die Vollmacht durch Erklärung gegenüber dem zu Bevollmächtigenden erteilt, so erlischt sie auch schon mit dem zu Grunde liegenden Rechtsverhältnis (Auftrag, Gesellschaft u. s. w.)[8] oder durch Widerruf dem Bevollmächtigten gegenüber (168) und die andere Partei muß dies gegen sich gelten lassen, auch wenn sie davon keine Kenntnis hat.[9] Sie hat also jedenfalls, wenn sie sich mit einem Vertreter einläßt, der ihr von dem Vertretenen nicht durch besondere Erklärung oder Vollmacht als Vertreter bezeichnet ist, den Grund und die Rechtsbeständigkeit seiner Vollmacht zu prüfen.

Hat der Vertreter den Mietvertrag ohne (mündliche oder schriftliche) Vollmacht abgeschlossen, so ist der Vertrag an sich noch nicht unwirksam. Die Wirksamkeit gegenüber der Partei, in deren Namen der Vertreter aufgetreten ist, hängt aber zunächst von deren Genehmigung ab, welche auf Aufforderung des anderen Teiles binnen zwei Wochen dem Auffordernden zu erklären ist, widrigenfalls sie als verweigert gilt (177). Bis zur Genehmigung ist der andere Teit zum Widerruf berechtigt, es sei denn, daß er den Mangel der Vertretungsmacht bei dem Abschlusse des Vertrages gekannt hat (178).

Verweigert der Vertretene die Genehmigung, so ist der Vertreter, der ohne Vertretungsmacht in fremdem Namen den Vertrag abgeschlossen hat, dem anderen Teile nach dessen Wahl zur Erfüllung oder zum Schadensersatz verpflichtet, es sei denn, daß der andere Teil den Mangel der Vertretungsmacht kannte oder kennen mußte (179).

Wesentlich verschieden von dem Fall der Vertretung ist der Fall, wenn sich eine Vertragspartei eines Dritten nur als Boten oder Werkzeuges zur Übermittelung ihrer Erklärung an die andere Partei bedient.[10] Hier schließt der Auftraggeber unmittelbar das Geschäft ab und lediglich auf seinen Willen und sein Wissen oder Wissenmüssen kommt es an.

---

[8] Z. B. wenn ein Mitglied einer offenen Handelsgesellschaft, das in dieser Eigenschaft die übrigen Gesellschafter vertrat, aus der Gesellschaft ausscheidet.

[9] Mot. I S. 136. Denkschr. S. 28. Abweichend zu Gunsten gutgläubiger Dritter A.L.R. I 13 §§ 147, 167, 168 u. C. c. art. 2008, 2009.

[10] Hierher gehört auch die Vermittelung der Erklärung auf telegraphischem Wege.

§ 5. Ehefrauen.

Verheiratete Frauen sind an sich geschäftsfähig. Infolge des auf dem ehelichen Güterrecht beruhenden Verwaltungs- und Nutznießungsrechts des Ehemannes ist aber ihre Verfügungsfähigkeit und demgemäß die Wirksamkeit der von ihnen als Vermieterinnen oder Mieterinnen abgeschlossenen Verträge mehrfach beschränkt.

1. Wo zunächst

das gesetzliche Güterrecht

— mit Verwaltung und Nutznießung des Mannes — besteht, kann die Frau:

a) als Vermieterin mit voller rechtlicher Wirksamkeit für sich allein Verträge über die zu ihrem Vorbehaltsgut gehörigen Häuser u. s. w. abschließen (1365). Zum Vorbehaltsgut gehören derartige Grundstücke dann, wenn sie entweder von ihr durch ihre Arbeit oder durch den selbständigen Betrieb eines Erwerbsgeschäftes [1] erworben oder durch Ehevertrag für Vorbehaltsgut erklärt oder ihr von Dritten durch letztwillige Verfügung oder durch Schenkung unter Lebenden mit der Bestimmung als Vorbehaltsgut zugewendet worden sind (1367—1369).[2]

Die zu ihrem sonstigen Vermögen, ihrem eingebrachten Gut, gehörigen Grundstücke unterliegen der Verwaltung und Nutznießung des Mannes (1363),[3] der demgemäß zum Abschluß von Mietverträgen darüber, sogar über die Dauer seiner Verwaltung und Nutznießung hinaus, kraft eigenen Rechts befugt ist (1423, 1056).[4] Die Frau dagegen kann diese Grundstücke nur mit seiner Zustimmung oder auf Grund einer ihr von ihm erteilten Vertretungsmacht rechtswirksam vermieten (vgl. 1395,

---

[1] Nach gem. Recht gehörte dieser Erwerb dem Manne, nach A.L.R. II 1 § 211, sowie nach dem S.G.B. § 1668 war er wenigstens seinem Verwaltungs- und Nießbrauchsrecht unterworfen.

[2] So auch A.L.R. II 1 §§ 208, 209, 214. S.G.B. § 1693, 1694.

[3] Übereinstimmend A.L.R. II 1 § 205, 231; vgl. jedoch I 21 § 388.

[4] Denkschrift S. 194. Planck, Erl. zu § 1423. Abweichend C. c. art. 1718, 1429, wo bezüglich des Vermietungsrechts des Mannes zwischen Mietverträgen, welche die Dauer von neun Jahren überschreiten und solchen, bei denen dies nicht der Fall ist, unterschieden wird. Über den Fall, wenn die Verwaltung und Nutznießung des Mannes vor Ablauf der Mietzeit zu Ende geht (1423, 1056, 571), s. unten § 48.

1399).[5] Nur dann ist seine Zustimmung nicht erforderlich, wenn er durch Krankheit oder durch Abwesenheit an der Abgabe einer Erklärung verhindert und mit dem Aufschub Gefahr verbunden ist (1401).[6] Steht der Mann unter Vormundschaft, so wird er vom Vormund auch in den Rechten und Pflichten, die sich aus der Verwaltung und Nutznießung des eingebrachten Vermögens ergeben, vertreten, so daß alsdann zu den Mietverträgen der Frau seine Zustimmung nötig ist (1409).

b) Als Mieterin kann die Ehefrau Verträge abschließen,

aa) wenn sie dieselben mit Rücksicht auf ihr Vorbehaltsgut eingeht, insbesondere Räume für den Betrieb eines Erwerbsgeschäfts mietet, welches sie mit Einwilligung oder auch mit Wissen und ohne Einspruch des Mannes betreibt (1405),[7] oder

bb) wenn der Mann, wie bereits erwähnt, durch Abwesenheit oder Krankheit verhindert und Gefahr im Verzuge ist (1401).

Für die Mietgeldschuld haftet alsdann ohne Rücksicht auf die dem Manne kraft des Güterrechts zustehenden Befugnisse ihr eingebrachtes Gut (1414).

Im übrigen sind die von ihr als Mieterin in eigenem Namen abgeschlossenen Verträge an sich nicht ungültig.[8] Der Vermieter kann sich aber, wenn der Mann nicht zustimmt oder nicht aus dem unter bb) erwähnten Grunde seine Zustimmung

---

[5] Noch weniger, als ihren eigenen Grundbesitz (abgesehen vom vorbehaltenen Gut) kann natürlich die Ehefrau denjenigen ihres Ehemannes auf eigene Hand vermieten. Doch wird in beiderlei Beziehung dann eine Ausnahme zuzulassen und eine stillschweigende Zustimmung oder Ermächtigung des Mannes anzunehmen sein, wenn die Frau mit Vorwissen des Mannes, um einen Zuschuß zur Bestreitung der Kosten der Hauswirtschaft zu beschaffen, einzelne Räume (Garçonlogis u. dgl.) in Miete oder Aftermiete giebt. — Von anderer Seite wird ihre Befugnis zum selbständigen Abschluß derartiger Geschäfte auf ihre Schlüsselgewalt zurückgeführt.

[6] So auch A.L.R. II 1 § 202, 326, 327. Ebenso im wesentlichen die frühere gemeinrechtliche Praxis; s. z. B. die Entscheid. des R.G. III. Civ.-Sen. v. 3. Januar 1896, Rep. III 272/95.

[7] Durch den angef. § 1405 werden die Bestimmungen des früheren Handelsgesetzb. Art. 6 und der Gewerbeordnung (v. 1883) § 11 Abs. 2 ersetzt. S. auch den jetzigen § 11a der Gewerbeordnung.

[8] Mot. IV S. 219 flg., S. 222 flg. So auch das gemeine Recht. Abweichend A.L.R. II 1 § 320. C. c. art. 215—225. S.G.B. § 1638, 1641.

entbehrlich ist, wegen der ihm aus einem solchen Vertrage erwachsenden Ansprüche (den Fall der Bereicherung ausgenommen) nicht mit rechtlicher Wirkung dem Manne gegenüber an das eingebrachte Gut der Frau halten (1399).[9]

Die Beschränkungen, denen die Ehefrau als Vermieterin und Mieterin nach vorstehendem unterliegt, muß ein Dritter auch gegen sich gelten lassen, wenn er beim Vertragsabschluß nicht gewußt hat, daß er mit einer Ehefrau verhandle (1404).[10]

2. Im Fall

der allgemeinen Gütergemeinschaft oder
der Errungenschaftsgemeinschaft

kann ebenfalls nur der Mann die zum Gesamtgut gehörenden Gebäude, auch insoweit sie von der Frau herrühren, mit Wirksamkeit für das Gesamtgut vermieten (1443).[11] Nur im Fall seiner erwähnten Verhinderung durch Krankheit oder Abwesenheit und bestehender Gefahr im Verzuge geht diese Befugnis auf die Frau über (1450).

Mieten kann an sich auch die Frau; doch hat ein von ihr abgeschlossener Mietvertrag für das Gesamtgut nur dann Wirkung, wenn der Mietvertrag für die Zwecke eines selbständig von ihr unter Zustimmung ihres Mannes betriebenen Erwerbsgeschäfts abgeschlossen oder wenn die Zustimmung des Mannes dazu erteilt oder aus dem bereits erwähnten Grunde entbehrlich ist (1452, 1460, 1532).

Bezüglich der Befugnis der Ehefrau zum rechtswirksamen Abschluß von Mietverträgen über ihr Vorbehaltsgut (1440 Abs. 2) gilt hier dasselbe, wie bei dem gesetzlichen Güterrechte (1441, 1427 flg.).

3. Leben Mann und Frau nach dem — im Güterrechtsregister eingetragenen — Recht

der Gütertrennung,

so fällt die Beschränkung der Verfügungsgewalt der Frau durch

---

[9] Mot. IV S. 229, 251. Die Ehefrau kann auch nicht kraft ihrer sog. Schlüsselgewalt für befugt angesehen werden, als Vertreterin des Ehemannes eine Wohnung zu mieten, da dies über ihren häuslichen Wirkungskreis, kraft dessen ihr nach § 1357 diese Vertretung zusteht, regelmäßig hinausgeht.

[10] Dies gilt selbst dann, wenn die Frau ihm wahrheitswidrig vorspiegelt, sie sei nicht verheiratet.

[11] Mot. IV S. 349.

Unterwerfung derselben unter die Verwaltung und Nutznießung des Mannes hinweg. Sie kann daher ebenso wie eine unverheiratete Frau die ihr gehörigen Grundstücke auf eigene Hand vermieten, auch in gleicher Weise eine Wohnung mit rechtlicher Wirkung für sie mieten, sofern nicht etwa infolge ihrer Minderjährigkeit die Mitwirkung oder Einwilligung eines gesetzlichen Vertreters erforderlich ist.

§ 6. Hauskinder.

Hauskinder sind, wenn sie volljährig sind, zum Abschluß von Mietverträgen ebenso wie andere volljährige Personen befugt, da sich in diesem Falle die elterliche Gewalt nicht auf sie erstreckt (1626).[1]

Sind die Hauskinder minderjährig, so steht die Vermietung der ihnen gehörigen Grundstücke, ähnlich wie bei den eheweiblichen Grundstücken dem Ehemann, hier dem Vater kraft seines Verwaltungs- und Nutznießungsrechts zu (1627, 1630, 1638, 1649). Ausgenommen sind solche Grundstücke, welche das Kind durch seine Arbeit oder durch den ihm vom Vater gestatteten selbständigen Betrieb eines Erwerbsgeschäfts erwirbt oder welche dem Kinde von Todes wegen oder durch Schenkung unter Lebenden mit der Bestimmung als freies, der väterlichen Verwaltung und Nutznießung nicht unterworfenes Vermögen zugewendet sind (1638, 1651 Z. 2); für diese tritt ein Pfleger ein (1909).

Will der Vater für das Kind auf länger als ein Jahr nach Vollendung des einundzwanzigsten Lebensjahres desselben einen Mietvertrag abschließen, so bedarf er dazu der Genehmigung des Vormundschaftsgerichts (1643, 1822 Z. 5).

An Stelle des Vaters steht die erwähnte Befugnis, sofern nicht nach § 1698 dem Kinde ein Vormund oder Pfleger bestellt ist, der Mutter zu, wenn der Vater gestorben oder für tot erklärt ist oder wenn er die elterliche Gewalt verwirkt hat und die Ehe aufgelöst ist oder wenn er an der Ausübung dieser Gewalt thatsächlich verhindert ist oder wenn dieselbe ruht (1684, 1685). Der Mutter kann in diesem Falle auf ihren Antrag oder aus besonderen Gründen ein Beistand bestellt werden, der insbesondere

[1] Mot. IV S. 727. Ähnlich C. c. art. 372, 382, 384, 389, 390. Abw. das gemeine Recht (Beendig. der elterlichen Gewalt erst durch separata oeconomia und Verheiratung), das A.L.R. II 2 § 125, 165, 166, 168, 210, 228, das S.G.B. § 1811, 1821, 1822, 1829—1833.

zu einem über das ein und zwanzigste Lebensjahr des Kindes hinaus abgeschlossenen Vertrage seine Genehmigung zu erteilen hat, sofern nicht schon das Vormundschaftsgericht den Vertrag genehmigt hat (1687—1690, 1822 Z. 5).

Im übrigen, namentlich insoweit ein minderjähriges Hauskind einen Mietvertrag als Mieter abschließt, kommen die nachstehend (§ 7) aufgestellten Grundsätze über den Vertragsabschluß Minderjähriger mit der Maßgabe zur Anwendung, daß an die Stelle des Vormundes der Vater (oder die Mutter) als Inhaber der elterlichen Gewalt und demzufolge als gesetzlicher Vertreter des Kindes eintritt.

§ 7. b) Geschäftsunfähige und in der Geschäftsfähigkeit beschränkte Personen.

1. Geschäftsunfähig ist

a) wer noch nicht das siebente Lebensjahr vollendet hat,

b) wer sich in einem die freie Willensbestimmung ausschließenden Zustande krankhafter Störung der Geistesthätigkeit befindet, sofern nicht der Zustand seiner Natur nach ein vorübergehender ist,[1]

c) wer wegen Geisteskrankheit entmündigt ist (104).

Der von einem Geschäftsunfähigen abgeschlossene Vertrag ist nichtig, ebenso der von einem an sich Geschäftsunfähigen im Zustande der Bewußtlosigkeit oder vorübergehenden Störung der Geistesthätigkeit abgeschlossene (105).[2]

2. In der Geschäftsfähigkeit beschränkt sind

a) Minderjährige vom vollendeten siebenten bis zum vollendeten einundzwanzigsten Lebensjahre (106). Ihnen stehen gleich

b) wegen Geistesschwäche, wegen Verschwendung oder wegen Trunksucht entmündigte oder unter vorläufige Vormundschaft gestellte Personen (114, 1906).

---

[1] Dies gilt auch dann, wenn eine Entmündigung noch nicht erfolgt ist. Im übrigen begründet nur ein dauernder Zustand dieser Art die Geschäftsunfähigkeit. Wohl aber hat auch ein vorübergehender derartiger Zustand die gleiche Wirkung, nämlich Nichtigkeit des Geschäfts (s. oben).

[2] Als Fälle von Bewußtlosigkeit oder vorübergehender Störung der Geistesthätigkeit kommen namentlich Schlaftrunkenheit, Fieber, Hypnose, hochgradige Trunkenheit in Betracht.

Für alle diese, unter Z. 1 und 2 aufgeführten Personen schließt, insoweit sie nicht unter elterlicher Gewalt stehen, rechtsgültig ihr Vormund, als ihr gesetzlicher Vertreter, den Vertrag ab (1773, 1793, 1896, 1897). Dabei bedarf der Vormund eines Minderjährigen zu einem Mietvertrage, der länger, als ein Jahr nach dem vollendeten ein und zwanzigsten Lebensjahre des Mündels fortdauern soll (1822 Z. 5), der Vormund eines Volljährigen (Entmündigten) zu einem Mietvertrage, der länger als vier Jahre dauern soll (1902), der Genehmigung des Vormundschaftsgerichts.

Dem Vormunde steht der Pfleger gleich, der einem unter elterlicher Gewalt oder Vormundschaft Stehenden für Angelegenheiten, an deren Besorgung der Gewalthaber oder der Vormund verhindert ist (1909) oder einem Volljährigen wegen körperlicher oder geistiger Gebrechen (1910) oder einem abwesenden Volljährigen wegen Unbekanntheit seines Aufenthalts oder wegen Behinderung desselben an der Rückkehr und an der Besorgung seiner Vermögensangelegenheiten (1911) vom Vormundschaftsgericht bestellt ist.

Die unter Z. 2 aufgeführten, beschränkt Geschäftsfähigen können, (soweit dies thatsächlich möglich), auch selbst den Vertrag abschließen, bedürfen aber dazu der (gleichzeitigen) Einwilligung ihres gesetzlichen Vertreters (Vormundes oder Vaters). Schließen sie den Vertrag ohne dessen Einwilligung ab, so hängt die Wirksamkeit des Vertrages von der (nachfolgenden) Genehmigung des Vertreters ab (107—109).

Die Einwilligung oder Genehmigung des Vormundes (oder Vaters) eines Minderjährigen ist indessen dann nicht erforderlich, wenn

a) der Minderjährige die vertragsmäßige Leistung mit Mitteln bewirkt, die ihm zu diesem Zwecke oder zur freien Verfügung von dem Vertreter oder mit dessen Zustimmung von einem Dritten überlassen worden sind (110),[3]

[3] Die Erfüllung von seiten des Minderjährigen mit den ihm überlassenen Mitteln macht den Vertrag ebenso von Anfang an wirksam, wie die Genehmigung des Vaters oder Vormundes. Dies ist z. B. der Fall, wenn ein minderjähriger Student oder einjährig Freiwilliger sich eine Wohnung mietet und den Mietzins mit dem ihm von seinem Vater oder Vormunde zu seinem Lebensbedarf ausgesetzten Gelde oder von dem ihm unter dessen Zustimmung zufließenden Stipendium bezahlt. Wie aber dann, wenn der Student rc. das Mietgeld nicht bezahlt und der Vater oder Vormund die Genehmigung des ohne seine Zustimmung abgeschlossenen

b) wenn der Vormund (Vater) den Minderjährigen mit Genehmigung des Vormundschaftsgerichts zum selbständigen Betrieb eines Erwerbsgeschäfts ermächtigt und der Minderjährige für diesen Geschäftsbetrieb einen Mietvertrag abschließt (112).[4]

In allen Fällen wird ein von einem Minderjährigen abgeschlossener Vertrag wirksam, wenn der Minderjährige unbeschränkt geschäftsfähig geworden ist und alsdann den Vertrag genehmigt (108 Abs. 3).

2. Juristische Personen. Gesellschaften. Vermögensmassen.

§ 8. Einzelne Arten. Vertretung.

Für juristische Personen (Vereine und Stiftungen) werden Mietverträge durch ihre verfassungsmäßigen Vorstände abgeschlossen, welche die Stellung von gesetzlichen Vertretern haben,

---

Vertrages verweigert? Hier wird zwar der Mietvertrag als solcher unwirksam sein, gleichwohl aber der Vermieter unter Umständen entweder einen Anspruch gegen den Minderjährigen auf Grund ungerechtfertigter Bereicherung (812 flg.) oder, sofern der Vater zum Unterhalte desselben verpflichtet ist, gegen diesen einen Anspruch aus dem Gesichtspunkt der Geschäftsführung ohne Auftrag erheben können. Mot. I S. 126, 148. Protok. II S. 66. Ähnlich steht die Sache bei Minderjährigen, welche sich unter Zustimmung ihres gesetzlichen Vertreters in einer Stellung befinden, in der sie ihren Unterhalt selbst verdienen und die von ihnen gemietete Wohnung selbst zu bezahlen haben, wie z. B. Arbeiter, Techniker, Handlungsgehilfen. Wenn diese die Bezahlung des Mietgeldes und ihre gesetzlichen Vertreter die Genehmigung des Mietvertrages verweigern, wird der Vermieter (beim Vorhandensein der gesetzlichen Vorbedingungen) immerhin noch einen Bereicherungsanspruch gegen den Minderjährigen oder möglicherweise auch einen Anspruch aus der Geschäftsführung ohne Auftrag gegen den etwaigen Unterhaltspflichtigen erheben können. Planck § 110 Erl. 5. Jedenfalls empfiehlt es sich in derartigen Fällen, die Zustimmung des Vaters oder sonstigen gesetzlichen Vertreters zu dem Vertragsabschluß zu erwirken.

[4] Ähnlich d. Pr. Ges. betr. die Geschäftsfähigkeit Minderjähriger v. 12. Juli 1875, § 5 Abs. 1. — Derartige Fälle kommen z. B. vor, wenn ein Minderjähriger mit Ermächtigung seines gesetzlichen Vertreters und unter Genehmigung des Vormundschaftsgerichts selbständig ein Handwerk, ein kaufmännisches Geschäft oder einen künstlerischen Beruf ausübt und hierfür eine Werkstätte, einen Laden oder ein Atelier mietet.

in ihrer Vertretungsmacht aber durch die Satzung mit Wirkung gegen Dritte beschränkt werden können (26, 86).[1]

Ferner werden beim Abschluß solcher Verträge

a) Aktiengesellschaften sowie Erwerbs- und Wirtschaftsgenossenschaften durch ihre Vorstände (H.G.B. §§ 210, 231, 235; Ges. betr. die Erwerbs- und Wirtschaftsgenossenschaften vom 1. Mai 1889 §§ 24, 27),

b) offene Handelsgesellschaften durch ihre sämtlichen Gesellschafter, soweit sie nicht durch den Gesellschaftsvertrag von der Vertretung ausgeschlossen sind (H.G.B. §§ 124—126),[2]

c) die Kommanditgesellschaften und die Kommanditgesellschaften auf Aktien durch ihre persönlich haftenden Gesellschafter (H.G.B. §§ 161, 170, 320 Abs. 2),

d) die Gesellschaften mit beschränkter Haftpflicht durch ihre Geschäftsführer (Ges. betr. die Gesellschaften mit beschr. Haft vom 20. April 1892 §§ 13, 35—37)

gerichtlich und außergerichtlich, also insbesondere auch beim Abschluß von Mietverträgen, vertreten.

Abweichend von der für juristische Personen getroffenen Vorschrift hat eine satzungsmäßige Beschränkung der unter a bis d aufgeführten Personen in der Befugnis, die vorerwähnten Ge-

---

[1] Motive I S. 98. Die Beschränkung, welche bei eingetragenen Vereinen ebenfalls einzutragen und bekannt zu machen ist, kann sowohl darin bestehen, daß der Vorstand gewisse Rechtsgeschäfte überhaupt nicht vornehmen kann, als auch darin, daß er dazu nur unter bestimmten Voraussetzungen, z. B. unter Zustimmung der Mitgliederversammlung, berechtigt ist. Eine Handlung, welche unter Überschreitung der dem Vorstand gesteckten Grenze einem Dritten gegenüber vorgenommen wird, gilt nicht als Handlung des Vereins, einerlei, ob der Dritte die Beschränkung gekannt hat oder nicht. Würde also z. B. die Satzung vorschreiben, daß der Vorstand eines rechtsfähigen Vereins das dem letzteren gehörige Hausgrundstück nur unter Zustimmung der Mitgliederversammlung solle vermieten dürfen, so würde eine vom Vorstand ohne solche Zustimmung bewirkte Vermietung für den Verein nicht wirksam sein.

[2] Der Gesellschaftsvertrag kann auch bestimmen, daß alle oder mehrere Gesellschafter nur in Gemeinschaft zur Vertretung der Gesellschaft (Gesamtvertretung) ermächtigt sein oder daß die Gesellschafter, wenn nicht mehrere zusammen handeln, nur in Gemeinschaft mit einem Prokuristen zur Vertretung der Gesellschaft befugt sein sollen. Derartige Bestimmungen sind ebenso wie der Ausschluß eines Gesellschafters von der Vertretung im Handelsregister einzutragen. H.G.B. § 125 Abs. 2—4.

sellschaften und Genossenschaften zu vertreten, keine rechtliche Wirkung.[3]

Bei Gesellschaften (des bürgerlichen Gesetzbuches) steht entweder sämtlichen Gesellschaftern oder denjenigen Gesellschaftern, denen nach dem Gesellschaftsvertrage die Befugnis zur Geschäftsführung übertragen ist, in der durch den Gesellschaftsvertrag bezeichneten und durch das B.G.B. zugelassenen Weise die Vertretung zu (709—711, 714).

Ein Gleiches gilt bei Vereinen, die nicht rechtsfähig sind. Aus einem Rechtsgeschäft, das im Namen eines solchen Vereins einem Dritten gegenüber vorgenommen wird, haftet der Handelnde persönlich, handeln mehrere, so haften sie als Gesamtschuldner (54).[4]

Endlich können auch die Verwalter gewisser Vermögensmassen, nämlich

a) Nachlaßpfleger (1985) und, insoweit der Erblasser nicht anders bestimmt hat, Testamentsvollstrecker (2205 bis 2208) für den von ihnen verwalteten Nachlaß,

b) Konkursverwalter für die Konkursmasse (K.O. § 5).[5]

---

[3] Würde also der Vorstand einer eingetragenen Genossenschaft, der nach deren Satzung bei der Vermietung eines ihr zugehörigen Hauses an die Zustimmung des Aufsichtsrates gebunden ist, diese Vermietung gleichwohl ohne solche Zustimmung bewirken, so ist die Genossenschaft dem Mieter gegenüber zur Einhaltung des Vertrages verpflichtet und hat nur einen Schadensanspruch gegen den Vorstand.

[4] Der Vorstand solcher Vereine hat die Stellung von geschäftsführenden Mitgliedern gewöhnlicher Gesellschaften. Wenn also die satzungsmäßigen beiden Vorstandsmitglieder eines Kegel- oder Musikvereins, der keine Rechtsfähigkeit besitzt, in Gemäßheit der ihnen durch die Satzung erteilten Befugnis für die Zwecke des Vereins ein Lokal mieten, so sind aus diesem Vertrage beide als Gesamtschuldner für den ganzen Mietzins, daneben aber auch die einzelnen Mitglieder des Vereins, ein jedes zu seinem Anteil, verhaftet. Sind sie zum Vertragsabschluß nicht befugt und verweigern die übrigen Mitglieder die Genehmigung, so fällt deren Mithaftung hinweg und allein die Gesamthaft der beiden Vorstandsmitglieder bleibt bestehen.

[5] Die aus diesen Verträgen erwachsenden Verpflichtungen sind Masseschulden, K.O. § 59 Z. 1. Mit der Aufhebung des Konkursverfahrens geht der vom Konkursverwalter abgeschlossene Mietvertrag nicht ohne weiteres zu Ende, vielmehr wird alsdann der seitherige Gemeinschuldner daraus berechtigt und verpflichtet. Petersen und Kleinfeller zu § 5 K.O. Erl. II Z. 2.

c) Verwalter im Fall der Zwangsverwaltung (eines Hauses oder sonstigen Raumes) für die von ihnen verwaltete Masse (Ges. über die Zwangsverw. u. Zwangsverst. § 150, 152)

Mietverträge rechtsgültig abschließen.

§ 9. Abschluß des Vertrages.

Der Abschluß des Vertrages erfolgt regelmäßig in der Weise, daß ein hierauf gerichteter Antrag, der die wesentlichen Punkte des Vertrages, also namentlich die Angabe der Mieträume und des Mietzinses[1] enthält, von einem Teile — dem Vermieter oder dem Mieter — dem anderen gemacht und von diesem die Annahme, das Einverständnis mit dem Antrag, erklärt wird (145 flg.).

1 Der Antragende ist, wenn nichts Anderes bestimmt wird, an seinen Antrag zunächst gebunden[2]; der Antrag erlischt jedoch, wenn er dem Antragenden gegenüber abgelehnt oder nicht rechtzeitig angenommen wird. In letzterer Beziehung gilt folgendes:

a) Bei einem Antrage unter Anwesenden, wozu auch der mittels Fernsprechers gemachte Antrag gehört, muß die Annahmeerklärung alsbald erfolgen, widrigenfalls der Antragende nicht mehr gebunden ist (147 Abs. 1).[3]

b) Der einem Abwesenden gemachte Antrag gilt als abgegeben zu der Zeit, wo er dem anderen Teile zugeht, so daß derselbe davon Kenntnis nehmen kann (130).[4] Darauf muß der

---

[1] S. hierüber unten bei Z. 3 des § 9.

[2] So auch nach A.L.R. I 5 § 90 flg., 103. Anders nach röm. Recht, Windscheid II § 307 Anm. 1, nach französ. Recht und nach dem Sächs. B.G.B. § 816.

[3] Vorausgesetzt wird dabei aber, daß der andere Teil die Erklärung des Antragenden vernommen hat, also nicht hieran durch Taubheit, Bewußtlosigkeit, Schlaf, Unkundigkeit der Sprache des Antragenden u. s. w. verhindert war.

[4] Also z. B zu der Zeit, wo der den Antrag (die Offerte) enthaltende Brief auf dem Schreibtisch oder in dem Geschäftszimmer des anderen Teiles niedergelegt ist, wenn auch letzterer augenblicklich verreist oder sonst abwesend ist und deshalb vom Inhalt des Briefes nicht sogleich Kenntnis nehmen kann. Dieser Grundsatz (Empfangstheorie) war im wesentlichen in den Art. 319—321 des alten H.G.B., in der Praxis des gemeinen Rechts

andere Teil dem Antragenden die Annahme bis zu dem Zeitpunkt zugehen lassen, wo derselbe den Eingang der Antwort unter regelmäßigen Umständen erwarten darf (147 Abs. 2).[5] Hat der Antragende für die Annahme eine Frist bestimmt, so kann die Annahme nur innerhalb der Frist erfolgen (148).

2. Die Annahme kann sowohl ausdrücklich, als auch stillschweigend durch Handlungen, aus welchen die Absicht der Annahme erkennbar ist, erklärt werden.[6] In letzterem Falle ist nach dem Inhalt des Vertrages und den sonstigen Umständen zu ermessen, ob die stillschweigende Annahme noch rechtzeitig ist (151).[7] Die verspätete Annahme gilt als ein neuer Antrag. Eine Annahme unter Erweiterungen, Einschränkungen oder sonstigen Änderungen gilt als Ablehnung, verbunden mit einem neuen Antrag (150).

Das Zustandekommen des Vertrages wird im Zweifel nicht dadurch gehindert, daß der Antragende vor der Annahme stirbt oder geschäftsunfähig wird. Sein Antrag ist also insbesondere für seine Erben bindend. Ob dagegen der Antrag durch den vor der Annahme erfolgenden Tod des anderen Teiles wirkungslos wird oder dessen Erben gegenüber fortwirkt, hängt von den Umständen ab (153).[8]

R.G. Bd. 23 S. 164 und des A.L.R., sowie in § 815 des S. B.G.B. anerkannt, während im französ. Recht Streit herrschte, Zachariä-Crome Bd. 1 § 323.

[5] Es macht z. B. A. von Leipzig aus am Montag dem Hauseigentümer B. in Berlin ein Mietangebot auf ein Logis in dessen Haus. Der Brief des A. trifft am Dienstag in Berlin ein. Da dem B. ein Zeitraum von höchstens zwei Tagen zur Überlegung und Beantwortung zu belassen und ein weiterer Tag auf die Beförderung der Antwort zu rechnen sein wird, so wird A., sofern nicht besondere Beschleunigungs- oder Verzögerungsgründe vorliegen, als bis einschließlich Freitag gebunden zu erachten sein.

[6] Es bietet z. B. der Hauseigentümer A. ein leer stehendes Logis in seinem Hause am 29. Juni dem mietlustigen B. unter bestimmten Bedingungen brieflich zum mieten an. B. zieht darauf am 1. Juli mit seiner gesamten Habe in dieses Logis ein.

[7] So würde in dem soeben erwähnten Falle die Annahme verspätet und A. nicht mehr an seinen Antrag gebunden sein, wenn B. erst längere Zeit nach dem Umzugstermin, etwa am 20. August, das Logis beziehen wollte.

[8] Der briefliche Mietantrag des A. kommt im Hause des B. an, der schwer krank darniederliegt und Tags darauf stirbt. Es fragt sich, ob die Erben des B. an dessen Stelle die Annahme erklären können. Nach dem Entw. I § 89 sollte in solchem Fall der Antrag im Zweifel — ent-

3. Der Vertrag ist zustande gekommen, sobald beide Teile, durch Antrag und Annahme, über alle wesentlichen Punkte einverstanden sind. Dahin werden bei der Wohnungsmiete unter allen Umständen der vermietete Raum und der Mietzins gehören, da über die sonstigen Vertragspunkte: die Zahlungstermine, die Dauer der Mietzeit und die Kündigungsfristen, die Art des Gebrauches u. s. w. das Gesetz ergänzende Vorschriften giebt. Im Zweifel ist aber der Vertrag nicht geschlossen, solange nicht die Parteien sich über alle Punkte eines Vertrages geeinigt haben, über die nach der Erklärung auch nur Einer Partei eine Vereinbarung getroffen werden soll.[9] In diesem Falle ist eine Erklärung über einzelne Punkte auch dann nicht bindend, wenn eine Aufzeichnung (Punktation) stattgefunden hat. Ist eine Beurkundung des Vertrages verabredet, so kommt erst mit deren Vornahme der Vertrag zustande (154).

Ergiebt sich dagegen, daß die Parteien den Vertrag als geschlossen ansehen, so wird der Abschluß nicht dadurch gehindert, daß über den einen oder den anderen ins Auge gefaßten Punkt eine Einigung noch nicht zustande gekommen ist, sofern anzunehmen ist, daß der Vertrag auch ohne eine Bestimmung über diesen Punkt abgeschlossen sein würde (155).[10]

---

sprechend dem für den Fall des Todes des Antragenden geltenden Grundsatze — als an die Erben (oder bei eintretender Geschäftsunfähigkeit an den gesetzlichen Vertreter) des anderen Teiles gestellt angesehen werden. Mot. I S. 176. Die II. Komm. hielt eine solche Auslegungsregel für bedenklich und hat sie gestrichen, wie ich glaube, mit Recht.

[9] So auch nach den seitherigen Gesetzen l. 9 pr. D. de contrah. emt. 18, 1 A.L.R. I 5 § 125. S.G.B. § 783; z. B. Vermieter und Mieter sind über Logis, Preis, Zahlungs- und Kündigungstermine einig; der Mieter verlangt aber vom Vermieter noch die Neuherrichtung eines Zimmers, worüber der Vermieter sich nicht alsbald erklären will oder kann. Der Vertrag ist im Zweifel noch nicht geschlossen. Vgl. Bolze Bd. 7 Nr. 332.

[10] Der Vermieter A. hat bei der Besprechung des Vertrages vom Mieter B. verlangt, daß derselbe die kurz vorher durch Hagelschlag zerstörten Fenster in dem von ihm zu mietenden Logis auf seine Kosten wiederherstellen lasse. Beide Teile kommen in der Folge auf diesen Punkt nicht zurück und geben sich schließlich zum Zeichen des Vertragsabschlusses die Hände. Der Vertrag ist im Zweifel als zustande gekommen anzusehen und es gilt nun die gesetzliche Vorschrift (§ 536), wonach der Vermieter die Mieträume in einem bewohnbaren Zustande dem Mieter zu überlassen und daher für die Wiederherstellung der vor Beginn des Vertragsverhältnisses durch Zufall zerbrochenen Fenster zu sorgen hat.

§ 10. Form des Vertrages.[1]

1. Gesetzlich ist der Regel nach für die Wohnungsmiete, wie für Rechtsgeschäfte überhaupt, eine besondere Form nicht vorgeschrieben, so daß insbesondere mündlicher Abschluß genügt.[2] Nur ein Mietvertrag, der für längere Zeit, als ein Jahr geschlossen wird, bedarf der schriftlichen Form (566).[3] Wird die Form nicht beobachtet, so gilt der Vertrag als auf unbestimmte Zeit geschlossen; es kann mithin jeder Teil mit der gesetzlichen Frist (564 Abs. 2; 565 Abs. 1) kündigen; die Kündigung ist jedoch nicht für eine frühere Zeit, als den Schluß des ersten Jahres zulässig.[4]

---

[1] Auch nach gemeinem Recht, Windscheid, Bd. II § 312, französischem Recht, C. c. art. 1714, dem sächs. B.G.B. § 821 und nach Handelsrecht (dem früheren H.G.B. Art. 317) wurde zur Gültigkeit eines Vertrages der Regel nach eine besondere Form nicht erfordert, was namentlich auch für Mietverträge galt. Dagegen war nach preußischem Recht zur Klagbarkeit eines Vertrages, dessen Gegenstand über 150 Mk. betrug, insbesondere eines Mietvertrages, bei dem der verabredete Mietzins und zwar bei längerer als einjähriger Dauer der Betrag einer einjährigen Miete die erwähnte Summe überstieg, schriftliche Errichtung notwendig, s. A.L.R. I 5 § 131 flg., I 21 §§ 267, 268.

[2] Dieser Grundsatz findet sich, abweichend vom Entw. I § 91 II § 104 im B.G.B. nicht ausdrücklich ausgesprochen, ergiebt sich aber aus § 125, wonach eine bestimmte Form zur Gültigkeit des Rechtsgeschäfts nur da erforderlich ist, wo sie durch Gesetz oder Rechtsgeschäft bestimmt ist. Selbstverständlich wird übrigens auch unter der Herrschaft des B.G.B. ein schriftlicher Mietvertrag bei größeren Mieten nicht zu umgehen und selbst bei kleineren Mieten mindestens eine von beiden Teilen zu unterschreibende Aufzeichnung der Hauptpunkte des Vertrages (Mieträume, Mietzins, Zahlungs- und Kündigungsfristen) zur Vermeidung von Zweifeln und Mißverständnissen, sowie zur Sicherung des Beweises zu empfehlen sein.

[3] In § 566 ist die Schriftlichkeit, weil man für den Fall des Verkaufes des Grundstücks den Erwerber nicht unbeschränkt an die von dem Vorbesitzer vor längerer Zeit abgeschlossenen mündlichen Mietverträge binden wollte (571), zunächst nur für einen Mietvertrag über ein Grundstück von mehr als einjähriger Dauer vorgeschrieben. Diese Vorschrift findet aber auch bei der Aftermiete Anwendung, da nach § 580 die Vorschriften über die Miete von Grundstücken auch für die Miete von Wohnräumen und anderen Räumen gelten.

[4] Der Mangel der gesetzlich vorgeschriebenen Form, der regelmäßig Nichtigkeit des Geschäfts nach sich zieht (125), äußert hier ausnahmsweise

Soll die in obigem Falle gesetzlich vorgeschriebene Schriftform gewahrt werden, so muß die Vertragsurkunde von beiden Parteien[5] eigenhändig durch Namensunterschrift oder mittels gerichtlich oder notariell beglaubigten Handzeichens unterzeichnet werden.[6] Werden über den Vertrag mehrere gleichlautende Urkunden aufgenommen, so genügt es, wenn jede Partei die für die andere Partei bestimmte Urkunde unterzeichnet. Die schriftliche Form wird durch die gerichtliche oder notarielle Beurkundung ersetzt.[7]

---

nur eine beschränktere Wirkung. — Die zugelassene Kündigung kann nach obiger Vorschrift gültig noch am dritten Werktage vom letzten Vierteljahr des ersten Mietjahres, für dessen Schluß oder, wenn der Mietzins nach Monaten bestimmt ist, am 15. des letzten Monats des ersten Jahres bewirkt werden (565 Abs. 1). Es kann aber auch von den Parteien das Mietverhältnis über das erste Jahr hinaus stillschweigend fortgesetzt und unter Einhaltung der in § 565 Abs. 1 bestimmten Fristen später gekündigt werden. Obige Bestimmung deckt sich also nicht völlig mit der ihr zu Grunde liegenden Bestimmung in § 269 A.L.R. I 21, wonach bei Nichtbeobachtung der erforderlichen schriftlichen Form, aber bereits bewirkter Übergabe des Mietobjektes der Vertrag nur auf Ein Jahr giltig, also weder eine frühere Kündigung notwendig, noch eine spätere zulässig sein soll. Rehbein und Reincke, A.L.R. I 21 § 269 Anm. 77. Dies verkennt Fränkel S. 6 IV, wenn er sagt: „Der Vertrag erreicht mit Ablauf des ersten Vertragsjahres sein Ende, ohne daß es vorheriger Kündigung bedarf.“ S. auch Protok. S. 1949. Denkschrift S. 76. Fuld S. 33 Anm. 1.

[5] Unterzeichnet für eine Partei deren Vertreter, so hat derselbe regelmäßig seinen Namen, nicht denjenigen der vertretenen Partei zu zeichnen. Die rechtliche Wirkung seiner Unterschrift für die Partei hängt natürlich davon ab, daß er zu deren Vertretung beim Abschluß oder der Unterzeichnung des Vertrages überhaupt ermächtigt ist.

[6] Es genügt also nicht, dem Vertrag eine Namens-Stempelung oder faksimilierte Unterschrift beizufügen. Dagegen kann die Unterschrift auch vor der Niederschrift des Vertragstextes (in blanco) erfolgen, letzterer mithin (unter Zustimmung des Unterzeichners) nachträglich darüber geschrieben werden. R.G. Bd. 27 S. 272. Jedenfalls muß aber die Unterschrift unter dem Vertragstexte stehen. R.G. Bd. 36 S. 242. Wegen der Beglaubigung des Handzeichens s. § 183 des Ges. über die Angel. der freiw. Gerichtsbarkeit v. 17. Mai 1898.

[7] In diesem Falle wird die Erklärung der Vertragschließenden — entweder gleichzeitig oder zunächst der Antrag und dann dessen Annahme — vor Gericht oder Notar abgegeben, oder, wenn sie vorher niedergeschrieben war, anerkannt. S. hierüber auch §§ 167—182 des Ges. über die freiw. Gerichtsbark.

2. Auch durch Vereinbarung der Parteien kann eine bestimmte, insbesondere schriftliche Form des Vertrages festgesetzt sein. Zur Wahrung der Schriftlichkeit sind, wenn nicht etwas Anderes vereinbart ist, die gleichen Vorschriften, welche für die durch Gesetz gebotene schriftliche Form soeben angegeben sind, zu beobachten Nur genügt hier in der Regel telegraphische Übermittelung und Briefwechsel.[8] Wird eine solche Form gewählt, so kann nachträglich schriftliche Form oder gerichtliche oder notarielle Beurkundung verlangt werden (127).

Erst mit der Erfüllung der vereinbarten (schriftlichen) Form kommt, wenn nichts anderes bestimmt ist,[9] der Vertrag zustande (154 Abs. 2).

Mündliche Nebenberedungen und schriftliche Aufzeichnungen, welche ohne Beobachtung der vereinbarten Form neben dem formgemäßen Vertrage erfolgen, sind, wenn die Form gesetzlich vorgeschrieben ist, nichtig[10] und dasselbe gilt im Zweifel auch bei vertragsmäßiger Vereinbarung der Schriftlichkeit.

Anders liegt die Sache, wenn die Parteien — was aber besonders nachzuweisen ist — erst nach Abschluß des Vertrages, namentlich um sich den Beweis desselben zu sichern, dessen schriftliche Aufzeichnung vereinbaren. Alsdann wird durch die nachträgliche Niederschrift weder die Gültigkeit des vorher mündlich abgeschlossenen Vertrages, noch auch in der Regel die Gültigkeit mündlicher Nebenberedungen, namentlich solcher, die zur Ergänzung des schriftlichen Vertragsinhalts erfolgen, in Frage gestellt.[11]

Werden im Auslande Mietverträge über inländische Grundstücke abgeschlossen, so sind die oben erwähnten Formvorschriften

[8] Eigenhändige Unterschrift des aufgegebenen Telegramms oder der gewechselten Briefe wird regelmäßig nicht erfordert.

[9] Abweichend S.G.B. § 823.

[10] Protok. S. 1909. Planck § 125 Anm. 4.

[11] Planck § 125 Erl. 2. Rehbein §§ 125—129 Erl. V 2. — Unter Umständen kann jedoch auch auf eine neben dem von vornherein schriftlichen Vertrage mündlich abgeschlossene Vereinbarung die Einrede der Arglist gegen die Mietpartei, welche unter Nichtbeachtung dieser Abrede einen Anspruch erhebt, gestützt werden. Fränkel S. 9 und 10, so z. B. in dem Falle, wenn der Mietvertrag die Vorauszahlung des Mietgeldes bis zum dritten jedes ersten Quartal-Monats bei Meidung sofortiger Exmission bestimmt, der Vermieter aber dem Mieter mündlich gesagt hat, es komme nicht darauf an, wenn einmal die Miete ein paar Tage später bezahlt werde.

ebenfalls maßgebend. Es genügt jedoch die Beobachtung der die Vertragsform betreffenden Gesetze des (ausländischen) Ortes, an dem der Vertrag abgeschlossen ist (E.G. Art. 11 Abs. 1).[12]

Über die Stempelpflichtigkeit schriftlicher Mietverträge s. unten Anhang II.

§ 11. Nichtigkeit und Anfechtbarkeit.

Ein seiner äußeren Erscheinung nach zustande gekommener Mietvertrag entbehrt der rechtlichen Wirksamkeit, wenn er nichtig oder anfechtbar ist.

1. Nichtig ist ein Vertrag, der in Ansehung der gewollten rechtlichen Wirkung so angesehen wird, als wenn er nicht zustande gekommen wäre.[1] Er kann daher niemals wirksam werden, auch nicht durch nachträgliche Bestätigung. Diese ist vielmehr nur als erneute Vornahme anzusehen und hat dieselben Voraussetzungen.[2] Erfolgt sie aber in wirksamer Weise, so sind die Parteien im Zweifel verpflichtet, einander zu gewähren, was sie haben würden, wenn der Vertrag von Anfang an gültig gewesen wäre (141).[3]

Nichtig sind:

a) Verträge, welche von oder mit einer geschäftsunfähigen[4] oder im Zustande der Bewußtlosigkeit oder der vorübergehenden

---

[12] So im wesentlichen auch nach gemeinem Recht (locus regit actum) Windscheid I § 35 Z. 6.

[1] S. E. I § 108.

[2] Z. B. A. vermietet in einem Zustande von Trunkenheit, der seine freie Willensbestimmung ausschließt, am 31. März für sofort ein Quartier in seinem Hause an B. Der Vertrag ist an sich nichtig. Wenn A. und B. am 7. April, wo A. verfügungsfähig ist, vereinbaren, daß der Vertrag, wie am 31. März verabredet, gelten solle, so ist dies ein neuer Vertrag mit dem früher festgestellten Inhalt. Die Bestätigung kann auch stillschweigend geschehen, so, wenn der Mieter zur früher vereinbarten Zeit in das Logis einzieht und den früher verabredeten Mietzins bezahlt, der Vermieter aber diesen annimmt.

[3] Sie können den Vertrag nicht rückwärts gültig machen, wohl aber sich so behandeln, als ob er von Anfang an gültig gewesen wäre. So wird im vorher erwähnten Falle der Mieter, der nach ausdrücklicher Bestätigung des Vertrages am 7. April einzieht, im Zweifel als verpflichtet anzusehen sein, den Mietzins für die Zeit vom 1. April ab zu bezahlen.

[4] S. oben § 7.

Störung der Geistesthätigkeit[5] befindlichen Person abgeschlossen sind (104, 105),

b) Verträge, bei denen es einer der Parteien oder beiden an dem zu deren Abschluß erforderlichen Willen fehlt, wobei insbesondere:

aa) eine Vertragserklärung mit dem Vorbehalt, sie nicht zu wollen, dem Anderen gegenüber abgegeben wird und dieser den Vorbehalt kennt (116),[6] oder:

bb) der Vertrag im Einverständnis beider Teile nur zum Schein abgeschlossen wird (117),[7] oder:

cc) von einem Teile seine Vertragserklärung nicht ernstlich gemeint und in der Erwartung abgegeben wird, der Mangel der Ernstlichkeit werde von dem anderen Teile nicht verkannt werden (118).[8]

c) Verträge, die wegen ihres Inhalts gemißbilligt und deshalb des rechtlichen Schutzes nicht für würdig erachtet werden, die insbesondere gegen ein gesetzliches Verbot oder gegen die guten Sitten verstoßen (134, 138),[9] darunter auch solche, durch welche unter Ausbeutung der Notlage, des Leichtsinns oder der Unerfahrenheit eines Anderen diesem eine unverhältnismäßig hohe Vertragsleistung auferlegt wird (138 Abs. 2),

d) Verträge über eine objektiv unmögliche Leistung (306),[10] endlich:

---

[5] Infolge von hochgradigem Fieber, Trunkenheit, Schlaftrunkenheit ꝛc.

[6] A. vermietet an B. ein Haus zum Betrieb einer Restauration in dem Bewußtsein, daß dieser Vertrag nicht zur Ausführung gelangen werde, weil die zuständige Verwaltungsbehörde den Betrieb der Restauration im fraglichen Hause nicht gestatten werde. B. kennt diese Auffassung des A.

[7] A. will sein Haus an B. verkaufen; um jedoch den zahlreichen Gläubigern des B. kein Objekt der Zwangsvollstreckung zu gewähren, verabreden beide zum Schein einen Mietvertrag mit so hohen Mietgeldzahlungen, daß dadurch binnen 3 Jahren der Kaufpreis gedeckt ist.

[8] Z. B. der unverheiratete und unvermögende A. mietet von B. im Scherz eine große und kostspielige Familienwohnung.

[9] So wird die Vermietung eines Hauses an einen Bordellwirt zu dem auch dem Vermieter bekannten Betriebe seines Gewerbes als gegen die guten Sitten verstoßend zu erachten sein, da hier durch die vertragsmäßige fortdauernde Gebrauchsgewährung von seiten des Vermieters dem unsittlichen Gewerbe des Mieters Vorschub geleistet wird. R.G. Bd. 38 S. 199.

[10] Z. B. die Vermietung eines Restaurationslokales, dessen Verwen-

e) sofern nicht anderes bestimmt ist, auch Mietverträge, bei welchen die vorher vereinbarte Form nicht beobachtet ist (125 S. 2).[11]

Den nichtigen Verträgen sind die mit einer in der Geschäftsfähigkeit beschränkten Person abgeschlossenen und deshalb unwirksamen Verträge gleichgestellt, sobald feststeht, daß die Genehmigung des gesetzlichen Vertreters nicht erteilt wird (108 Abs. 1).

2. Anfechtbar sind Verträge, die mit einem der nachgenannten Mängel behaftet sind. Diese Mängel werden jedoch nur dann berücksichtigt, wenn sie von einem der Beteiligten geltend gemacht werden. Geschieht dies, so wird der Vertrag als von Anfang an nichtig angesehen (142). Bis zu diesem Zeitpunkte ist er rechtlich wirksam. Bestätigt der Anfechtungsberechtigte den Vertrag, wozu es einer besonderen Form nicht bedarf, so ist die Anfechtung ausgeschlossen und der Vertrag voll wirksam (144).

Anfechtbar, und zwar von seiten der erklärenden, in ihrem Willen beeinflußten Partei, sind Verträge, wenn

a) eine Partei bei der Abgabe ihrer Vertragserklärung über deren Inhalt, wozu auch wesentliche Eigenschaften des Vertragsgegenstandes oder der anderen Vertragspartei gehören, im Irrtum[12] war oder eine Erklärung dieses Inhalts nicht abgeben wollte,

---

dung zu Restaurationszwecken bereits bei Abschluß des Vertrages von der Polizei verboten war.

[11] Die Vorschrift des § 125, daß auch die Nichtbeachtung der durch Gesetz vorgeschriebenen Form Nichtigkeit zur Folge hat, findet hier keine Anwendung, da für den Mietvertrag gesetzlich eine besondere Form in der Regel nicht vorgeschrieben und in dem einzigen Falle, wo dies geschehen ist (Mietvertrag auf länger als ein Jahr), die Außerachtlassung der Form keine Nichtigkeit zur Folge hat.

[12] In den seitherigen Rechten weichen die Vorschriften über die rechtlichen Folgen des Irrtums teilweise voneinander ab.

a) Nach gemeinem Recht hat der sog. wesentliche oder unechte Irrtum über die Natur des Rechtsgeschäfts, die Person der Vertragschließenden, den Gegenstand, und wesentliche Eigenschaften — einerlei, ob entschuldbar oder nicht — Nichtigkeit zur Folge, während der Irrtum im Beweggrunde wirkungslos ist. Windscheid I § 76.

b) Ebenso nach dem S.G.B. § 95, 96.

c) Nach dem C. c. art. 1110 hat der Irrtum über die jur. Natur des Geschäfts und über den Vertragsgegenstand Nichtigkeit zur Folge (wie nach gemeinem Recht); während der Irrtum über wesentliche Eigenschaften des Gegenstandes oder über die für den Vertrag wesent-

sofern anzunehmen ist, daß sie diese Erklärung bei Kenntnis der Sachlage und bei verständiger Würdigung des Falles nicht abgegeben haben würde (119);[13]

---

lich in Betracht kommende Person des anderen Kontrahenten den Vertrag anfechtbar macht, im übrigen aber der Irrtum einflußlos ist.

d) Nach A.L.R. I 4 §§ 75, 77, 81 hat der Irrtum, wenn er wesentliche Punkte (den Hauptgegenstand der Willenserklärung, die Personen und ausdrücklich vorausgesetzte Eigenschaften der Person oder Sache) betrifft und thatsächlicher Natur, in Ansehung gewöhnlich vorausgesetzter Eigenschaften auch entschuldbar ist, die Anfechtung zur Folge. Im übrigen ist der Irrtum, namentlich Irrtum in den Motiven unbeachtlich. Verschuldeter Irrtum begründet die Pflicht zum Schadensersatz.

[13] Berücksichtigt wird hiernach:

a) Der Irrtum über den Inhalt (rechtliche Natur, Gegenstand, Personen) des Rechtsgeschäft, wobei also (wie beim seitherigen sog. unechten oder wesentlichen Irrtum) infolge des Irrtums etwas gewollt und erklärt ist, was bei richtiger Kenntnis der Sachlage nicht gewollt und erklärt sein würde. Z. B. A. will sein Haus in der Bismarckstraße an B., sein Haus in der Wilhelmstraße an C. vermieten; er vermietet aber, indem er diese Abmachungen verwechselt, das Haus in der Bismarckstraße an C. und das Haus in der Wilhelmstraße an B.

b) In Erweiterung dieses Grundsatzes wird ferner auch der Irrtum über solche Eigenschaften der Person oder Sache, welche im Verkehr als wesentliche angesehen werden, als Anfechtungsgrund zugelassen. Z. B. A. will ein Haus zum Betrieb einer Restauration mieten, für die ein Keller unentbehrlich ist. Er mietet ein Haus, welches er für unterkellert hält, während es in Wirklichkeit keinen Keller besitzt.

c) Die Anfechtbarkeit liegt ferner vor, wenn eine Erklärung dieses Inhalts überhaupt nicht abgegeben werden sollte, die Erklärung infolge des Irrtums fehlgegangen ist. Z. B. der Vermieter verspricht oder verschreibt sich bei der Angabe des Mietpreises (Verlautbarungsirrtum).

d) In allen vorstehenden Fällen wird der Irrtum nur beachtet, wenn anzunehmen ist, daß der Erklärende die Erklärung bei Kenntnis der Sachlage und bei verständiger Würdigung des Falles nicht abgegeben haben würde. Wenn also A. anstatt der links gelegenen die rechts gelegene Hälfte des ersten Stockes vermietet und beide Hälften völlig gleichartig und gleichwertig sind, so wird der Irrtum als bedeutungslos angesehen werden können.

e) Irrtum im Beweggrunde bleibt regelmäßig unbeachtet. Z. B. A. mietet sich ein größeres Quartier in der irrtümlichen Erwartung, sein Einkommen werde sich verbessern. Nur ausnahmsweise, wenn das Motiv zum Inhalt des Geschäfts gemacht ist oder den Inhalt be-

b) bei einem Vertragsabschluß unter Abwesenden die Erklärung einer Partei der anderen durch die zur Übermittelung verwendete Person oder Anstalt unrichtig zugestellt worden ist (120);[14]

c) eine Vertragspartei von der anderen Partei oder mit deren Kenntnis von einem Dritten zum Vertragsabschluß durch arglistige Täuschung bestimmt oder wenn sie von dem Anderen oder dem Dritten widerrechtlich durch Drohung dazu gebracht worden ist (123).[15]

Die Anfechtung erfolgt durch Erklärung gegenüber der anderen Vertragspartei (143).[16] Sie muß in den Fällen unter a) und b) unverzüglich erfolgen, nachdem der Anfechtungsberechtigte von dem Anfechtungsgrunde Kenntnis erlangt hat (121), in dem Falle unter c) binnen Jahresfrist, die im Falle der Täuschung von deren Entdeckung ab, im Falle der Drohung von der Beendigung der Zwangslage ab läuft (124).

Ist ein Vertrag wegen Mangels der Ernstlichkeit der Erklärung einer Partei nichtig oder wegen Irrtums oder wegen unrichtiger Übermittelung der Erklärung [2. a und b] angefochten, so hat der Erklärende der anderen Partei den Schaden zu ersetzen, den sie dadurch erleidet, daß sie auf die Gültigkeit der Erklärung vertraut, jedoch nicht über den Betrag des Interesses hinaus, welches die andere Partei an der Gültigkeit der Erklärung hat (122).[17]

---

stimmt hat, wird der Irrtum im Beweggrunde beachtet. Planck, § 119 Anm. 2a. Rehbein, §§ 116—124 Z. 1b und c.

f) Im übrigen unterscheidet das B.G.B. nicht zwischen entschuldbarem und unentschuldbarem, thatsächlichem und Rechts-Irrtum. Rehbein, a. a. O. S. 137.

[14] Der Vermieter telegraphiert dem Mieter als Mietpreis 3000 Mk.; durch Versehen der Telegraphenanstalt enthält das dem Mieter zugehende Telegramm nur 1000 Mk. — Auch hier gilt übrigens die Voraussetzung, daß der Absender des Telegramms bei Kenntnis der Sachlage oder bei verständiger Würdigung des Falles die Erklärung nicht so, wie sie dem Adressaten zugegangen ist, abgegeben haben würde.

[15] Bei der durch einen Dritten bewirkten Drohung ist zur Begründung der Anfechtung gegen die andere Vertragspartei deren Kenntnis von der in ihrem Interesse bewirkten Drohung nicht erforderlich.

[16] Gerichtliche Anfechtung ist also nicht nötig.

[17] Diese Verpflichtung zum Schadensersatze ist von einem Verschulden nicht abhängig; andererseits ist nur das sog. negative Vertragsinteresse zu ersetzen, also der Nachteil, der dem Anderen dadurch erwächst,

Im Falle der Täuschung oder Drohung haftet die Vertragspartei oder auch die dritte Person, die sich derselben schuldig macht, der anderen Partei für den dadurch erwachsenen Schaden (823).

Zweiter Abschnitt.

Rechtsverhältnis zwischen dem Vermieter und dem Mieter.

I. Im allgemeinen.

§ 12. Auslegung und Erfüllung des Vertrages. Haftung der Vertragsparteien für eigenes Verschulden und für Verschulden Dritter.

Für die Rechte und Pflichten beider Vertragsparteien ist vor allem der Inhalt ihres Mietvertrages und erst beim Mangel vertragsmäßiger Festsetzung die gesetzliche Vorschrift maßgebend. Bei Abschluß des Vertrages steht es beiden Teilen frei, alles zu vereinbaren, was ihnen zur Regelung ihres Verhältnisses angemessen erscheint, soweit es nicht gegen gesetzliches Verbot[1] oder gegen die guten Sitten[2] verstößt (134, 138).

daß er auf die Gültigkeit der Erklärung vertraut; demnach z. B. in dem oben Anm. 12b erwähnten Falle der Schade, der dem Vermieter dadurch erwächst, daß er wegen der mit dem Mieter eingeleiteten, zuletzt infolge des Irrtums des Letzteren rückgängig gemachten Verhandlungen ein ihm gleichzeitig gemachtes Mietangebot ablehnt und nun das Restaurationslokal ein Vierteljahr lang nicht vermieten kann.

[1] Gesetzliche Verbote, welche die der Regel nach platzgreifende Vertragsfreiheit der Parteien beschränken, sind für das Mietverhältnis namentlich enthalten in:

§§ 540, 541: Nichtigkeit der Vereinbarung, durch welche die Verpflichtung des Vermieters zur Vertretung von Mängeln der vermieteten Sache erlassen oder beschränkt wird, sofern der Vermieter den Mangel arglistig verschweigt.

§ 544: Unwirksamkeit eines Verzichts des Mieters auf das ihm wegen gesundheitsgefährlicher Beschaffenheit der gemieteten Wohnung zustehende Kündigungsrecht.

§ 559 Satz 3: Nichterstreckung des Pfandrechts des Vermieters auf die der Pfändung nicht unterworfenen Sachen.

[2] S. oben § 11 Z. 1c.

Der Mietvertrag ist, wie auch andere Verträge, so auszulegen und auch von jedem Teile so zu erfüllen, wie Treu und Glauben mit Rücksicht auf die Verkehrssitte es erfordern (157, 242).[3]

Jede Partei haftet bei der Erfüllung des Vertrages für Vorsatz und Fahrlässigkeit (276) und hat in Gemäßheit der allgemeinen Grundsätze für den von ihr angerichteten Schaden dem anderen Teile Ersatz zu leisten (249 flg.). Hat bei der Entstehung des Schadens ein Verschulden des Beschädigten mitgewirkt, so hängt die Verpflichtung zum Ersatze sowie der Umfang des zu leistenden Ersatzes von den Umständen, insbesondere davon ab, inwieweit der Schaden vorwiegend von dem einen oder dem anderen Teile verursacht worden ist (254).[4]

In Bezug auf die Haftpflicht des Vermieters oder Mieters für den dem anderen Teil durch Dritte verursachten Schaden gelten nachstehende Vorschriften:

1. Für den Schaden, der von seinem gesetzlichen Vertreter (Inhaber der elterlichen Gewalt, Vormund, Pfleger, Vorstand einer juristischen Person u. s. w.) schuldhaft verursacht ist, haftet

[3] Der Grundsatz von Treu und Glauben ist beim Mietverhältnis auch in mehrfachen Einzelvorschriften zum Ausdruck gekommen, so z. B. in den Fällen, wo ein auf die Nichterfüllung einer Verpflichtung gesetzter Rechtsnachteil der säumigen oder vertragswidrig handelnden Partei gegenüber erst nach vorgängiger Aufforderung, Anzeige oder Abmahnung eintreten soll (542, 545, 550, 553).

[4] Während nach der herrschenden Lehre des gemeinen Rechts der Schadensersatzanspruch fortfiel, wenn der eingetretene Schaden von dem Beschädigten durch gehörige Sorgfalt hätte vermieden werden können (den Fall der arglistigen Beschädigung ausgenommen), s. Windscheid II § 258 Anm. 17, 18; R.O.H.G. Bd. 25 S. 339; R.G. Bd. I S. 83; Seufferts Arch. Bd. 41 Nr. 19 Bd. 44 Nr. 86, soll nach dem B.G.B. im Fall konkurrierenden Verschuldens das richterliche Ermessen unter Berücksichtigung der Sachlage und unter Abwägung des beiderseitigen Verschuldens entscheiden. Z. B. ein durch eine Dachkammer des Mieters gehender Schlot ist defekt, aber vom Vermieter ungeachtet der ihm von diesem Mangel gemachten Anzeige nicht repariert. Der Mieter lehnt unvorsichtigerweise eine Strohmatratze an diesen Schlot, welche Feuer fängt, so daß ein Teil der in der Kammer stehenden Mobilien des Mieters beschädigt und verdorben wird. In diesem Fall wird Letzterer, dessen Verschulden nach Lage der Sache das überwiegende und die unmittelbare Ursache des eingetretenen Schadens ist, keinen Entschädigungsanspruch gegen den Vermieter erheben können, vielmehr für den angerichteten Schaden einzustehen haben.

jeder Teil wie für den durch sein eigenes Verschulden herbeigeführten Schaden. Das Gleiche gilt von dem Schaden, welcher von denjenigen Personen (Angestellten, Dienstleuten, Angehörigen) verursacht wird, deren sich die eine oder andere Partei zur Erfüllung ihrer vertragsmäßigen Obliegenheiten bedient (278).[5]

Nahe verwandt hiermit ist die weitere Vorschrift, daß der Mieter, der den Gebrauch der gemieteten Sache einem Dritten (Untermieter u. dergl.) überläßt, ein dem Dritten beim Gebrauch zur Last fallendes Verschulden zu vertreten hat, und zwar auch dann, wenn der Vermieter die Erlaubnis zur Überlassung erteilt hat (549).

2. Anders steht die Sache a) bezüglich derjenigen Dienstboten und Angestellten einer Partei (namentlich des Mieters), welche, ohne mit der Vertretung der Partei bei Erfüllung ihrer vertragsmäßigen Verpflichtungen betraut zu sein, in Ausführung einer Dienstverrichtung[6] (nicht bloß bei Gelegenheit der Ausführung)[7] die andere Partei widerrechtlich schädigen, sowie b) bezüglich der wegen Minderjährigkeit oder wegen ihres geistigen oder körperlichen Zustandes kraft Gesetzes unter der Aufsicht einer Vertragspartei (insbesondere des Mieters) stehenden Angehörigen ihrer Familie oder ihres Hausstandes, welche während dieses Verhältnisses der anderen Partei widerrechtlich (vorsätzlich oder fahrlässig) Schaden zufügen. Hier ist zunächst allerdings auch der Dienstherr oder das Familienhaupt zum Ersatze des Schadens verpflichtet, kann sich aber durch den Nachweis befreien, daß er im ersteren Falle bei der Auswahl der betr. Dienstperson die im Verkehr erforderliche Sorgfalt beobachtet, im zweiten Falle seiner Aufsichtspflicht genügt

---

[5] So haftet eine juristische Person, welche ein Wohnhaus vermietet hat, für das Verschulden ihres Vorstandes, wenn derselbe die nötige Reparatur des Hauses unterläßt und hierdurch den Mieter schädigt. Vgl. auch § 31 B.G.B. — Andererseits haftet der Mieter, wenn er für die Dauer einer Reise einem Dienstboten die Beaufsichtigung der Mieträume überträgt und letzterer durch seine Nachlässigkeit (z. B. Nichtverschluß der Fenster) eine Beschädigung des Gebäudes herbeiführt. S. hierzu Planck zu § 278. Mot. II S. 29.

[6] Z. B. ein Dienstbote des Mieters wird beauftragt, in einem mit feuergefährlichen Stoffen angefüllten Lagerraum einen Ballon Petroleum abzufüllen. Er bedient sich bei der Vornahme dieses Geschäfts eines offenen Lichtes und richtet dadurch einen Brandschaden an.

[7] Mot. II S. 736. In diesem Falle tritt nur Haftung für Verschulden bei der Auswahl oder Anleitung und Beaufsichtigung ein.

habe oder daß in dem einen wie in dem anderen Falle der Schaden auch bei Anwendung der erforderlichen Sorgfalt in der Auswahl oder Beaufsichtigung entstanden sein würde (831, 832).[8]

II. Verpflichtungen des Vermieters.

§ 13. 1. Gewährung des Gebrauches. Erhaltungspflicht.

Durch den Mietvertrag wird der Vermieter verpflichtet, dem Mieter den Gebrauch der vermieteteten Sache während der Mietzeit zu gewähren (535).[1] Hiernach hat insbesondere der Vermieter einer Wohnung

a) dieselbe bei Beginn der Mietzeit dem Mieter zu übergeben[2] und zwar liegt ihm dies, sofern nichts anderes im Vertrage bestimmt ist, als Vorleistung ob, vor deren Erfüllung er auch dann keinen Mietzins beanspruchen kann, wenn Vorauszahlung desselben bedungen ist.[3]

---

[8] Abweichend war im gemeinen Recht die Haftung desjenigen, welcher einen Anderen zu einer auch durch einen Gehilfen ausführbaren Verrichtung bestellt, sowie die Haftung desjenigen, welcher einen Anderen zu beaufsichtigen hat, geordnet. Hier war die Haftpflicht des Geschäftsherrn rc. für den von dem Anderen angerichteten Schaden davon abhängig, daß Ersterem von dem Beschädigten nachgewiesen wurde, daß er bei der Auswahl des Gehilfen oder bei der Beaufsichtigung des der Aufsicht Unterstellten schuldhaft zu Werke gegangen sei. Windscheid II § 455 Anm. 12, 27a. Mot. II S. 736, Buchka S. 157 III. Ähnlich das A.L.R. I 6 §§ 53, 57, 62, 64, 65, 67, 68. Vgl. auch S.G.B. § 779. Das B.G.B. erklärt umgekehrt, sich dem C. c. art. 1384 nähernd, den Geschäftsherrn an sich für haftbar und legt ihm den erwähnten Entlastungsbeweis auf. In noch weiterem Umfang, als in obigen §§ 831, 832 und im § 278 wird übrigens der Mieter für das Verschulden Dritter haftbar gemacht in § 9 des einheitlichen Mietvertrages der deutschen Hausbesitzer-Vereine, s. unten Anh. III.

[1] Nicht bloß zu „überlassen", wie nach dem S.G.B. § 1187 und nach dem C. c. art. 1709.

[2] Also z. B. auch die Schlüssel zur Wohnung auszuantworten oder im Logis bereit zu halten.

[3] Ist also vierteljährliche Vorauszahlung des Mietzinses bedungen und der Beginn des Mietverhältnisses auf den 1. April festgesetzt, so hat an diesem Tage zuerst der Vermieter, dessen Mietgeldanspruch auch in diesem Falle durch die Vertragserfüllung von seiner Seite bedingt ist, zu übergeben und unmittelbar darauf der Mieter zu bezahlen. Vgl. R.G.

Der Vermieter hat ferner,

b) da seine Verpflichtung eine dauernde, sich fortwährend erneuernde ist, dem Mieter den vertragsmäßigen Gebrauch bis zum Ende der Mietzeit zu belassen und darf den Mieter nicht darin stören,[4] namentlich auch nicht durch Veränderungen an den vermieteten Räumen.[5] Der Mieter wird von der Übergabe ab Besitzer dieser Räume und erlangt Besitzesschutz gegen den Vermieter und gegen Dritte (s. unten § 24).

Der vertragsmäßige Gebrauch umfaßt zugleich die zu dessen Ausübung erforderliche Mitbenutzung anderweiter, nicht ausdrücklich mit vermieteter Hausteile z. B. Zugänge, Fluren, Treppen, Hauswände (Fassaden),[6] sowie die Geltendmachung der dem Ver-

Bd. 20 S. 287. Niendorff S. 58. Wengler S. 68. — Nur dann, wenn in der Zeit vom Abschlusse des Vertrages bis zum Beginne der Mietzeit in den Vermögensverhältnissen des Mieters eine wesentliche Verschlechterung eintritt, kann der Vermieter die ihm obliegende Übergabe beanstanden, bis die erste Mietgeldrate bezahlt oder Sicherheit dafür geleistet ist (321, 232).

[4] Er darf daher auch nicht ohne rechtfertigenden Grund (wie z. B. Prüfung des baulichen Zustandes der Mieträume) die Wohnung betreten oder durch Andere betreten lassen. Doch wird ihm nach dem das Mietverhältnis beherrschenden Grundsatz von Treue und Glauben zu gestatten sein, nach erfolgter Kündigung die Mieträume durch Mietlustige zu einer zu vereinbarenden oder sonst für den Mieter geeigneten Zeit in Augenschein nehmen zu lassen, da ihm außerdem die rechtzeitige anderweite Vermietung nicht wohl möglich sein wird. Protok. S. 2025. Vgl. auch Cosack I S. 470 Anm. Fränkel S. 29. Wengler S. 115.

[5] Z. B. nicht durch Neubauten oder umfassende Reparaturen, durch welche der Mieter erheblich belästigt wird, es sei denn, daß diese baulichen Herstellungen notwendig und unaufschieblich sind, auch beim Vertragsabschluß noch nicht vorauszusehen waren.

[6] Es wird also hiernach dem Mieter einer herrschaftlichen Wohnung nicht zu versagen sein, die unmittelbar zu seinem Logis führende Treppe mit Teppichen zu belegen. Ferner wird der Arzt, der mit Kenntnis des Vermieters in der Wohnung seine Praxis betreibt, an der Außenseite des Hauses sein Namensschild oder auch eine Nachtglocke, der Kaufmann, der in dem Hause einen Laden oder ein sonstiges Lokal zu seinem Geschäftsbetriebe mietet, ein Firmenschild anbringen können. Seufferts Arch. Bd. 5 S. 562. Endlich wird dem Mieter, der Räume zum Betriebe eines Geschäfts mietet, für welches nach Ortsgebrauch oder Verkehrssitte eine Fernsprech-Verbindung erforderlich ist, in der Regel von dem Vermieter, sofern diesem kein wesentlicher Nachteil dadurch erwächst, die Herrichtung einer derartigen Anlage (auf Kosten des Mieters) zu gestatten sein. R.G. Bd. 37 S. 212 (Bolze Bd. 22 S. 388).

mieter, als Hauseigentümer, in Bezug auf den Gebrauch des Hauses zustehenden und dem Mieter zur wirksamen Ausübung des Mietrechtes notwendigen Befugnisse.[7]

Im Zusammenhang mit der im Eingang erwähnten Hauptverpflichtung hat der Vermieter

c) die vermieteten Räume in einem zu dem vertragsmäßigen Gebrauche geeigneten Zustande[8] zu überlassen und während der Mietzeit darin zu erhalten. Er hat also, vorbehaltlich abweichender Festsetzung im Mietvertrag[9] oder durch Bezugnahme auf Ortsgebrauch,[10] die notwendigen Ausbesserungen vorzunehmen[11] und haftet der mietenden

---

[7] Vgl. R.G. Bd. 36 S. 272.

[8] Maßgebend ist also nicht der gewöhnliche, sondern der vertragsmäßige Gebrauch. Auf Überlassung und fortdauernde Gewährung der Mietsache in einem zu diesem Gebrauch geeigneten Zustande hat der Mieter ein Klagerecht.

[9] Vgl. § 4 des einheitlichen Vertragsformulares der deutschen Hausbesitzer-Vereine in Anhang III.

[10] Wo solche Ortsgebräuche bestehen, ist im Zweifel anzunehmen, daß sich die Parteien beim Vertragsabschluß denselben unterwerfen. Vgl. auch S.G.B. § 1200. C. c. art. 1754. Wengler S. 73.

[11] So auch im wesentlichen schon nach dem bisherigen Recht l. 15 § 1, l. 25 § 2 D. loc. 19, 2. A.L.R. I 21 § 291. S.G.B. § 1200. C. c. art. 1720, welcher nur in art. 1754 die kleineren, sog. réparations locatives, dem Mieter auferlegt, vgl. Förtsch S. 261. Dem Vermieter liegt hiernach, wenn nichts anderes verabredet ist, auch die Ausbesserung der durch zufällige Ereignisse herbeigeführten Schäden, so z. B. der vom Hagel zerschlagenen Fenster, ob. Zur Wiederherstellung der durch Zufall zerstörten Mieträume (z. B. beim Abbrennen des Hauses) ist er dagegen nicht verpflichtet. Bei nur teilweiser Zerstörung (z. B. Abbrennen eines dem Mieter einer Wohnung mitvermieteten Stallgebäudes) wird der Vermieter zur Wiederherstellung des zerstörten Gebäudeteils dann für verpflichtet zu erachten sein, wenn dieselbe während der Mietzeit möglich und wirtschaftlich der zerstörte Gebäudeteil den unverletzten Teilen gegenüber von untergeordneter Bedeutung ist, so daß durch dessen Wiederherstellung keine neue Mietsache geschaffen wird. Protok. S. 1860. Planck § 536 Anm. Abs. 2. Meisner S. 149. Zur Instandhaltung wird regelmäßig, wenn Vertrag oder Ortsgebrauch nichts anderes bestimmt, auch die Reinigung der vor dem Hause hinführenden Straßenteile, die Entleerung der Abort- und Müllgrube, das Kehren der Essen gehören. Dagegen liegt die Reinigung der Mieträume und der dazu gehörigen Hausteile (Fußböden, Treppen, Öfen), welche infolge des Gebrauches durch den Mieter nötig wird, dem Letzteren ob, erforderlichen Falles (bei Flur, Treppen) in Gemeinschaft mit

Partei, wenn ihm in dieser Beziehung ein Verschulden zur Last fällt.[12]

§ 14. Rechte des Mieters bei Nichtgewährung des vertragsmäßigen Gebrauches, insbesondere bei Mängeln der Mieträume und bei Mängeln im Rechte des Vermieters.[1]

Aus der Verpflichtung des Vermieters zur Gewährung des vertragsmäßigen Gebrauches ergeben sich bei gänzlicher oder teil-

---

den anderen, auf die Benutzung des betr. Hausteiles mitangewiesenen Mietern.

[12] Solche Haftpflicht wird z. B. eintreten, wenn der Vermieter das zerbrochene Geländer einer Treppe ungeachtet der vom Mieter an ihn ergangenen Aufforderung nicht wieder herstellen läßt und infolgedessen der Mieter von der Treppe herabstürzt. Bolze Bd. 14 Nr. 387 f. Dagegen gehört die Beleuchtung der vermieteten Räume der Regel nach nicht zu der dem Vermieter obliegenden Erhaltung. Seufferts Arch. Bd. 48 Nr. 679. Doch wird man den Vermieter, als Hauseigentümer, wenigstens zur Erleuchtung der Fluren und Treppenaufgänge nach der Lage des einzelnen Falles für verpflichtet ansehen können, so z. B. wenn dies durch Polizeiverordnung (für Berlin durch die Bekanntmachung des Polizeipräsidiums v. 21. April 1865), durch Ortsgebrauch oder durch seitherige stillschweigende Vereinbarung und Übung der beteiligten Vertragsparteien bestimmt oder wenn und soweit vom Vermieter in seinem Hause (durch dessen Verwendung zu einer großen Anzahl von Mieträumen oder als Gasthof, Hôtel garni, Restauration, Geschäftslokal) ein Verkehr eröffnet ist. R.G. Bd. 33 S. 227. Bolze Bd. 12 Nr. 224. Gruchot Bd. 36 S. 447. R.G. in Straff. Bd. 14 S. 362. — Eine weitergehende Beleuchtungspflicht des Vermieters, als Hauseigentümers, nimmt Fränkel S. 32 an und im Anschluß an ihn auch Fuld S. 84.

[1] Der C. c. art. 1741 weicht hier nicht wesentlich ab. Hervorzuheben sind dagegen als abweichende Bestimmungen:

a) des gemeinen Rechts (Windscheid II § 400. Buchka S. 101 II):
   aa) Erheblichkeit der Mängel zur Begründung eines Gewährleistungsanspruches des Mieters erforderlich.
   bb) Notwendigkeit eines Verschuldens des Vermieters für den Schadensanspruch auch bei bereits zur Zeit des Vertragsabschlusses vorhandenen Mängeln.
   cc) Ausschließung der Geltendmachung der Mängel nur durch wirkliche Kenntnis, nicht durch grob fahrlässige Unkenntnis.

b) des A.L.R.:
   aa) Vertretung auch der gewöhnlich vorausgesetzten Eigenschaften von seiten des Vermieters. I 5 § 319.

weiser Nichterfüllung dieser Verpflichtung die nachstehenden Ansprüche des Mieters.[2]

A. Wenn die vermieteten Räume zur Zeit der Überlassung an den Mieter mit einem Fehler behaftet sind, der ihre Tauglichkeit zu dem vertragsmäßigen Gebrauch aufhebt[3] oder mindert[4] oder wenn im Laufe der Miete ein solcher Fehler entsteht oder auch wenn eine zugesicherte Eigenschaft[5] fehlt oder später wegfällt, hat der Mieter

1. den Anspruch auf Beseitigung des Mangels oder auf Beschaffung der zugesicherten Eigenschaft.[6]

2. Außerdem kann er aber für die Zeit, während welcher die Tauglichkeit aufgehoben ist, Befreiung vom Mietzinse, für die Zeit, während deren die Tauglichkeit gemindert ist, Minderung desselben[7] verlangen, welche nach dem Verhältnis des Gebrauchswertes der Räume in mangelfreiem Zustand zu dem Gebrauchs-

---

bb) Notwendigkeit eines Verschuldens des Vermieters, für den Schadensanspruch auch bei den zur Zeit des Vertragsabschlusses vorhandenen Mängeln. I 21 § 273.

cc) Der Schadensanspruch des Mieters ist ausgeschlossen, wenn der Fehler in die Augen fallend war und der Mieter die Sache, ohne denselben zu rügen, angenommen hat. I 5 § 330.

c) des S.G.B.:

Zur Begründung des Schadensanspruches ist auch bei bereits zur Zeit des Vertragsabschlusses vorhandenen Mängeln Verschulden des Vermieters erforderlich. § 1198. Wengler S. 80.

[2] Mit Rücksicht auf die besondere Natur des Mietverhältnisses sind hier die allgemeinen Grundsätze über die Unmöglichkeit der Erfüllung bei gegenseitigen Verträgen (§§ 323—327) eingehender und teilweise abweichend ausgestaltet.

[3] Z. B. Gesundheitsgefährliche Lage oder Beschaffenheit der Wohnung. Massenhaftes Ungeziefer.

[4] Belästigung des Mieters durch übermäßigen Rauch, Ruß, Lärm, Eindringen von Feuchtigkeit in einzelne Zimmer.

[5] So z. B. Zusicherung einer bestimmten Größe einer Wohnung oder bei Vermietung einer Restauration auch Zusicherung eines bestimmten Bierkonsums, Bolze Bd. 19 Nr. 467, Bd. 20 Nr. 433.

[6] Im B.G.B. ist dies nicht ausdrücklich bestimmt; es ist aber selbstverständlich und ergiebt sich auch aus § 536. Mot. II S. 373. Planck, Anm. zu § 536. Schollmeyer S. 42.

[7] Beim Mangel einer zugesicherten Eigenschaft hängt der Anspruch des Mieters, ob Befreiung oder Minderung, davon ab, ob infolge des Mangels die Tauglichkeit aufgehoben oder gemindert wird.

wert in dem vorliegenden mangelhaften Zustande zu berechnen ist (537, 473).[8]

3. In dem Falle, wenn ein Mangel der vorstehend unter Z. 2 bemerkten Art bereits beim Abschluß des Vertrages vorhanden ist[9] oder später infolge eines Umstandes entsteht, den der Vermieter zu vertreten hat oder wenn der Vermieter mit der Beseitigung eines solchen Mangels in Verzug kommt, kann der Mieter (nach seiner Wahl) anstatt des unter Z. 2 bemerkten Anspruches Schadensersatz wegen Nichterfüllung[10] verlangen (539) oder auch

4. im Falle des Verzuges des Vermieters den Mangel selbst beseitigen und — unbeschadet eines weitergehenden Entschädigungsanspruches — Ersatz der erforderlichen Aufwendungen verlangen (538).

Die unter Z. 1—4 erwähnten Rechte stehen dem Mieter nicht zu, wenn er beim Abschluß des Vertrages den Mangel der gemieteten Räume kennt (539 S. 1). Ist dem Mieter ein zur Zeit der Überlassung der vermieteten Räume vorhandener Mangel infolge grober Fahrlässigkeit[11] unbekannt geblieben, so

---

[8] Z. B. Eine Wohnung ist für jährlich 1200 Mk. vermietet. Infolge ihres feuchten Zustandes beträgt ihr (ortsüblicher und angemessener) Mietwert, der bei tadelfreier Beschaffenheit sich auf 1000 Mk. belaufen würde, nur 800 Mk. Hier mindert sich nach der Verhältnisrechnung $1000 : 800 = 1200 : x$ oder $x = \frac{800 \cdot 1200}{1000}$ der vom Mieter zu zahlende Mietzins von 1200 auf 960 Mark. S. Planck § 472 Anm. 2 § 538 Anm. 3.

[9] Abweichend von den seitherigen Rechten (s. o. Anm. 1) läßt das B.G.B., davon ausgehend, daß schon durch den Vertrag die Tauglichkeit der Sache zu dem vertragsmäßigen Gebrauche zugesichert sei, die Entschädigungspflicht des Miethers auch ohne Verschulden des Vermieters schon dann eintreten, wenn der Mangel, dem erwähnten Inhalte des Vertrages zuwider, bereits bei dessen Abschluß bestand. Mot. II 376.

[10] Es gehört hierzu sowohl der positive Vermögensverlust als der entgangene Gewinn. In ersterer Beziehung kann also der Mieter, wenn er infolge des Mangels vor der Zeit ausziehen muß, Ersatz des notwendigen und angemessenen Mehraufwandes, der ihm durch den vorübergehenden Aufenthalt in einem Gasthof, durch Unterbringung seiner Möbel in einem Lagerhause, durch den höheren Mietzins eines anderweit zu mietenden Logis erwächst, verlangen. In der Eigenschaft entgangenen Gewinnes aber kann er Ersatz der Mindereinnahme verlangen, die er infolge vorzeitiger Räumung eines gemieteten Geschäftslokales erleidet.

[11] Abweichend das gem. Recht und das A.L.R. sowie das sächs. Recht. Grützmann Bd. 2 S. 81 Note 1.

kann er jene Rechte nur geltend machen, wenn der Vermieter entweder die Abwesenheit des Mangels zugesichert oder den Mangel arglistig verschwiegen hat (539 S. 2).[12] Wenn der Mieter die gemieteten Räume in Kenntnis ihrer Mangelhaftigkeit übernimmt, so verliert er die erwähnten Rechte, wenn er sie sich nicht bei der Übernahme vorbehält (539 S. 2)

Über den Verlust des Rechts des Mieters auf Befreiung vom Mietzins oder auf Minderung desselben infolge der Nichtanzeige eines Mangels der gemieteten Räume (545 Abs. 2) s. unten § 18.

Eine Vereinbarung, durch welche die Verpflichtung des Vermieters zur Vertretung von Mängeln der vermieteten Sache erlassen oder beschränkt wird, ist an sich zulässig; sie ist aber nichtig, wenn der Vermieter dabei den Mangel kennt und arglistig verschweigt (540).

Die vorerwähnten, im Falle eines Mangels der gemieteten **Räume** geltenden Vorschriften finden entsprechende Anwendung bei einem Mangel im **Rechte** des Vermieters, wenn also durch das Recht eines Dritten[13] dem Mieter der vertragsmäßige Gebrauch der gemieteten Räume ganz oder teilweise entzogen wird (541).[14] Nur gehen hier dem Mieter seine Ansprüche (s. oben

---

[12] Die Sache liegt mithin nach dem B G.B. so, daß der Mieter den Mangel bei Kenntnis desselben gar nicht, bei grob fahrlässiger Unkenntnis nur beschränkt, nämlich nur im Falle der Arglist oder Zusicherung von seiten des Vermieters, geltend machen kann.

[13] In diesem Falle ist Streitverkündigung von dem Vermieter nach § 72 C.P.O. zulässig, nicht aber Beiladung, wie nach C. c. art. 1721.

[14] Die „entsprechende Anwendung" der für die Gewährleistung wegen Mängel der Sache geltenden Vorschriften ergiebt, daß, wenn das Recht des Dritten schon beim Abschluß des Vertrages bestand, der Vermieter auch ohne sein Verschulden schadensersatzpflichtig wird, daß er dagegen, wenn das Recht des Dritten erst nach Abschluß des Vertrages in Kraft tritt, und ihn kein Verschulden trifft, nur des Rechts auf den Mietzins verlustig geht. Mot. II S. 378. Z. B. A. vermietet ein Haus, welches ihm nicht gehört, an B. Der Eigentümer C. zwingt den B. zum Auszug. Hier kann B. von A. nicht nur Befreiung vom Mietgeld für die Zeit vom Auszug ab, sondern auch, da der Mangel im Rechte des Vermieters bereits beim Vertragsabschlusse bestand, statt dessen Schadensersatz wegen Nichterfüllung, also z. B. die Mehrkosten infolge der beim Mangel einer gleich billigen Wohnung notwendig gewordenen Miete einer kostspieligeren Wohnung, verlangen, vorausgesetzt, daß er nicht den Mangel im Rechte des Vermieters beim Vertragsabschlusse kannte.

Z. 1—4) bloß dann verloren, wenn er das Recht des Dritten beim Vertragsabschluß kennt, nicht auch dann, wenn er dasselbe infolge grober Fahrlässigkeit nicht kennt (541, 539 S. 1).

Die für den Fall des Mangels im Rechte des Mieters bestehenden, soeben erwähnten Vorschriften gelten auch dann, wenn das zeitlich beschränkte Recht des Vermieters (Nießbrauch, Mietrecht) während der Mietzeit erlischt und der nunmehr Berechtigte dem Mieter den Gebrauch der Sache entzieht.[15]

§ 15. Kündigungsrecht des Mieters bei Nichtgewährung des vertragsmäßigen Gebrauches.[1]

Bei Nichtgewährung des vertragsmäßigen Gebrauches hat der Mieter ferner das Recht, ohne Einhaltung einer Kündigungsfrist das Mietverhältnis zu kündigen (542).[2]

---

[15] Hat also z. B. der Ehemann kraft seines ehemännlichen Verwaltungs- und Nutznießungsrechts eine Wohnung im Hause seiner Ehefrau an einen Dritten auf zwei Jahre vermietet, das genannte Recht des Ehemannes geht aber aus irgend einem Grunde schon nach einem Jahre zu Ende, so wird der Vermieter dem Mieter, der von dem beschränkten Recht des Ersteren nichts wußte, entschädigungspflichtig. Hat dagegen der Nießbraucher nur als solcher und unter Bezugnahme auf sein beschränktes Recht vermietet, so kann sein Mieter nur von der Zeit ab, wo ihm der Gebrauch durch den Dritten (Eigentümer) entzogen wird, Befreiung von der Zahlung des Mietgeldes verlangen. Vgl. R.G. Bd. 41 S. 147. Nur wird in dem Falle, wenn der Nießbraucher über die Dauer seines Rechts hinaus vermietet und noch während des Mietverhältnisses der Eigentümer an seine Stelle tritt, die Benachteiligung des Mieters und damit der Umfang des ihm an den Vermieter zustehenden Anspruchs dadurch gemindert, daß der Eigentümer zunächst in die Rechte und Pflichten des Vermieters eintritt und nur das Mietverhältnis unter Einhaltung der gesetzlichen Frist kündigen kann (1056, 1423).

[1] Mit nachstehenden Vorschriften stimmen im wesentlichen auch die seitherigen Rechte überein; nur stellen dieselben keine allgemeine grundsätzliche Vorschrift auf, sondern geben das Kündigungsrecht nur in einzelnen bestimmten Fällen (Mängel oder Untergang der Sache, Unterlassung notwendiger Ausbesserungen, Hinderung des Gebrauches durch den Vermieter oder auch durch Dritte, langandauernde Reparatur) l. 24 § 4 l. 60 pr. D. loc. 19, 2. A.L.R. I 21 § 273, 383. S.G.B. § 1213, 1221 C. c. art. 1722, 1724, 1741.

[2] Die allgemeinen Grundsätze über den Rücktritt von einem gegenseitigen Vertrage (325, 326) sind hier insofern erweitert, als die Kündi-

Im einzelnen unterliegt dieses Recht folgenden Voraussetzungen:

a) daß dem Mieter der vertragsmäßige Gebrauch der gemieteten Räume ganz oder zum Teil nicht rechtzeitig gewährt oder wieder entzogen wird (542 Abs. 1 S. 1), mag nun die Nichtgewährung oder Entziehung auf Mängeln der Räume (Feuchtigkeit, Ungeziefer), insbesondere auf dem Mangel zugesicherter Eigenschaften, auf Störungen von seiten Dritter, insbesondere auch anderer Mieter oder auf Rechten derselben oder auf rein zufälligen Umständen (Veränderungen im Zustande der Mieträume) beruhen.[3]

b) daß der Mieter dem Vermieter eine angemessene Frist zur Abhilfe gesetzt hat und der Vermieter die Frist hat verstreichen lassen (542 Abs. 1 S. 2). Dieser Fristbestimmung bedarf es jedoch dann nicht, wenn der Mieter infolge des die Kündigung rechtfertigenden Umstandes an der Erfüllung des Mietvertrages kein Interesse hat (542 Abs. 1 S. 3).[4]

c) daß die Hinderung oder Vorenthaltung des Gebrauches nicht unerheblich ist. Bei Unerheblichkeit der Vorenthaltung oder Hinderung ist die Kündigung nur zulässig, wenn sie durch ein besonderes Interesse des Mieters gerechtfertigt wird (542 Abs. 2).[5]

---

gung auch dann zulässig ist, wenn die dem Vermieter obliegende Gewährung des Gebrauches infolge eines von ihm nicht zu vertretenden Umstandes unmöglich wird. — — Über die Ausübung der Kündigung und über den Zeitpunkt, mit welchem sie wirksam wird (130—132) s. unten § 33.

[3] Planck § 542 Anm. 1. Verschulden des Vermieters ist, wie bereits erwähnt, nicht erforderlich. Vgl. auch Bolze Bd. 21 Nr. 428, Bd. 16 Nr. 369.

[4] Vgl. § 326 Abs. 2. Dieser Fall wird namentlich bei einem sog. Fixgeschäfte (361) eintreten, bei welchem die rechtzeitige Erfüllung seiten des Vermieters wesentliche Voraussetzung und Bestimmung des Vertrages ist. Z. B. ein Kaufmann mietet von einem Hauseigentümer einen Laden, für welchen er nach seiner beim Vertragsabschluß zum Ausdruck gebrachten Absicht einen Weihnachtsverkauf veranstalten will, für die Zeit vom 10. bis 31. Dezember. Am 20. Dezember ist ihm der Laden, dessen Instandsetzung sich ohne Verschulden des Vermieters verzögerte, noch nicht übergeben. Der Mieter wird hier sofort und ohne Fristbestimmung kündigen können, da er infolge der Nichtgewährung des Gebrauches ein erfolgreiches Weihnachtsgeschäft nicht mehr machen kann.

[5] Ein Arzt mietet in einem Hause eine Wohnung zur Unterbringung von Nervenkranken, indem er möglichst ruhige Lage ausdrücklich betont.

Im übrigen verbleiben auch bei Unerheblichkeit der Vorenthaltung oder Störung dem Mieter seine Ansprüche auf Befreiung vom Mietzins oder auf Minderung desselben, sowie auf Schadensersatz (s. oben § 14 Z. 2 u. 3).

Die Beweislast anlangend hat in diesen Fällen der Mieter (außer der Kündigung) die den Gebrauch hindernde Thatsache, die erfolgte Fristbestimmung oder, an Stelle der letzteren, das Nichtvorhandensein seines Interesses an der Erfüllung zu beweisen. Bestreitet der Vermieter die Zulässigkeit der erfolgten Kündigung, weil er den Gebrauch der Mieträume rechtzeitig gewährt oder vor dem Ablauf der Frist Abhilfe bewirkt habe, so trifft ihn in dieser Beziehung die Beweislast (542 Abs. 3).

Ausgeschlossen wird das Kündigungsrecht:

a) in allen Fällen dann, wenn durch eigenes Verschulden des Mieters oder durch einen an ihm liegenden Umstand der Gebrauch nicht gewährt wird (325, 545 Abs. 2),

b) in den Fällen, wo die Nichtgewährung auf einem Mangel der Sache oder auf einem Mangel im Rechte beruht,

aa) durch Kenntnis des Mieters von dem Mangel[6] — mit der im § 544 erwähnten Ausnahme (Gesundheitsgefährlichkeit der Wohnung) — und (bei einem Mangel der Sache) auch durch grob fahrlässige Unkenntnis mit der oben § 14 bemerkten Ausnahme (Arglist des Vermieters oder besondere Zusicherung von seiten desselben) (543, 539),

bb) durch vorbehaltlose Übernahme der Mieträume mit Kenntnis von deren Mangel (543, 539),

---

Nachträglich stellt sich heraus, daß eine benachbarte Fabrik einen Lärm erzeugt, der für gesunde Bewohner des Hauses noch erträglich, für nervenkranke aber schädlich ist. Das besondere Interesse des Arztes an Erlangung einer ruhigen Wohnung berechtigt ihn zur Kündigung, obwohl unter gewöhnlichen Verhältnissen die Störung als eine erhebliche nicht angesehen werden würde. —

[6] Nur muß diese Kenntnis sich auf den Mangel in dem Umfang beziehen, in welchem er den Gebrauch unmöglich macht. Es schadet also dem Mieter nicht, wenn er bei Abschluß des Mietvertrages den schlechten baulichen Zustand seiner Mieträume kannte, diese Baufälligkeit aber erst nachträglich so zugenommen hat, daß danach das weitere Bewohnen der Räume unmöglich geworden ist.

cc) durch vertragsmäßige Ausschließung oder Beschränkung der Verpflichtung des Vermieters zur Vertretung von Mängeln, sofern nicht derselbe den Mangel arglistig verschweigt (543, 540),

dd) Endlich verliert der Vermieter durch Verletzung der ihm obliegenden Anzeigepflicht das Recht, in dem Falle, wenn er an der Erfüllung kein Interesse mehr hat, ohne Bestimmung einer Frist zu kündigen (545 Abs. 2).[7]

Ist von mehreren gleichzeitig vermieteten Räumen, von denen jeder selbständig für sich gebraucht werden kann,[8] nur Einer mangelhaft, so findet nur in Bezug auf diesen die Kündigung statt, auch wenn für die mehreren Räume ein Gesamtmietzins festgesetzt ist. Sind jedoch die Räume als zusammengehörend vermietet worden, so kann die Kündigung auf alle erstreckt werden, sobald auch nur Ein Teil (Mieter oder Vermieter) dies verlangt und der mangelhafte Raum nicht ohne Nachteil für ihn von den übrigen getrennt werden kann (543, 569).[9] Findet die Kündigung nur bezüglich Einer von mehreren für Einen ungetrennten Preis vermieteten Lokalität statt, so ist der Gesamtmietpreis in dem Verhältnis herabzusetzen, in welchem zur Zeit des Vertragsabschlusses der Gesamtmietwert aller Räume in mangelfreiem Zustande zu dem Mietwert der von der Kündigung nicht betroffenen Räume gestanden haben würde (543, 471).[10]

---

[7] S. oben unter b) und nachstehend § 18.

[8] Also z. B. eine Familienwohnung und ein Laden oder ein Laden in der Stadt und ein Güterschuppen außerhalb derselben.

[9] Es wird z. B. ein Laden oder Geschäftslokal und zugleich eine in demselben Stockwerk befindliche, von jeher für den Inhaber des Ladens bestimmte und nur für ihn passende Wohnung vermietet. Hier kann die wegen Unbrauchbarkeit des Ladens vom Mieter ausgesprochene Kündigung vom Mieter sowohl als vom Vermieter auch auf die Wohnung erstreckt werden.

[10] Es wird z. B. eine Wohnung und ein Laden für den vereinbarten Preis von zusammen 1000 Mk. vermietet und das Vertragsverhältnis wegen Unbrauchbarkeit des Ladens, in Bezug auf diesen allein, gekündigt. Der (nötigenfalls durch Sachverständige zu ermittelnde, angemessene) Mietpreis von Wohnung und Laden beträgt jährlich 800 Mk., der angemessene Mietpreis der Wohnung allein 400 Mk. Hier ist nach der Verhältnisrechnung 800 : 400 = 1000 : x der Mietpreis für die Wohnung, welche dem Mieter verbleibt, auf 500 Mk. herabzusetzen. Im ganzen werden derartige Fälle wenig vorkommen.

Ist der Mietzins für eine spätere Zeit im voraus entrichtet, so hat ihn der Vermieter im Falle der Kündigung von dem Zeitpunkt ab, wo dieselbe wirksam geworden ist, zurückzuerstatten; ist die Kündigung wegen eines Umstandes erfolgt, den er nicht zu vertreten hat, so beschränkt sich die Rückerstattung auf den Betrag, um den er zur Zeit der Rückforderung noch bereichert ist (543 Abs. 2, 818, 819).[11]

Die Ausübung des Kündigungsrechts hindert den Mieter nicht, für die Zeit bis zur Beendigung des Mietverhältnisses die Befreiung von der Zahlung des Mietzinses in Anspruch zu nehmen (537) oder Schadensersatz wegen Nichterfüllung zu verlangen (538), insoweit die gesetzlichen Voraussetzungen für diese Ansprüche vorliegen.[12]

Auch eine mit dem Gebrauch der gemieteten Räume verbundene Gefahr kann einen Kündigungsgrund für den Mieter abgeben.[13] In dieser Beziehung ist aber zu Gunsten des Mieters noch die weitergehende Bestimmung getroffen, daß er, wenn eine Wohnung oder ein anderer zum Aufenthalt von Menschen bestimmter Raum (Werkstätte, Fabriklokal, Laden, Comptoir) so beschaffen ist, daß die Benutzung mit einer erheblichen Gefährdung der Gesundheit verbunden ist, ohne Einhaltung einer Kündigungsfrist kündigen kann, auch wenn er die gefahrbringende Beschaffenheit bei dem Abschluß des Vertrages gekannt oder auf die Geltendmachung der ihm wegen dieser Beschaffenheit zustehenden Rechte verzichtet hat (544).[14]

§ 16. 2. Tragung der auf dem vermieteten Grundstück ruhenden Lasten.

Der Vermieter hat ferner die auf dem Grundbesitz als solchem ruhenden Abgaben und Lasten zu tragen (546),[1] sofern

[11] Mit Zinsen § 347 S. 3. — Vgl. über die Rückerstattung gezahlten Mietzinses wegen Unbrauchbarkeit der gemieteten Sache auch R.G. Bd. 20 S. 285.

[12] S. Planck § 543 Anm. 3.

[13] Vgl. S.G.B. § 1221 a. E.

[14] Von der II. Kommission eingeschaltet. Protok. S. 2052.

[1] Diese aus der Natur der Sache sich ergebende Verpflichtung des Vermieters lag ihm schon seither nach gem. Recht, vgl. l. un. § 3 D. de

dieselben nicht vom Mieter infolge besonderer Vereinbarung im Mietvertrag übernommen sind.[2] — Die Einquartierungslast (Gewährung von Quartier und der erforderten Naturalverpflegung) im Frieden trifft den Vermieter allein nur, soweit dieselbe bei der örtlichen Unterverteilung innerhalb der betreffenden Gemeinde auf die Häuser gelegt oder dem Hauseigentümer als solchem auferlegt ist.[3] Durch den Mietvertrag kann auch in diesem

---

via publ. 43, 10 l. 32 § 6 D. de adm. tut. 26, 7, nach A.L.R. I 21, § 288 und nach dem B.G.B. § 1202, ob, trifft ihn aber selbstverständlich nur insoweit, als er Hauseigentümer ist, also z. B. nicht einen Mieter, der einen Teil der gemieteten Räume weiter an einen Aftermieter vermietet. Zu derartigen Abgaben und Lasten gehören Grund- und Gebäudesteuern, Wasserzins, Kanalisationsabgaben; dagegen nicht rein persönliche Abgaben, die auf Grund des öffentlichen Rechts von den einzelnen Gemeindeangehörigen (z. B. infolge Gewerbebetriebes) an Staat oder Gemeinde zu entrichten sind.

[2] Eine derartige Vereinbarung ist nicht ausgeschlossen; in Ermangelung einer solchen wird der Vermieter den Mieter zu derartigen Grund-Abgaben oder Lasten nicht mit heranziehen können.

[3] Es ist zu unterscheiden zwischen Einquartierung im Frieden und Einquartierung im Krieg.

a) Die erstere ist durch die Gesetzgebung des Norddeutschen Bundes und des Deutschen Reiches in folgender Weise geregelt worden. Das Bundes-Gesetz vom 25. Juni 1868, betreffend die Quartierleistung für die bewaffnete Macht während des Friedenszustandes, welches jetzt im ganzen deutschen Reiche gilt und noch gegenwärtig die Grundlage für diese Art der Einquartierung bildet, bezeichnet in § 1 „die Fürsorge für die räumliche Unterbringung der bewaffneten Macht während des Friedenszustandes als eine Last des Bundes (jetzt des Reiches), deren Naturalleistung nur gegen Entschädigung gefordert werden kann." Nach § 4 ist der Bund berechtigt, „gegen Gewährung entsprechender Entschädigung die Beschaffung der Quartierleistungen zu verlangen und dazu alle benutzbaren Baulichkeiten in Anspruch zu nehmen, soweit dadurch der Quartiergeber in der Benutzung der für seine Wohnungs-, Wirtschafts- und Gewerbebedürfnisse unentbehrlichen Räumlichkeiten nicht behindert wird." Allein das Reich tritt zu den einzelnen Quartierträgern in keine unmittelbare Beziehung. Denn in § 5 heißt es weiter: „Die örtliche Verteilung der Quartierleistung erfolgt auf die Gemeinde- resp. selbständigen Gutsbezirke im ganzen. Die weitere Unterverteilung geschieht durch die Gemeindevorstände resp. die Besitzer der selbständigen Gutsbezirke, welche für die gehörige Erfüllung der Quartierleistungen zu sorgen haben." Über die Art dieser Unterverteilung sagt dann § 7 Abs. 3: „Die Grundsätze, nach welchen die Verteilung der Quartierleistungen in jedem Gemeindebezirke erfolgen soll, werden durch Gemeinde-

Falle der Mieter zur Mittragung der erwähnten Last herangezogen werden. Die Einquartierung im Kriege ist regelmäßig eine

---

beschluß oder durch ein Ortsstatut bestimmt, für deren Erlaß die für die Einführung von Gemeindesteuern vorgeschriebenen Formen maßgebend sind und bis zu deren Zustandekommen die bisher für die betr. Gemeinde geltenden Vorschriften über die Verteilung der Gemeindeleistungen in Kraft bleiben. Nach § 9 der zu dem erwähnten Gesetz erlassenen Instruktion vom 31. Dezember 1868 (Bundesgesetzblatt von 1869 S. 5) soll die Aufstellung derartiger Ortsstatute oder Gemeindebeschlüsse in jedem Gemeindebezirke erfolgen. — Dies die maßgebenden Vorschriften der Bundes- und Reichsgesetzgebung über die Verteilung der Quartierleistung. In gleicher Weise ist auch die eng damit zusammenhängende Naturalverpflegung (Beköstigung) durch das Gesetz vom 13. Februar 1875 über die Naturalleistungen für die bewaffnete Macht im Frieden R.G.Bl. 1875 S. 52 flg. § 4 und 7 geregelt.

Durch die hiernach für die Unterverteilung maßgebenden Ortsstatute und Gemeindebeschlüsse kann die erwähnte Last — sofern sie nicht von den Gemeinden auf eigene Rechnung übernommen und der dadurch erwachsende Geldaufwand auf die Pflichtigen umgelegt wird — auf sämtliche Inhaber bequartierungsfähiger Räume verteilt werden. Alsdann liegt sie, als eine öffentlich rechtliche Last, den Mietern solcher Räume so gut wie den Hausbesitzern ob.

Es können aber auch die Gemeinden die Eigentümer oder alle sonstigen Inhaber (Nießbraucher 2c.) von Gebäuden oder Gebäudeteilen als die verpflichteten Subjekte hinstellen. Verhandl. des Reichst. von 1868 Bd. I S. 275, 276, 280. Verfügung des K. Pr. Ministers des Innern vom 4. Februar 1876 (Min.-Bl. für die innere Verwalt. 1876 S. 55). Alsdann sind die Mieter zur Mittragung dieser Last nur im Falle besonderer vertragsmäßiger Vereinbarung verpflichtet. (So auch Wengler S. 75, Fuld S. 83.) In der letzterwähnten Weise war die fragliche Last z. B. im Königreich Sachsen durch die Verordnung vom 30. November 1867 (Gesetzsamml. 1867 S. 519 flg.) § 13 verteilt: „Wenn Leistungen der Kommunen für das Militär in Anspruch genommen werden, so ruht, insofern dieselben unmittelbar in natura geschehen, die Verpflichtung zur Mitleidenheit auf dem Grundbesitze." Und in Übereinstimmung hiermit bestimmt das Einquartierungs-Regulativ für die Stadt Leipzig vom 10. Juni 1895 in § 3: „Was Einquartierungen anbelangt, welche bei Gelegenheit der Remontekäufe, der Rekrutierung, der Beziehung von Kantonements, der mit Rücksicht auf Manöver angeordneten Zusammenziehung von Truppen sowie der Einziehung von Reservisten und Wehrleuten zu Übungen stattfinden, so verbleibt es, insofern nicht die Unterbringung der Truppen und Pferde in öffentlichen Gebäuden bewerkstelligt werden kann, bei der den Grundbesitzern obliegenden Verpflichtung,

die Gemeinde- und Reichsangehörigen betreffende persönliche, öffentlich rechtliche Last, welche daher regelmäßig auch vom Mieter mitzutragen ist.

§ 17. 3. Ersatz von Verwendungen des Mieters.[1]

Der Vermieter hat dem Mieter

1. die von demselben auf die Mieträume gemachten notwendigen, d. h. die zu deren Erhaltung erforderlichen Ver-

Quartier zu gewähren" (für deren Erfüllung aus Gemeindemitteln ein Zuschlag zu der vom Staat gewährten Entschädigung gegeben wird).

b) Für die Einquartierung im Kriege ist gegenwärtig, insoweit es sich um die Gewährung von Naturalquartier und Naturalverpflegung an die Truppen des deutschen Reiches und seiner etwaigen Verbündeten handelt, das Reichsgesetz über die Kriegsleistungen vom 13. Juni 1873 maßgebend, welches in § 3 zu den Leistungen für Kriegszwecke, insbesondere zu Gewährung von Naturalquartier und Naturalverpflegung zunächst die Gemeinden verpflichtet und in § 6 (R.G.Bl. 1873 S. 130) weiter bestimmt: „Die Gemeinden sind berechtigt, behufs Erfüllung der geforderten Leistungen die zur Teilnahme an den Gemeindelasten Verpflichteter, sowie die sonst in der Gemeinde sich aufhaltenden oder Eigentum in derselben besitzenden Angehörigen des Reichs zu Naturalleistungen und Diensten aller Art heranzuziehen, insbesondere auch die in den Gemeindebezirken gelegenen Grundstücke und Gebäude, mit Ausnahme der landesherrlichen Schlösser und der unmittelbar zu Staatszwecken dienenden Gebäude oder Gebäudeteile, zu benutzen und sich nötigenfalls zwangsweise in deren Besitz zu setzen." — Hiernach stellt sich die erwähnte Last als eine öffentliche Last dar, die regelmäßig nicht bloß die Hauseigentümer, sondern alle reichsangehörigen Bewohner eines Ortes trifft, für deren Mittragung also ein Mieter eine Entschädigung nur von der Gemeinde, nicht aber vom Vermieter verlangen kann.

Dagegen wird dann, wenn feindliches Militär sich in willkürlicher Weise einquartiert (auf welchen Fall sich das Reichsgesetz über die Kriegsleistungen nicht bezieht), das Rechtsverhältnis zwischen Vermieter und Mieter nach den oben §§ 14 und 15 aufgestellten Grundsätzen über die Nichtgewährung des Gebrauches zu beurteilen sein.

Vgl. zu obigem auch Brückner, Die Wohnungsmiete, 1877. S. 27 flg.

[1] Abweichend:

a) Die Vorschrift des A.L.R. I 21 § 287, wonach die Vergütung auch von notwendigen Verwendungen nur nach den Grundsätzen über die Geschäftsführung ohne Auftrag stattfand und des § 280, wonach,

wendungen zu ersetzen (547 Abs. 1).[2] Diesen stehen diejenigen Aufwendungen gleich, welche der Mieter zur Beseitigung der vom Vermieter zu vertretenden Mängel oder zur Herstellung zugesicherter Eigenschaften der Mieträume im Falle des Verzuges des Vermieters gemacht hat (538 Abs. 2).

2. Die sonstigen, namentlich die nützlichen Verwendungen des Mieters sind vom Vermieter nach den Vorschriften über die Geschäftsführung ohne Auftrag zn ersetzen (547 Abs. 2), also insbesondere[3]

a) wenn die Verwendung seinem Interesse entsprach[4] und zur rechtzeitigen Erfüllung einer im öffentlichen Interesse ihm obliegenden Pflicht erforderlich war (683, 679),[5] oder

b) wenn sie seinem Interesse und seinem wirklichen oder mutmaßlichen Willen entsprach (683), oder

c) wenn sie von ihm genehmigt ist (684 S. 2).

Beim Vorhandensein dieser Voraussetzungen steht ihm der Ersatzanspruch alsbald nach Vornahme der Aufwendung, nicht erst bei Beendigung des Vertragsverhältnisses zu.

Abgesehen von diesen Fällen haftet der Vermieter dem Mieter

---

wie beim Nießbrauch, die Vergütung von bloßen Verbesserungen regelmäßig nur dann eintrat, wenn dieselben mit ausdrücklicher schriftlicher Genehmigung des Eigentümers gemacht worden waren. Mot. II S. 393.

b) Die Vorschriften des S.G.B. § 1201, wonach auch die notwendigen Verwendungen nur nach den Grundsätzen über die Geschäftsführung ohne Auftrag, die nützlichen aber nur insoweit zu erstatten waren, als die Sache sich bei Beendigung des Mietvertrages als dauernd verbessert herausstellte und wonach ferner der Vermieter die Wegnahme der bei Beendigung des Vertrages noch vorhandenen Verwendungen dadurch abwenden konnte, daß er dem Mieter den Wert ersetzte, welchen sie im Fall der Wegnahme gehabt haben würden. Mot. a. a. O.

[2] Z. B. für Wiederherstellung der vom Hagel zerschlagenen Fenster, der vom Wind abgerissenen Dachbedeckung oder des vom Schnee eingedrückten Gartenspaliers.

[3] Vgl. hierzu Planck § 450 Anm. 2.

[4] So, wenn die betreffende Ausgabe nach dem Mietvertrag oder nach gesetzlicher Vorschrift vom Vermieter zu übernehmen war. Vgl. §§ 538, 547.

[5] Z. B. Bezahlung der an Staat oder Gemeinde zu entrichtenden Grundabgaben.

aus Verwendungen des letzteren nur dann und insoweit, als er dadurch ungerechtfertigt **bereichert** ist (684 S. 1).[6]

Kein Ersatz ist zu leisten, wenn der Mieter bei der Verwendung nicht die Absicht hatte, Ersatz zu verlangen (685, Abs. 1).

Ebensowenig dann, wenn der Mieter nach dem Vertrage verpflichtet ist, die notwendige oder nützliche Verwendung aus eigenen Mitteln vorzunehmen.[7]

Außerdem hat der Mieter das Recht, eine (nicht notwendige) Einrichtung, mit der er die Sache versehen hat, wieder wegzunehmen (547 Abs. 2 S. 2), wobei er jedoch den Mietraum auf seine Kosten in den vorigen Stand zu setzen und, wenn der Vermieter bereits die Verfügung darüber wieder erlangte, demselben für den durch die Wegnahme entstehenden Schaden Sicherheit zu leisten hat (258).[8] Dieses Recht kann der Mieter auch dann zur Durchführung bringen, wenn der Vermieter die betreffende Einrichtung unter Ersatz der Kosten behalten will.[9]

---

[6] Der Mieter hat z. B. zu seinem Vergnügen in dem ermieteten Hausgarten einen Pavillon im Kostenaufwande von 500 Mk. errichtet, durch welchen der Wert des Gartens um 300 Mk. erhöht ist. Der Vermieter, welcher an sich mit der von dem Mieter beabsichtigten Zurücklassung dieser Einrichtung einverstanden ist, hat alsdann den Betrag der **Werterhöhung** zu ersetzen.

[7] Z. B. wenn der Mieter für die Wiederherstellung der vom Hagel eingeschlagenen Fenster, die er bewirkt hat, nach seinem Vertrage selbst sorgen muß. Vgl. auch den einheitlichen Mietvertrag der deutschen Hausbesitzervereine § 4.

[8] Hiernach kann der Mieter nicht bloß die in oder an dem Gebäude zu seiner Benutzung während der Mietzeit angebrachten Einrichtungen, welche mit Rücksicht auf diesen vorübergehenden Zweck in seinem Eigentum verbleiben und nach § 95 nicht Bestandteil des Gebäudes werden, sondern auch diejenigen Vorrichtungen, welche an sich (objektiv) als wesentliche Bestandteile des Gebäudes in das Eigentum des Vermieters übergehen würden, vom Grundstück wegnehmen. Mot. II S. 394 Protok. S. 1946. Auch in den mitgemieteten Hausgarten eingesetzte Blumen und Sträucher kann der Mieter, unter Wiederherstellung des früheren Zustandes, wegnehmen. Vgl. hierzu **Wengler** S. 91 Anm. 1.

[9] Denn der Vermieter kann ein Mehreres nicht verlangen, als daß er die Sache in dem Zustande zurück erhält, in welchem sich dieselbe bei der Einräumung an den Mieter befunden hat. Mot. II S. 385 Protok. S. 1946. Anders im S.B.G.B. § 1201.

III. Verpflichtungen des Mieters.

§ 18. 1. Einhaltung des vertragsmäßigen Gebrauches und Beobachtung pflichtmäßiger Sorgfalt. Folgen der Nichterfüllung dieser Verpflichtung.

Der Mieter hat

1. die gemieteten Räume vertragsgemäß und mit der durch deren Beschaffenheit und Zweckbestimmung[1] gebotenen Sorgfalt zu gebrauchen.[2] Innerhalb der hierdurch gezogenen Grenzen haftet er für Vorsatz und Fahrlässigkeit seiner eigenen Person (276) sowie seiner Untermieter (549 Abs. 2), gesetzlichen Vertreter und zur Erfüllung des Vertrages zugezogenen Dienst- oder Hilfspersonen (278, 31).[3] Dagegen hat er Veränderungen und Verschlechterungen nicht zu vertreten, die ohne ein Verschulden von seiner Seite durch den vertragsmäßigen Gebrauch herbeigeführt werden (548).[4]

---

[1] So darf eine herrschaftlich eingerichtete Wohnung nicht als Bierlokal oder Werkstätte, ein Posamentierladen nicht als Fleischerladen verwendet werden.

[2] Diese Verpflichtung ist im B.G.B. nicht, wie im gemeinen Recht l. 25 § 3 D. loc., im A.L.R. I 21 § 270, 278, 279, im S.G.B. § 1191, 1193, 1205 und im C. c. art. 1728 Z. 1 ausdrücklich bestimmt, wohl aber als selbstverständlich vorausgesetzt, wie sich aus § 548, 549, 550, 553 ergiebt. Mot. II S. 401. Auf Grund dieser Verpflichtung hat der Mieter namentlich für die Reinigung der ihm zur alleinigen oder Mitbenutzung überlassenen Räume (Fußböden, Treppenaufgänge zu seiner Wohnung, Waschhaus nach jedesmaligem Gebrauch) sowie für die Vornahme der nach dem Vertrage ihm obliegenden Reparaturen zu sorgen. Unter Umständen kann sich aus dieser Verpflichtung auch die weitere ergeben, die gemieteten Räume (z. B. einen Gasthof, eine Restauration, einen Laden) nicht unbenutzt und leer stehen zu lassen, insofern dadurch das Interesse des Mieters beeinträchtigt wird. Vgl. S.G.B. § 1205.

[3] S. oben § 12.

[4] Er hat also nicht Tapeten oder Öfen, die durch den Gebrauch abgenutzt sind, auf seine Kosten wieder herzustellen; denn für diese Abnutzung zahlt er ja den Mietzins. Obiger Satz ist insbesondere auch bei der Auslegung der in Wohnungsmietverträgen vielfach vorkommenden Bestimmung zu beachten, daß der Mieter das Quartier in demselben Zustande, in welchem er es überkommen, zurückzugeben habe. Wenn also ein Mieter auf Grund einer derartigen Bestimmung eine Wohnung mit durchweg neuen Tapeten übernommen hat und das Vertragsverhältnis nach einem

Macht der Mieter von den gemieteten Räumen einen vertragswidrigen Gebrauch und setzt solchen ungeachtet einer Abmahnung des Vermieters fort, so kann der Letztere

a) auf Unterlassung klagen (550).[5]

b) ohne Einhaltung einer Kündigungsfrist das Mietverhältnis kündigen, sofern der Mieter oder derjenige, welchem der Mieter den Gebrauch überlassen hat, ungeachtet einer Abmahnung des Vermieters durch seinen vertragswidrigen Gebrauch die Rechte des Vermieters in erheblichem Maße verletzt[6] insbesondere einem Dritten den ihm überlassenen Gebrauch beläßt[7] oder die Mieträume durch Vernachlässigung pflichtmäßiger Sorgfalt erheblich gefährdet (553).[8] Endlich hat

c) der Vermieter einen Schadensanspruch gegen den Mieter, und zwar sowohl während der Dauer des Vertragsverhältnisses, als auch namentlich bei dessen Beendigung, wenn der

---

Jahre sein Ende erreicht, so hat er im Zweifel beim Auszug die durch den gewöhnlichen Gebrauch abgenutzten Tapeten nicht erneuern, sondern nur insoweit neu tapezieren zu lassen, als die Tapeten durch seine oder der Seinigen Schuld beschmutzt oder beschädigt sind. Vgl. Niendorff S. 121; Fuld S. 101. Doch kann allerdings auch hier durch ausdrückliche Vertragsbestimmung noch eine weitergehende Verpflichtung des Mieters begründet werden.

[5] Protok. S. 1970. Voraussetzung dieses Anspruchs ist mithin:

a) Der vertragswidrige Gebrauch während der Dauer des Mietverhältnisses (vgl. § 1053), also nicht erst die Gefährdung der ordnungsmäßigen Rückgabe der Mieträume oder eine bereits eingetretene Beschädigung derselben (anders beim Anspruch auf Kündigung).

b) Vorgängige Abmahnung des Vermieters. Letzterer kann also nicht wegen jeder geringfügigen Vertragswidrigkeit des Mieters sofort zur Klagerhebung schreiten.

[6] Eine solche Verletzung wird auch dann anzunehmen sein, wenn der Mieter die ihm zum Bewohnen vermieteten Räume zum Betrieb eines unsittlichen Gewerbes (Glücksspiel, Bordell) benutzt und dadurch den Ruf des Miethauses herunterbringt O.Tr. Bd. 56 S. 180. Anders, wenn der Vermieter von der erwähnten Benutzungsart Kenntnis hat und keinen Einspruch dagegen erhebt. Niendorff S. 122.

[7] Abweichend die seitherige preuß. Praxis. Str. Arch. Bd. 47 S. 238. Niendorff S. 120.

[8] Vgl. § 387 A.L.R. I 21. Es ist nur erhebliche Gefährdung, noch nicht der Eintritt eines wirklichen Schadens erforderlich. Immerhin muß aber die Gefährdung durch den vertragswidrigen Gebrauch herbeigeführt sein. C. c. art. 1729 gab in diesem Falle eine Klage auf Aufhebung des Vertrages wegen Nichterfüllung.

Mieter die Mieträume infolge des vertrags- oder rechtswidrigen Gebrauches nicht in ordnungsmäßigem Zustande zurückgeben kann (267, 558, s. u. § 22 Z. 1).

Zu den, mit dem Gebrauche der Mieträume verbundenen Obliegenheiten des Mieters gehört auch die bereits oben § 15 bei Anm. 7 erwähnte, daß er, wenn sich im Laufe der Miete ein Mangel der gemieteten Räume zeigt, oder eine Vorkehrung zum Schutze derselben gegen eine nicht vorher gesehene Gefahr erforderlich wird oder auch, wenn sich ein Dritter ein Recht an den Mieträumen anmaßt, dem Vermieter unverzüglich Anzeige zu erstatten hat. Unterläßt er dies, so ist er zum Ersatze des daraus entstehenden Schadens verpflichtet; er ist, soweit der Vermieter infolge der Unterlassung Mängel der Mieträume oder sonstige Beeinträchtigungen in deren Gebrauch nicht beseitigen kann, nicht berechtigt, gänzliche oder teilweise Befreiung vom Mietzins zu verlangen oder ohne Bestimmung eine Frist wegen mangelnden Interesses an weiterer Erfüllung des Vertrages zu kündigen[9] oder Schadensersatz wegen Nichterfüllung zu verlangen (545).[10]

§ 19. Kündigungsrecht des Vermieters wegen Verletzung besonderer Vertragsbestimmungen, namentlich der Hausordnung.

In den in größeren Städten üblichen Mietvertragsformularen und namentlich in den denselben angefügten Hausordnungen sind im Interesse des Vermieters dem Mieter eine Reihe von Beschränkungen und Verpflichtungen auferlegt, welche über die ihm

---

[9] Nur das Kündigungsrecht des § 542 Abs. 1 S. 3, nicht das sonstige, durch § 542 gegebene Kündigungsrecht ist hier ausgeschlossen.

[10] Diese Anzeigepflicht, welche im wesentlichen auch im S.G.B. § 1206, nicht aber im A.L.R. und im C. c. geregelt war, ist ein Ausfluß der dem Mieter im Interesse des Vermieters obliegenden Obhut in Ansehung der gemieteten Räume. Aus der Haftung des Mieters für den durch die Unterlassung der Anzeige entstandenen Schaden folgt namentlich, daß der Mieter im Falle der Versäumung der Anzeige einer nötigen Ausbesserung Minderung des Mietzinses für diejenige Zeit nicht beanspruchen kann, während welcher er, wenn durch rechtzeitige Anzeige dem Mieter die frühere Ausbesserung ermöglicht worden wäre, in seinem Gebrauchsrechte nicht würde beeinträchtigt worden sein. Mot. II S. 401. Selbstverständlich fällt die Anzeigepflicht weg, wenn der Vermieter auf andere Weise von den betr. Thatsachen Kenntnis erhalten hat.

nach gesetzlicher Vorschrift obliegenden weit hinaus gehen.[1] Zugleich ist für den Fall, daß die Hausordnung nicht in allen Punkten eingehalten werden sollte, das Recht des Vermieters zur alsbaldigen Aufhebung des Vertrages festgesetzt.

Es ist anzuerkennen, daß bei Vermietung großer Miethäuser an eine erhebliche Anzahl von einzelnen Mietparteien die Aufstellung derartiger Hausordnungen zur Vermeidung von Störungen der Ruhe und Sicherheit im Hause sowie von Beschädigungen der Mieträume nicht zu entbehren sein, vielfach auch zur Sicherung des dem einzelnen Mieter zustehenden vertragsmäßigen Gebrauchsrechts dienen wird. Andererseits ist aber beim Hinblick auf die Zahl und Fassung der häufig in solchen Hausordnungen sich findenden Vertragsklauseln nicht zu verkennen, daß bei wörtlicher und strenger Auslegung derselben der Mieter fast rechtlos werden, der Willkür des Vermieters geradezu preisgegeben und jederzeit der Räumungsklage ausgesetzt sein würde.

Inwieweit stehen hier die Vorschriften des B.G.B. dem Mieter schützend zur Seite?

Zunächst sind derartige Bestimmungen des Vertrages oder der Hausordnung ungültig, insoweit sie

a) gegen die guten Sitten verstoßen, insbesondere auf eine wucherliche Ausbeutung des Mieters hinaus laufen (138),

b) gegen die im öffentlichen Interesse aufgestellten, die Vertragsfreiheit überhaupt beschränkenden Verbotsvorschriften (§§ 540, 541, 544, 559, 566, s. oben § 12 Anm. 1) verstoßen.

Insoweit aber derartige Vertragsklauseln an sich gültig sind, kann gegen übermäßige, aus ihrer Anwendung entstehende Unzuträglichkeiten die Durchführung der in §§ 157, 242 und 553 B.G.B. aufgestellten Grundsätze schützen.

Demgemäß sind

1. derartige Bestimmungen der Mietverträge und Hausordnungen so auszulegen und zu erfüllen, „wie Treu und Glauben mit Rücksicht auf die Verkehrssitte es erfordern". Im Zusammenhang damit wird

2. für die Zulässigkeit der Kündigung zu erfordern sein, daß die Nichteinhaltung einer derartigen Klausel die Rechte des Vermieters in erheblichem Maße verletzt. Dieser Grundsatz,

---

[1] Vgl. hierzu das einheitliche Mietvertragsformular der deutschen Hausbesitzer-Vereine unten im Anhang III.

der auf Anregung des Reichstags als weitere Voraussetzung für das gesetzliche Kündigungsrecht des Vermieters in § 553 eingefügt ist (Planck Anm. 1 zu § 553), wird beim Mangel besonderer Festsetzungen auch für das vertragsmäßig eingeräumte zu gelten haben. So wird z. B. auf Grund des vertragsmäßigen Verbots ruhestörenden Lärms noch keine Kündigung ausgesprochen werden können, wenn die Kinder des Mieters beim Hinaufsteigen auf der Treppe ein oder zweimal gesungen haben.

Endlich wird

3. der Zuwiderhandlung gegen die in der Hausordnung enthaltenen Vorschriften nur dann Bedeutung beizumessen sein, wenn sie sich als eine schuldhafte darstellt, nicht aber dann, wenn sich der Mieter zu entschuldigen vermag, so z. B. wenn der Vermieter selbst das Aufstellen eines Wagens im Hofe, das dem Mieter nach dem Vertrage nicht gestattet ist, in einer Mehrzahl früherer Fälle gestattet oder nachgesehen hat oder wenn der Mieter die ihm abwechselnd mit anderen Mietern obliegende Reinigung der Treppe in dem nachgewiesenen Irrtum, die Verpflichtung dazu liege an dem betr. Tage einem anderen Mieter ob, unterlassen hat. Vgl. auch Planck Anm. 1 zu § 553, Niendorff, S. 126.

§ 20. 2. Zahlung des Mietzinses.

Die hauptsächlichste Verpflichtung des Mieters besteht in der Zahlung des Mietzinses.[1]

1) In Bezug auf die Zeit der Zahlung ist vor allem der Inhalt des Vertrages maßgebend, der in dieser Beziehung auch — ausdrücklich oder stillschweigend — auf Ortsgebrauch Bezug nehmen kann. Sind im Mietvertrage keine Zahlungstermine festgesetzt, so gelten die nachstehenden gesetzlichen Vorschriften (551).

Zunächst ist der Vermieter zur Gewährung des Gebrauches (Vorleistung) verpflichtet,[2] der Mietzins also (postnumerando) am Ende der Mietzeit zu entrichten. Dieser Grundsatz erleidet indessen die doppelte Einschränkung, daß

---

[1] Über dessen Beschaffenheit s. oben § 3.

[2] Auch bei bedungener Vorauszahlung des Mietzinses muß der Vermieter wenigstens zunächst übergeben. Mot. II S. 399. Str. Arch. Bd. 80 S. 159, Bd. 89 S. 354, Bd. 91 S. 71. Vgl. auch oben § 13 Anm. 3.

a) der nach Zeitabschnitten (Tagen, Wochen, Monaten) bemessene Mietzins[3] schon nach dem Ablauf der einzelnen Zeitabschnitte,

b) der Mietzins für Grundstücke, also auch für Wohnungen und andere Räume (580), sofern er nicht nach kürzeren Zeitabschnitten bemessen ist, nach dem Ablauf je eines Kalendervierteljahres am ersten Werktage des folgenden Monats zu entrichten ist.[4]

Hiernach lassen sich die gesetzlichen Vorschriften auch dahin fassen, daß der Mietzins

a) wenn er nach kürzeren Zeitabschnitten als Vierteljahren bemessen ist, nach dem Ablauf der einzelnen Zeitabschnitte, und zwar an dem auf den Ablauf folgenden Werktage (193),

b) wenn er nach Vierteljahren oder längeren Zeitabschnitten bemessen, oder wenn er für die ganze, ein Vierteljahr übersteigende Mietzeit bestimmt ist, nach dem Ablauf je eines Kalendervierteljahres am ersten Werktage des folgenden Monats,

c) wenn er für die ganze, ein Vierteljahr nicht erreichende Mietzeit bestimmt ist, am Ende der Mietzeit

entrichtet werden muß.[5]

Fällt der Zahlungstag auf einen Sonntag oder auf einen allgemeinen, staatlich anerkannten Feiertag,[6] so ist die Zahlung

---

[3] Z. B. 2 Mk. für den Tag, 10 Mk. für die Woche, 40 Mk. für den Monat.

[4] Vgl. die im Prinzip übereinstimmenden, im einzelnen aber mehr oder weniger abweichenden Vorschriften des A.L.R. I 21 § 297 und des S.G.B. § 1204. — Die vierteljährlichen Termine sind teils mit Rücksicht auf den schon vielfach bestehenden Brauch, teils mit Rücksicht auf die Räumungstermine, s. unten § 22 und die Termine für die Entrichtung der Hypothekenzinsen gewählt worden. Daß, wenn die Miete im Laufe eines Kalendervierteljahres, z. B. am 15. Januar 1900, begonnen hat, der Mietzins für die in dieses Quartal fallende Zeit zum Beginn des nächsten Kalendervierteljahres (1. April 1900) also das erste Mal nicht für ein volles Vierteljahr entrichtet werden muß (vgl. S.G.B. § 1204), ist als selbstverständlich vorausgesetzt. Mot. II S. 399.

[5] Planck, § 551 Erl. 1. Die Regel des § 551 Abs. 1 S. 1 (Zahlung am Ende der ganzen Mietzeit) wird hiernach bei der Wohnungsmiete nicht häufig zur Anwendung gelangen.

[6] Diese Feiertage bestimmen sich nach den landesgesetzlichen Vorschriften, wie sie in den einzelnen Bundesstaaten teils früher, insbesondere in den

am nächsten darauf folgenden Werktage zu bewirken, also z. B. nicht am 1., sondern am 2. Januar, und, wenn dies ein Sonntag ist, erst am 3. Januar (193).

Ausführungsgesetzen zur Civilprozeßordnung, teils neuerdings in den Ausführungsgesetzen zum Bürgerlichen Gesetzbuch erlassen worden sind.

Danach sind als Feiertage anerkannt:

a) Der Neujahrstag, Karfreitag, Ostermontag, Himmelfahrtstag, Pfingstmontag, Bußtag oder die Bußtage, erster und zweiter Weihnachtsfeiertag im:
Königreich Preußen (vgl. Wilmowski-Levy, Anm. 2 zu § 171 C.P.O.
Großherzogtum Sachsen-Weimar (§ 3 des Ausf.-Ges. zum B.G.B. vom 5. April 1899).
Herzogtum Braunschweig (§ 15 des Ausf.-Ges. zum B G.B. vom 12 Juni 1899).
Herzogtum Sachsen-Altenburg (§ 6 des Ausf.-Ges. zur C.P.O. vom 25. März 1879).
Herzogtum Sachsen-Koburg-Gotha (§ 4 des Ausf.-Ges. zur C.P.O. vom 7. April 1879 u. Art. 4 des Ausf.-Ges. zum B.G.B. vom 20. November 1899).
Herzogtum Sachsen-Meiningen (Art. 3 des Ausf.-Ges. zum B.G.B. vom 9. August 1899).
Fürstentum Schwarzburg-Sondershausen (§ 4 des Ausf.-Ges. zum B.G.B. vom 19. Juli 1899).
Fürstentum Lippe (§ 3 des Ausf.-Ges. zur C.P.O. vom 26. Juni 1899).
Fürstentum Schaumburg-Lippe (§ 14 des Ausf.-Ges. zum B.G.B. vom 23. August 1899).
In der freien Hansestadt Hamburg (§ 22 des Ausf.-Ges. zum B.G.B. vom 14. Juli 1899).

b) Dieselben Tage wie unter a und das Reformationsfest im:
Großherzogtum Mecklenburg-Schwerin (§ 3 der Ausf.-Verordnung zum B.G.B. vom 9. April 1899).
Großherzogtum Mecklenburg-Strelitz (§ 3 der Ausf.-Verordnung vom 9. April 1899).
Fürstentum Schwarzburg-Rudolstadt (Art. 3 des Ausf.-Ges. zum B.G.B. vom 11. Juli 1899).
Fürstentum Reuß j. L. (§ 16 des Ausf.-Ges. zum B.G.B. vom 10. August 1899).

c) Dieselben Tage wie unter a, das Reformationsfest und Hohes Neujahr im:
Königreich Sachsen (§ 7 der Ausf.-Verordnung zum B.G.B. vom 6. Juli 1899).

d) Dieselben Tage wie unter a) und ferner Reformationsfest, Hohes Neujahr, sowie die dritten Feiertage von Ostern, Pfingsten, Weihnachten im:
Fürstentum Reuß ä. L. (§ 8 d. Ausf.-Ges. v. 3. Mai 1879 zur C.P.O.).

2. Als Zahlungsort gilt, wenn derselbe nicht im Vertrage bestimmt ist, nach allgemeinen Grundsätzen an sich der Ort, an welchem der Schuldner zur Zeit der Entstehung des Mietverhältnisses, also des Vertragsabschlusses, seinen Wohnsitz oder, wenn die Mietschuld im Gewerbebetriebe entstand, seine gewerbliche Niederlassung hatte (269).

Da es sich jedoch hier um eine Geldschuld (Bringschuld) handelt, so hat der Mieter im Zweifel auf seine Gefahr und Kosten den Mietzins dem Vermieter zuzustellen (270), insbesondere in der Regel, sofern nicht eine andere Absicht der Vertragschließenden aus den Umständen erhellt, auch dem am gleichen Ort (in einem anderen Hause) wohnenden Vermieter zu überbringen oder zu übersenden.[7] — Daneben bleibt aber im übrigen,

e) Ostermontag, Pfingstmontag, Weihnachten, Neujahr, Christi Himmelfahrt, St. Stephan:
in den rechtsrheinischen Gebieten des Königreichs Bayern, und
Neujahr, Karfreitag, Ostermontag, Pfingstmontag, Frohnleichnam, Christi Himmelfahrt, Mariä Himmelfahrt, Allerheiligen, Weihnachten, St. Stephan:
in der Rheinpfalz.
(Vgl. Riedels Kommentar zum Bayerischen Polizeistrafgesetzbuch vom 26. Dezember 1871 5. Aufl. S. 162, 163.)

f) Das Neujahrsfest, Fest der Erscheinung Christi, Karfreitag, Oster- und Pfingstmontag, Himmelfahrt, Frohnleichnamstag, Peter und Paul, Mariä Himmelfahrt, Christfest und erster Festtag nach demselben:
im Königreich Württemberg (s. Art. 31 des Ausf.-Ges. zum G.V.Ges. vom Jahre 1879. § 16 der Dienstanw. für Ger.-Vollz. vom 10. Oktober 1899).

g) Neujahr, Karfreitag, Ostermontag, Himmelfahrtstag, Pfingstmontag, erster und zweiter Weihnachtsfeiertag:
im Großherzogtum Hessen und außerdem
der Frohnleichnamstag, Mariä Himmelfahrt, Allerheiligen:
in der Provinz Rheinhessen (Art. 18 des Ausf.-Ges. zum B.G.B. vom 17. Juli 1899).

h) Weihnachten, Neujahr, Christi Himmelfahrt, Mariä Himmelfahrt, Allerheiligen, Karfreitag, Ostermontag und Pfingstmontag:
im Reichsland Elsaß-Lothringen (Ges. vom 19. Oktober 1887).

[7] Die abweichende Meinung von Meisner S. 154: „Wohnen Mieter und Vermieter an demselben Orte, aber in verschiedenen Häusern, so hat der Mieter den Zins nicht zu bringen, sondern im Miethause zu entrichten" entspricht wohl dem A.L.R. I 5 § 247, berücksichtigt aber nicht ausreichend die speziell für Geldzahlungen gegebene Vorschrift in § 270 B.G.B. (vgl. auch Staub § 2 zu Art. 325 H.G.B. und Wengler

namentlich für die Begründung des Gerichtsstandes (§ 29 C.P.O.) der ersterwähnte Erfüllungsort maßgebend.

3. Zur Annahme der Zahlung berechtigt ist in erster Linie natürlich der Vermieter, hiernächst der von ihm durch Vollmacht oder durch Anweisung an den Mieter zur Empfangnahme der Zahlung Ermächtigte,[8] der legitimierte Erbe[9] oder der durch Übertragung Ermächtigte (Cessionar) (410), in dem Fall, wenn das vermietete Grundstück einer Ehefrau gehört, während der Dauer des ehemännlichen Verwaltungsrechts[10] der Ehemann, bei geschäftsunfähigen oder in der Geschäftsfähigkeit beschränkten Personen, Vereinen, Genossenschaften deren gesetzliche Vertreter.[11] Sind mehrere Personen als Vermieter beteiligt, so ist in Ermangelung abweichender Bestimmung der Mietzins an jeden Vermieter zu seinem Anteil zu entrichten.[12]

S. 104 Anm. 1) und ist wenigstens nicht als allgemein gültige gesetzliche Regel anzuerkennen. Doch kann, da die Übermittelungspflicht des Schuldners nach § 270 nur im Zweifel besteht, nach örtlicher Übung und daraus sich ergebender, stillschweigender Meinung der Vertragsparteien (so namentlich wenn der an demselben Orte, aber in einem anderen Hause wohnende Vermieter die Miete regelmäßig durch einen Vertreter [Vizewirt] im Miethause einkassieren läßt) das Miethaus als Zahlungsort thatsächlich festgestellt werden. Ein derartiger Ortsgebrauch, wie ihn z. B. Niendorff S. 84 im Anschluß an die Entsch. des O.Tr. Bd. 41 S. 31, Bd. 70 S. 339, 343 (Str.-Arch. Bd. 33 S. 311) für die Stadt Berlin bezeugt und wie er auch in anderen großen Städten bestehen mag, wird daher auch gegenüber der erwähnten Vorschrift des B.G.B. Geltung beanspruchen können.

[8] Als solcher gilt auch der Überbringer einer Quittung, sofern nicht die dem Mieter bekannten Umstände der Annahme einer Ermächtigung des Überbringers entgegenstehen (370).

[9] Beim Vorhandensein mehrerer Erben kann bis zur Erbauseinandersetzung der Mieter nur an Alle gemeinschaftlich oder an deren gemeinsamen Vertreter leisten (2039).

[10] Also nicht, wenn das vermietete Grundstück zum vorbehaltenen Vermögen der Frau gehört oder bei Verhinderung des Mannes oder im Fall der Gütertrennung, s. o. § 5.

[11] Vgl. oben §§ 6—8. Über die Rechte der Hypothekengläubiger am Mietzins s. unten § 49.

[12] Denn die Zahlung einer Geldsumme ist eine teilbare Leistung, Planck § 420 Erl. 2, so daß der § 432, wonach bei mehreren, zu einer unteilbaren Leistung Forderungsberechtigten der Schuldner nur an Alle gemeinschaftlich leisten und jeder Gläubiger nur die Leistung an Alle fordern kann, keine Anwendung findet.

Wird die Mietzinsforderung nach § 829 (730) C.P.O. für einen Gläubiger des Vermieters gepfändet, so darf der Mieter von der Zustellung des Pfändungsbeschlusses ab nicht mehr an den Vermieter zahlen Dieselbe Wirkung hat nach § 845 (744) schon die durch einen Gläubiger des Vermieters auf Grund vollstreckbarer Ausfertigung an den Mieter erfolgende Ankündigung der bevorstehenden Pfändung und das damit verbundene Zahlungsverbot, vorausgesetzt, daß die gerichtliche Pfändung binnen drei Wochen von der Zustellung der Benachrichtigung ab nachfolgt

Ist der Empfangsberechtigte im Verzuge der Annahme oder kann der Mieter aus einem anderen, in der Person des Empfangsberechtigten liegenden Grunde oder infolge einer nicht auf Fahrlässigkeit beruhenden Ungewißheit über dessen Person nicht oder nicht mit Sicherheit zahlen, so ist er zur Hinterlegung des geschuldeten Mietgeldbetrages befugt (372). Dies gilt namentlich dann, wenn mehrere Personen zugleich auf diesen Betrag Anspruch erheben (z. B. der Vermieter und ein Cessionar desselben, ein Pfändungsgläubiger und ein früherer Cessionar) und der Mieter bei der ihm obliegenden Prüfung ihrer Berechtigung ohne sein Verschulden in Ungewißheit über die Person des Berechtigten bleibt. Unter allen Umständen ist der Mieter zur Hinterlegung dann befugt und auf Verlangen eines Gläubigers, welchem die Forderung überwiesen wurde, verpflichtet, wenn die Mietzinsforderung für mehrere Gläubiger gepfändet ist (§ 853 [750] C.P.O.)

Der Mieter muß das Mietgeld auch dann zahlen, wenn er durch einen in seiner Person liegenden Grund an der Ausübung des ihm zustehenden Gebrauchsrechts[13] verhindert wird. Der Vermieter muß sich jedoch den Wert der ersparten Aufwendungen, sowie derjenigen Vorteile anrechnen lassen, welche er aus einer anderweiten Verwertung des Gebrauches erlangt (552).[14] Solange der Vermieter infolge der Überlassung des Gebrauches an einen Dritten außer stande ist, dem Mieter den Gebrauch zu

[13] Z. B. Krankheit, Versetzung. Ebenso, wenn er einseitig vor Ablauf der Mietzeit die Mieträume ohne gesetzlichen Grund verläßt.

[14] Z. B. A. hat von B. eine Wohnung für 1000 Mk. auf ein Jahr gemietet und sich in dem Vertrage freie Gasbeleuchtung ausbedungen, deren Wert auf jährlich 100 Mk. zu veranschlagen ist. Infolge notwendigen Umzuges nach einem anderen Orte kann er die Wohnung nicht benutzen und B. vermietet sie ohne freie Gasbeleuchtung auf das erwähnte Jahr anderweit für 700 Mk. an C. A. hat hiernach 1000 Mk. abzüglich 700 Mk. + 100 Mk. = 200 Mk. an B. herauszuzahlen.

gewähren, ist der Mieter zur Entrichtung des Mietzinses nicht verpflichtet (552).[15]

Über die Verjährung des Anspruchs auf Mietgeld s. u. § 23.

§ 21. Kündigungsrecht des Vermieters bei Verzug des Mieters in der Zahlung des Mietzinses.

Wenn der Mieter für zwei aufeinander folgende Termine mit der Entrichtung des Mietzinses oder eines Teiles desselben im Verzug ist, so kann der Vermieter ohne Einhaltung einer Kündigungsfrist das Mietverhältnis kündigen (554).[1]

Im Verzug befindet sich der Mieter dann, wenn er entweder auf eine Mahnung nach eingetretener Fälligkeit oder bis zu dem gesetzlich oder vertragsmäßig als Zahlungstag bestimmten Kalendertag den Mietzins nicht berichtigt; einer Mahnung bedarf es in letzterem Falle nicht (284). Er kommt aber nicht in Verzug, wenn die Zahlung infolge eines Umstandes, den er nicht zu vertreten hat, also ohne sein Verschulden, unterbleibt (285), wie z. B. in dem Falle, wenn der Vermieter die Annahme des Mietzinses ohne Rechtsgrund verweigert, oder wenn er vorher dem Mieter erklärt hat, es komme bei der Mietgeldzahlung auf ein paar Tage mehr oder weniger nicht an, und der Mieter, darauf vertrauend, einen oder zwei Tage nach dem Fälligkeitstage zahlt, oder wenn der Vermieter ständig die einige Tage nach dem Fälligkeitstage berichtigte Miete ohne Anstand angenommen hat und der Mieter nun auch in einem neuen Fall den Mietzins zwei oder drei Tage nach dem Fälligkeitstage entrichtet.

---

[15] Dieser Fall tritt nicht schon dann ein, wenn der Vermieter die Mieträume vorübergehend selbst gebraucht oder einem Dritten zum Gebrauche überläßt, wohl aber dann, wenn er mit einem Dritten ein nicht ohne weiteres auflösbares Mietverhältnis über die fraglichen Räume eingeht. Mot. II S. 400.

[1] Abweichend das röm. Recht, welches einen Rückstand von zwei Jahren erfordert, l. 54 § 1, l. 56 D. locati., das A.L.R. I 21 § 298, welches nur bei einem Rückstand von zwei vollen Terminen die Kündigung mit der gesetzlichen Frist zuläßt, Str.=Arch. Bd. 44 S. 287. O.Tr. Bd. 31 S. 420, Bd. 34 S. 161, ferner das S.G.B. § 1220, welches bei einem Rückstand von zwei vollen Terminen den Vermieter zum Abgehen vom Mietvertrag berechtigt und endlich der C. c. art. 1741, welcher den Mietvertrag allgemein bei Nichterfüllung der dem Mieter obliegenden Verpflichtungen für aufgelöst erklärt.

Der Mieter kommt auch dann nicht in Verzug, wenn der Vermieter eine der beiden fälligen Raten oder beide vor der Fälligkeit an einen Dritten abgetreten hat und dieser, dem nunmehr die Verfügung über den Zinsanspruch zusteht, bei eintretender Fälligkeit dem Schuldner Stundung erteilt. Seuff. Arch. Bd. 43 Nr. 13. Rehbein, Entsch. III S. 863. Bolze V Nr. 585.

Die an sich begründete Kündigung ist ausgeschlossen, wenn der Mieter den Vermieter befriedigt, bevor sie erfolgt (554 Abs. 1 S. 2). Die Kündigung ist unwirksam, wenn sich der Mieter von seiner Schuld durch Aufrechnung mit einer fälligen Gegenforderung befreien konnte und unmittelbar nach der Kündigung die Aufrechnung erklärt (554 Abs. 2, 387).[2]

Macht der Vermieter von dem erwähnten Kündigungsrechte Gebrauch, so hat er den für eine spätere Zeit im voraus entrichteten Mietzins dem Mieter zurückzuerstatten (555, 347), aber ohne Zinsen und nur, soweit er dadurch (zur Zeit der Rechtshängigkeit) noch bereichert ist.[3]

Die Ausübung des Kündigungsrechts hängt unter allen Umständen von dem Willen des Vermieters ab und ist daher ausgeschlossen. wenn derselbe nachträglich auf die Ausübung verzichtet und ausdrücklich oder stillschweigend sich mit der Fortsetzung des Mietverhältnisses einverstanden erklärt. Dies wird zwar nicht schon bei nachträglicher Annahme der bereits verfallenen oder während des Räumungsprozesses fällig werdenden Mietzinsraten, wohl aber dann anzunehmen sein, wenn er nach Entstehung seines Kündigungsrechts und selbst nach erklärter Kündigung noch eine Vorauszahlung für die Folgezeit ohne Vorbehalt annimmt oder den Mieter, ohne die Kündigung zu erklären, mehrere Wochen im Mietquartier wohnen läßt.

Ist durch Vereinbarung der Parteien bestimmt, daß schon

---

[2] Mit dieser Erklärung gilt die Mietforderung durch die Gegenforderung des Mieters, soweit sich beide decken, als mit dem Zeitpunkt aufgehoben, in welchem beide Forderungen als zur Aufrechnung geeignet einander gegenüber getreten sind (389). Damit ist auch der Zahlungsverzug nachträglich beseitigt. — Von einer Aufrechnung kann übrigens dann keine Rede sein, wenn (wie dies oft geschieht) im Vertrage ausdrücklich Barzahlung des Mietzinses ausbedungen und die Aufrechnung ausgeschlossen ist. So in § 6 des einheitlichen Mietformulars unten im Anhang III.

[3] Denn die Kündigung erfolgt hier wegen der Säumnis des Mieters, also eines Umstandes, den der Vermieter nicht zu vertreten hat. Planck § 544 Anm. 2.

bei unterbliebener oder nicht vollständiger Zahlung Einer Mietzinsrate[4] dem Vermieter das Kündigungsrecht zustehen solle, so kommen, sofern nicht auch hier anderweite Vereinbaruug vorliegt, die oben angegebenen Grundsätze über die Voraussetzungen des Zahlungsverzuges, die Ausschließung, Unwirksamkeit und spätere Rückgängigmachung der Kündigung ebenfalls zur Anwenduug.

§ 22. 3. Rückgabe der Räume nach Beendigung des Mietverhältnisses. Räumungsfristen.

1. Nach Beendigung des Mietverhältnisses hat der Mieter die gemieteten Räume dem Vermieter zurückzugeben (556 Abs. 1), ihm insbesondere auch die Schlüssel dazu auszuhändigen.[1] Für Veränderungen oder Verschlechterungen der Mieträume hat der Mieter nach den oben § 18 aufgeführten Grundsätzen einzustehen.[2] Beruft er sich darauf, daß die Veränderung oder Verschlechterung infolge eines von ihm nicht zu vertretenden Umstandes eingetreten sei, so hat er dies nachzuweisen.

Der Regel nach ist die Räumung und Rückgabe der Wohnung alsbald mit der Beendigung des Mietverhältnisses zu bewirken, doch ist, wenn der letzte Tag der Mietzeit auf einen Sonntag oder staatlich anerkannten allgemeinen Feiertag (s. o. § 20 Anm. 6) fällt, dem Mieter auch noch der folgende Werktag zur Räumung gegeben (193). Auch bestehen an manchen Orten landesgesetzlich noch besondere Räumungsfristen, die nach Art. 93 des Einf.-Ges. neben dem B.G.B. Gültigkeit haben.[3]

---

[4] Vgl. das einheitliche Mietvertragsformular der deutschen Hausbesitzervereine.

[1] Im beiderseitigen Interesse wird sich alsdann eine förmliche Rückgabe unter Durchgehung sämtlicher Mieträume behufs Feststellung ihres Zustandes empfehlen.

[2] Er haftet also für die durch vertragswidrigen Gebrauch oder sonstiges Verschulden seiner eigenen Person und der von ihm zu vertretenden Dienst- oder Hilfspersonen, nicht aber durch sonstige Umstände — Zufall, vertragsmäßiger Gebrauch — herbeigeführten Schäden. Über die Auslegung der in Mietverträgen vorkommenden Bestimmung, daß die Wohnung in demselben Zustande zurückzugeben sei, in welchem sie der Mieter übernommen habe, s. oben § 18 Anm. 4.

[3] Hervorzuheben sind folgende Bestimmungen:

a) In Berlin ist auf Grund des Ges. vom 30. Juni 1834 durch Polizeiverordnung vom 26. März 1870 über die Umzugstermine beim Wohnungswechsel bestimmt, daß die Räumung der Wohnung

Der Vermieter ist zur eigenmächtigen Heraussetzung des Mieters nach Ablauf der Mietzeit, auch durch indirekte Zwangs-

---

a) bei kleinen, d. h. höchstens aus zwei Wohnzimmern mit Zubehör (Küche, Kammer, Bodenraum, Keller) bestehenden Wohnungen, am ersten Quartalstage,

b) bei mittleren, d. h. aus drei bis vier Wohnzimmern und Zubehör bestehenden Wohnungen, am zweiten Quartalstage um 12 Uhr mittags,

c) bei großen, d. h. mehr wie vier Wohnzimmer nebst Zubehör umfassenden Wohnungen, am dritten Quartalstage um 12 Uhr mittags

beendet sein muß, jedoch bei Wohnungen von drei Wohnzimmern und Zubehör ein Wohnzimmer, bei Wohnungen von mehr als drei Wohnzimmern und Zubehör aber zwei Wohnzimmer schon am ersten Quartalstage vollständig geräumt und dem anziehenden Mieter für die Unterbringung seiner Möbel und Effekten zur Verfügung gestellt werden müssen.

Es gilt indessen diese Vorschrift nur für die Quartalsumzüge und nur für Wohnungen nebst Zubehör, nicht für Läden, Verkaufs- und Arbeitsräume, welche stets am ersten Quartalstage zu räumen sind, s. Niendorff S. 155.

b) Für die Großherzogtümer Mecklenburg-Schwerin und Mecklenburg-Strelitz bestimmt § 40 bezw. § 39 der Ausf.-Verordnung zum B.G.B., daß die Räumung innerhalb der Städte und Flecken, wenn das Mietverhältnis mit dem Schlusse eines Kalendervierteljahres endigt und der Mietzins nicht nach Monaten oder kürzeren Zeiträumen bemessen ist, spätestens am vierten Tage des folgenden Kalendervierteljahres bis mittags 12 Uhr zu geschehen hat und, wenn dies ein Sonntag oder allgemeiner Feiertag ist, der nächstfolgende Werktag an seine Stelle tritt.

Für andere Ortschaften kann durch Ortsstatut eine Räumungsfrist eingeführt, durch solches auch die oben festgesetzte Frist anders geordnet werden.

c) Für das Herzogtum Anhalt ordnet Art. 27 des Ausf.-Ges. zum B.G.B. vom 18. Sept. 1899 die Räumungsfrist so, wie für Mecklenburg in Abs. 1 erwähnt ist, nur mit der Abweichung, daß die Räumung bis zum dritten Tage mittags 12 Uhr beendigt sein muß und die Räumungsfrist um so viele Tage verlängert wird, als Sonn- und Feiertage in dieselbe fallen.

d) Für die Freie Hansestadt Bremen bestimmt das Ausf.-Ges. zum B.G.B. vom 18. Juli 1899 § 13: „Bei Wohnungsmieten, welche mit dem Schlusse eines Kalendervierteljahres endigen, beginnt die Räumungsfrist am letzten Tage des Mietverhältnisses mittags 12 Uhr und endigt mit dem Beginn der Mittagsstunde des folgenden Tages.

mittel,[4] nicht befugt, muß vielmehr gegen ihn die Räumungsklage erheben. (Über die Klage auf künftige Räumung s. unten § 50 Z. 3.)

2. Was die Einreden des Mieters gegen die Räumungsklage betrifft, so steht ihm

a) wegen seiner Ansprüche gegen den Vermieter, insbesondere wegen der auf die gemieteten Räume gemachten Verwendungen, ein Zurückbehaltungsrecht nicht zu (556 Abs. 2).[5]

Ist der folgende Tag ein Sonntag oder allgemeiner Feiertag, so beginnt die Räumungsfrist am letzten Tage des Mietverhältnisses 8 Uhr morgens und endigt an demselben Tage 8 Uhr abends. Der Vermieter oder derjenige, welcher die Wohnung bezieht, ist vom Beginn der Räumungsfrist an zur Mitbenutzung der Wohnung berechtigt.

Fällt das Ende des Mietverhältnisses auf einen Sonntag oder einen allgemeinen Feiertag, so tritt als letzter Tag des Mietverhältnisses der nächstfolgende Werktag an seine Stelle. Diese Vorschrift findet auf Mietverträge, welche zu einer Ziehzeit des bisherigen Rechts endigen, mit der Maßgabe entsprechende Anwendung, daß an die Stelle der gesetzlichen Ziehzeit des bisherigen Rechts (§ 1 des Ges. vom 26. Januar 1895) der 31. März und der 30. September treten."

e) Für die Freie Hansestadt Hamburg schreibt das dortige Ausf.-Ges. zum B.G.B. vor: Gemietete Räume, für welche vierteljährliche oder längere Kündigungsfristen bestehen, sind, soweit das B.G.B. für das Mietverhältnis maßgebend ist, bei Beendigung desselben bis mittags 12 Uhr des auf die Beendigung nächstfolgenden Werktages zu räumen.

f) Für das Großherzogtum S.-Weimar können nach § 34 und für das Herzogtum S.-Altenburg nach § 32 des Ausf.-Ges. zum B.G.B. durch Ortsstatute die Fristen bestimmt werden, bis zu deren Ablauf gemietete Räume bei Beendigung des Mietverhältnisses zu räumen sind.

[4] Z. B. Ausheben der Fenster und Thüren.

[5] Abweichend vom gemeinen Recht l. 27 § 5, l. 48 D. de R. V. 6, 1, sowie auch vom S.G.B. § 767 (vgl. Wengler S. 101 Anm. 18), dagegen im Anschluß an das A.L.R. I 21 § 397 ist dem Mieter das Zurückbehaltungsrecht wegen Verwendungen, welches ihm nach allgemeinen Grundsätzen (§ 273 Abs. 2) zustehen würde und auch im I. Entw. zugestanden war, bereits im II. Entw. versagt worden, „weil dasselbe dem Mieter eine Sicherung geben würde, die in keinem Verhältnis zu dem Betrage der zu sichernden Gegenansprüche desselben stehen und als Mittel, den Vermieter zur Befriedigung ungerechtfertigter Ansprüche des Mieters zu zwingen, benutzt werden würde". Dagegen kann der Mieter seine Gegen-

b) Auf Grund seines Eigentums kann der Mieter die Rückgabe der gemieteten Räume wenigstens dann verweigern,[6] wenn

a) der Mieter nach Abschluß des Mietvertrages das Eigentum vom Vermieter oder auch von einem Dritten erworben[7] oder wenn

b) er in Unkenntnis seines Eigentums die eigene Sache gemietet und wegen dieses Irrtums den Vertrag alsbald nach erlangter Kenntnis des wahren Sachverhalts angefochten hat (119, 121).[8]

3. Giebt der Mieter (abgesehen von dem Fall einer stillschweigenden Verlängerung s. u. § 35) die Räume nach Beendigung des Mietverhältnisses nicht zurück, so kann der Vermieter für die Dauer der Vorenthaltung mindestens eine Entschädigung in der Höhe des vereinbarten Mietzinses verlangen. Die Geltendmachung eines weiteren Entschädigungsanspruches ist nicht ausgeschlossen (557).[9]

4. Über den dem Vermieter bei Beendigung des Mietverhältnisses zustehenden Räumungsanspruch gegen den Untermieter s. § 25 Z. 4.

IV. Verjährung.

§ 23. Verjährungsfristen für die verschiedenen Ansprüche des Vermieters und des Mieters.

1. Der Anspruch des Vermieters auf Rückstände von Mietzins verjährt in vier Jahren von dem Schlusse des Jahres ab, in welchem der Fälligkeitstermin eingetreten ist (197, 198, 202).[1]

---

ansprüche im Wege der Aufrechnung gegen etwaige Mietrückstände geltend machen, s. A.L.R. I 21 § 397.

[6] S. Mot. II S. 402. Ähnlich die Praxis des gemeinen Rechts (l. 25 Cod. de loc. et cond. 4, 65) sowie das S.G.B. §§ 1227 u. 1184.

[7] Es würde in diesem Falle für den Mieter gegenüber der Räumungsklage die Einrede der Arglist (dolo facit, qui petit, quod redditurus est) begründet sein.

[8] Denn alsdann ist der ganze Mietvertrag nichtig und deshalb auch keine Räumungsklage daraus begründet.

[9] Übereinstimmend A.L.R. I 21 §§ 333, 335. S.G.B. § 1219. Übrigens kann von einem über den Betrag des anteiligen Mietzinses hinausgehenden Entschädigungsanspruch dann keine Rede sein, wenn die verzögerte Rückgabe nicht auf einem Verschulden des Mieters beruht, z. B. wegen der schweren Erkrankung, oder des Todes eines Familiengliedes nicht früher ausführbar war. Niendorff S. 139.

[1] Hiernach ist der Mietzins für die Zeit vom 1. Oktober bis 31. De-

2. Die Ersatzansprüche des Vermieters wegen Veränderungen oder Verschlechterungen der vermieteten Räume verjähren in sechs Monaten von dem Zeitpunkt ab, in welchem er die Räume zurückerhält (558 Abs. 1. u. 2).[2]

3. Die Ansprüche des Mieters auf Ersatz von Verwendungen oder auf Gestattung der Wegnahme einer Einrichtung verjähren in sechs Monaten von der Beendigung des Mietverhältnisses ab.

4. Im übrigen gilt für die beiderseitigen Ansprüche, also insbesondere des Mieters wegen Mängeln der Räume und wegen nicht rechtzeitiger Überlassung derselben, sowie des Vermieters auf Rückgabe der Räume die regelmäßige Verjährungsfrist von dreißig Jahren, von der Entstehung des betr. Anspruchs ab (195, 198). Mit der Verjährung des Anspruchs des Vermieters auf Rückgabe der Sache verjähren auch seine Ersatzansprüche (558 Abs. 3).[3]

Die noch nicht abgelaufene Verjährung wird durch bestimmte Rechtsakte dergestalt unterbrochen, daß die bis zur Unterbrechung verstrichene Zeit nicht in Betracht kommt, sondern erst nach Beendigung der Unterbrechung eine neue Verjährung beginnen kann (208, 209, 217). Eine derartige Unterbrechung tritt ein, wenn

1. der Verpflichtete dem Berechtigten gegenüber dessen Anspruch (also z. B. der Mieter dem Vermieter gegenüber den Anspruch auf Mietgeld, der Vermieter dem Mieter gegenüber dessen Anspruch auf Ersatz für notwendige Verwendungen oder auf Schadloshaltung wegen nicht rechtzeitiger Überlassung der Mieträume) ausdrücklich oder stillschweigend, z. B. durch Abschlagszahlung oder Sicherheitsleistung, anerkennt (208),

2. wenn der Berechtigte den Anspruch durch Zustellung der Klage oder des Zahlungsbefehls oder durch Anmeldung im Konkurse des Verpflichteten gerichtlich geltend macht (209). Dagegen wird durch bloße Mahnung die Verjährung nicht unterbrochen.

Über die beim Inkrafttreten des B.G.B. bereits begonnene Verjährung s. unten § 49 Z. 3.

---

zember 1900, welcher beim Mangel anderweiter Vertragsberedung am 2. Januar 1901 (postnumerando) fällig ist, nach vier Jahren, vom Schluß des Jahres 1901 ab, mithin mit dem Ablauf des Jahres 1905, verjährt. Vgl. Planck § 198 Anm. 1 Abs. 2, § 201 Anm. 1.

[2] Denn erst zu dieser Zeit vermag er mit Bestimmtheit zu beurteilen, ob ihm Ersatzansprüche zustehen.

[3] Es gilt hier der Grundsatz des § 224, daß mit dem Hauptanspruch auch der Anspruch auf die von ihm abhängenden Nebenleistungen verjährt.

V. Besitzverhältnis der Vertragsparteien.

§ 24. Unmittelbarer Besitz auf seiten des Mieters, mittelbarer Besitz auf seiten des Vermieters.

Neben den auf dem Vertragsverhältnis beruhenden Rechten des Mieters und des Vermieters kommen auch die auf ihrem Besitzverhältnis beruhenden Rechte in Betracht.

Der Mieter, welcher abgesonderte[1] Wohn- oder andere Räume inne hat, ist unmittelbarer, der Vermieter mittelbarer Besitzer derselben (865, 868) [2]

Hiernach kann

1. der Mieter gegen denjenigen, welcher ihm den Besitz entzieht[3] oder ihn im Besitze stört[4], also verbotene Eigenmacht ausübt, zur Abwendung der Störung oder zur Wiedererlangung des Besitzes

a) Selbsthilfe anwenden;[5] er muß aber im Fall der Entziehung sich unmittelbar nach derselben des Besitzes der Mieträume wieder bemächtigen; außerdem würde er selbst verbotene Selbsthilfe begehen (859). Die nach vorstehendem erlaubte Selbsthilfe kann der Mieter beim Vorhandensein der gesetzlichen Voraussetzungen sowohl gegen den Vermieter,[6] als gegen Dritte, insbesondere auch gegen die Inhaber anderer Mieträume, die in seinen Besitz störend eingreifen, zur Anwendung bringen. Er kann

---

[1] Nur in diesem Falle wird man von einem selbständigen Besitz des Mieters reden können. Dem Mieter, der mit seinem Vermieter in denselben Räumen wohnt, steht kein Besitz zu.

[2] Nach gem. und französischem Recht hat der Mieter keinen Besitz und, abgesehen von der Spolienklage (réintegrande) keine Besitzklage. Nach dem S.G.B. hat er keinen juristischen Besitz, aber aus praktischen Rücksichten die Besitzklage (§ 208), dagegen nach A.L.R. I 21 § 2 nicht nur Rechtsbesitz, sondern ein dingliches Recht am gemieteten Grundstück, nach I 7 § 6, 9 auch unvollständigen Besitz desselben.

[3] Wer z. B. einen dem Mieter mit vermieteten Raum in Benutzung nimmt und ihn verschließt, so daß der Mieter denselben nicht mehr benutzen kann.

[4] Z. B. durch irgend welche Verrichtung die Mieträume beschmutzt oder Unrat in dieselben bringt.

[5] Es ist dies ein besonderes, von der Voraussetzung des § 229 nicht abhängiges Selbsthilferecht des Besitzers als solchen.

[6] Mot. III S. 112. Cosack, Lehrb. II S. 82 und 96.

dies insbesondere auch dann, wenn die Eigenmacht nicht gegen ihn, sondern gegen seine Familienangehörigen, oder Dienstleute, welche die thatsächliche Gewalt für ihn ausüben, verübt worden ist (855).

b) Der Mieter hat aber auch, wenn ihm der Besitz der Mieträume durch verbotene Eigenmacht entzogen wird, gegen den Entziehenden die Klage auf Wiedereinräumung des Besitzes und, wenn er durch verbotene Eigenmacht im Besitze gestört wird, gegen den Störer die Klage auf Beseitigung der Störung und, sofern weitere Störungen zu besorgen sind, auf Unterlassung derselben (861, 862).[7] Auch diese Klagen sind ihm nicht bloß gegen Dritte, sondern auch gegen den Vermieter gegeben (anders nach K. Sächs. Recht Wengler S. 6 Anm. 12), doch diesen gegenüber wegen der nebenher gehenden Vertragsklage nicht von erheblicher praktischer Bedeutung. Beide Klagen muß der Mieter bei Verlust derselben binnen einem Jahre nach Verübung der verbotenen Eigenmacht erheben (864). Das Erfordernis des Code de proc. civ. art. 23 (einjährige Dauer des Besitzes) ist dem B.G.B. fremd. Im übrigen ist der Mieter zur Erhebung der Besitzklage gegen Dritte nicht verpflichtet, kann dies vielmehr dem Vermieter überlassen, der verpflichtet ist, dem Mieter den vertragsmäßigen Gebrauch der Mieträume zu gewähren. Nur die Anzeige von Eingriffen Dritter liegt dem Mieter gegenüber dem Vermieter ob. Haidlen zu § 535 S. 601.

2. Dem Vermieter stehen dem Mieter gegenüber weder das Selbsthilferecht des § 879 (Mot. III S. 114, Cosack II S. 96) noch die Besitzklagen (Mot. III S. 127) zu, sondern nur die Klage aus dem Mietvertrage[8] und die Eigentumsklage (1004).

---

[7] Der Mieter hat die Besitzstörungsklage namentlich auch gegen die anderen Mieter in demselben Hause, welche von ihren Mieträumen einen Gebrauch machen, der über das gewöhnliche, vom Nachbar zu duldende Maß hinausgeht, z. B. durch übermäßiges nächtliches Musizieren, durch Abhalten von Tanzbelustigungen, durch Ausübung eines mit erheblichem Lärm oder Geruch verbundenen Gewerbes, durch Versperrung des Zugangs zu den gemeinschaftlich zu benutzenden Räumen. Vgl. Ihering, Rechtsschutz gegen injuriöse Rechtsverletzung in den Jahrb. f. Dogm. Bd. 23 S. 155, wo nach dem früheren gemeinen Recht die actio injuriarem für zulässig erklärt wird.

[8] Denn nach dem B.G.B. hat der Vermieter als mittelbarer Besitzer keine selbständige Klage, sondern nur die dem Mieter zustehende Besitzklage, kann also mit dieser nur gegen Dritte vorgehen. Haidlen, Anm. zu § 868.

Dagegen kann er, wenn ein Dritter dem Mieter den Besitz entzieht oder ihn darin stört, die dem Mieter zustehenden Besitzklagen ebenfalls erheben, im Fall der Entziehung des Besitzes aber nur auf Wiedereinräumung desselben an den bisherigen unmittelbaren Besitzer (den Mieter) und erst, wenn dieser den Besitz nicht wieder übernehmen kann oder will, auf Einräumung an sich selbst (869).

Außerdem kann der Vermieter, als Eigentümer, auch die Zuführung von Gasen, Dämpfen, Gerüchen, Rauch, Ruß, Wärme, Geräusch, Erschütterungen und ähnliche Störungen, die von einem anderen Grundstücke ausgehen, verbieten und mit der Eigentumsklage die Beseitigung oder Unterlassung dieser Beeinträchtigungen beantragen (906, 1004; Mot. III S. 264 flg. vgl. auch R.G. Bd. 11 S. 183, Bd. 12 S. 174), dies jedoch insoweit nicht, als die Einwirkung die Benutzung seines Grundstücks nicht oder nur unwesentlich beeinträchtigt oder durch eine Benutzung des Nachbargrundstücks herbeigeführt ist, die nach den örtlichen Verhältnissen bei Grundstücken dieser Lage gewöhnlich ist. Die Zuführung durch eine besondere Leitung unterliegt in jedem Fall dem Verbot.[9]

Dritter Abschnitt.

Überlassung des Gebrauches der gemieteten Räume von seiten des Mieters an Dritte, insbesondere Weitervermietung (Untermiete).

---

§ 25. Rechtsverhältnis zwischen Vermieter und Mieter, sowie zwischen Beiden und dem Dritten (Untermieter).

Ob und unter welchen Bedingungen der Mieter den Gebrauch der gemieteten Räume an einen Anderen überlassen kann, ist zunächst nach dem Mietvertrag zu beurteilen.

Insoweit dieser hierüber keine Bestimmung enthält, kommen die nachstehenden gesetzlichen Bestimmungen zur Anwendung.

---

[9] Hiernach hat der Kläger die störende Einwirkung, der Beklagte aber nachzuweisen, daß sie sich als eine dem Verbote nicht unterliegende darstelle, während der Kläger wieder die etwaige Zuleitung darzuthun hat.

1. Der Mieter ist ohne die Erlaubnis des Vermieters nicht berechtigt, den Gebrauch der gemieteten Räume einem Dritten zu überlassen, dieselben insbesondere weiter zu vermieten (549 Abs. 1 S. 1).[1]

2. Verweigert der Vermieter die Erlaubnis, so kann der Mieter das Mietverhältnis unter Einhaltung der gesetzlichen Frist kündigen,[2] sofern nicht in der Person des Dritten ein wichtiger Grund vorliegt (549 Abs. 1 S. 2).[3]

---

[1] Im wesentlichen übereinstimmend A.L.R. I 21 §§ 309—312, dagegen abweichend das gemeine Recht l. 6 Cod. de loc. 4, 65, das S.G.B. § 1194, der C. c. art. 1717 und auch der I. Entw. des B.G.B. s. Mot. II S. 395. Die Abweichung des B.G.B. vom I. Entwurf ist (mit Recht) darauf gestützt worden, daß der Vermieter ein erhebliches Interesse an der Person und den Vermögensverhältnissen des Mieters habe und sich nicht jede beliebige Person als solchen aufdrängen zu lassen brauche. Protok. S. 1955.

Die Erlaubnis des Vermieters, welche auch mündlich erfolgen kann, ist nicht bloß bei entgeltlicher Gebrauchsüberlassung (Unter- oder Aftermiete), einzelner oder aller Mieträume, sondern auch bei unentgeltlicher Gebrauchsüberlassung oder Aufnahme Dritter erforderlich. Anders nach A.L.R. I 21 § 310. Immerhin aber wird vorausgesetzt, daß derjenige, dem der Gebrauch überlassen ist, ein Dritter ist, also nicht dem Hausstand des Mieters als Familienglied, Besuch oder Gesinde angehört. Daher würde z. B. zur Aufnahme von Pensionären in der Regel die Erlaubnis des Vermieters erforderlich sein.

Soweit der Mieter den Gebrauch nicht einem Dritten überlassen kann, ist eine Abtretung und folgeweise eine Pfändung seiner Rechte aus dem Mietvertrag nicht zulässig. Mot. II S. 396. Planck § 549 Anm. 5. § 851 C.P.O. Insoweit er (nach besonderer Bestimmung des Mietvertrages) sein Gebrauchsrecht abtreten kann, ist eine Pfändung seines Wohnungsrechts zulässig, ohne daß dadurch sein Vertragsverhältnis zum Vermieter aufgelöst wird. Vgl. R.G. Bd. 6 S. 377, Bd. 37 S. 421. Bolze, Bd. 8 Nr. 208 und 1012.

[2] In der Regel wird die Verweigerung des Vermieters den Mieter nur dann zur Kündigung berechtigen, wenn letzterer die Erlaubnis des Vermieters mit Rücksicht auf einen bestimmten Untermieter erbeten hat. Hat aber der Vermieter allgemein erklärt, überhaupt keinen Untermieter oder nur Untermier einer gewissen Art aufnehmen zu wollen, dann berechtigt dies den Mieter ohne weiteres zur Kündigung. R.G. Bd. 35 S. 317, Bd. 41 S. 247. Wegen der Kündigungsfrist siehe § 565 und unten § 36.

[3] Als ein wichtiger Grund für die Versagung der Erlaubnis, dessen Vorhandensein der Vermieter nachzuweisen hat — ist es namentlich an-

3. Überläßt der Mieter den Gebrauch — mit oder ohne Einwilligung des Vermieters — einem Dritten, so hat er in jedem Falle ein dem letzteren beim Gebrauche zur Last fallendes Verschulden zu vertreten (549 Abs. 2).[4]

4. Wenn ferner ungeachtet einer Abmahnung des Vermieters der Mieter dem Dritten den ihm unbefugt überlassenen Gebrauch beläßt oder der Dritte einen vertragswidrigen Gebrauch fortsetzt, der die Rechte des Vermieters in erheblichem Maße verletzt, so kann dieser das Mietverhältnis ohne Einhaltung einer Kündigungsfrist kündigen (553).

5. Nach Beendigung des Mietverhältnisses kann der Vermieter nicht bloß auf Grund seines etwaigen Eigentums oder Besitzes, sondern auch auf Grund des Mietvertrages den Dritten unmittelbar auf Rückgabe der Mieträume in Anspruch nehmen (556 Abs. 3).[5]

Ein gegen den Mieter ergangenes Räumungsurteil ist aber gegen den Dritten nur dann vollstreckbar, wenn derselbe nach Erhebung der Räumungsklage gegen den Mieter den Besitz der

---

zusehen, wenn der vom Mieter anzunehmende Dritte ein unehrbares oder dem Hause schädliches Gewerbe betreibt. Vgl. A.L.R. I 21 § 311.

[4] Übereinstimmend C. c. art. 1735. Abweichend gemeines Recht und S.G.B. § 1193. — Der Dritte gilt hier als eine Person, deren sich der Vermieter zur Erfüllung seiner Verbindlichkeit bedient (278). Im Falle unerlaubter Gebrauchsüberlassung hat der Mieter auch den infolge derselben erwachsenden zufälligen Schaden zu ersetzen, sofern derselbe nicht auch ohnedies eingetreten wäre. Mot. II S. 397.

[5] Nach gemeinem Recht und dem S.G.B. § 1194 hat der Vermieter gegen den Untermieter keine Vertrags-, sondern nur die Eigentums- oder Besitzklage. Nach A.L.R. I 21 § 315 kann der Vermieter dann, wenn der Mieter unbefugter oder eigenmächtiger Weise einen Untermieter angenommen hat, auf dessen Entsetzung zu allen Zeiten antragen Str.-Arch. Bd. 48 S. 144. Durch die obige, abweichend vom Entwurfe I aus praktischen Gründen eingeführte Vorschrift des B.G.B. wird die auf dem Mietvertrage beruhende Räumungspflicht an die Innhaltung der Mieträume geknüpft, also der entsprechende Anspruch zu einer actio in rem scripta gestempelt. Planck § 566 Anm. 3. Vgl. auch Mot. II S. 398.

Immerhin wird zur Geltendmachung dieses Räumungsanspruchs gegen den Dritten die Beendigung des Mietverhältnisses mit dem Hauptmieter (wegen unbefugter Annahme des Untermieters) vorausgesetzt, dem Hauptvermieter also nicht, wie in § 315 A.L.R., das Recht gegeben, jederzeit auf Entsetzung des unbefugt angenommenen Aftermieters anzutragen. Protok. S. 1978.

Räume vom Mieter überkommen hat (§ 325 C.P.O.); andernfalls muß der Vermieter den Dritten auf Räumung besonders verklagen.[6]

Vierter Abschnitt.

Pfandrecht des Vermieters an den eingebrachten Sachen des Mieters.[1]

§ 26. 1. Begriff und Umfang.

Dem Vermieter eines Grundstücks, also auch eines Wohnraumes oder anderen Raumes (580), ist zur Sicherung seiner Forderungen aus dem Mietverhältnis ein Pfandrecht an den eingebrachten Sachen des Mieters gegeben (559 S. 1).

---

[6] Vgl. Mot. II S. 397. So auch im früheren Pr. Recht. Koch A.L.R. I 21 § 315 Anm. 47.

[1] Früher hatte der Vermieter an den eingebrachten Sachen des Mieters:
a) nach gemeinem Recht l. 4 pr. D. in quib. caus. pign. 20, 2 und nach A.L.R. I 21 § 395 ein gesetzliches Pfandrecht,
b) nach dem S.G.B. § 1228 ein Zurückbehaltungsrecht mit Verkaufsbefugnis,
c) nach dem C. c. art. 2102 No. 1 ein Vorzugsrecht (privilége) mit Rückforderungsrecht (revendication) im Falle der Wegschaffung.

An die Stelle dieser Vorschriften ist zunächst für den Konkurs des Mieters die Vorschrift des § 41 Z. 4 K.O. und das Reichsges. vom 9. Mai 1894 getreten. Danach stehen den Faustpfandgläubigern, welche aus den ihnen verpfändeten Gegenständen wegen ihrer Pfandforderung abgesonderte Befriedigung verlangen können, gleich: „Vermieter in Ansehung der eingebrachten Sachen, sofern die Sachen sich noch auf dem Grundstücke befinden, wegen des laufenden und für das letzte Jahr vor der Eröffnung des Verfahrens rückständigen Zinses, sowie wegen anderer Forderungen aus dem Mietverhältnis, jedoch mit der Einschränkung, daß dem Vermieter, soweit er eine solche Forderung infolge der Kündigung des Verwalters (§ 17 Z. 1) geltend machen kann, wegen dieser Forderung der Anspruch auf abgesonderte Befriedigung nicht zusteht." Diese Vorschrift ist dann durch die Ausführungsgesetze der meisten Einzelstaaten auf das Verhältnis des Vermieters zu anderen Gläubigern des Mieters ausgedehnt worden, so daß die älteren Vorschriften (s. oben unter a bis c) im wesentlichen nur noch für das Verhältnis des Vermieters zum Mieter und zu dritten Per-

Im einzelnen ist zu bemerken:

1. Das dem Vermieter eines Wohn- oder anderen Raumes hiernach zustehende Recht ist ein gesetzliches Pfandrecht, auf welches jedoch die Vorschriften über das durch Rechtsgeschäft bestellte Pfandrecht entsprechende Anwendung finden (1257).[2] Über das gleichartige Pfandrecht des Gastwirts s. unten Anh. I.

2. Gegenstand sind die eingebrachten Sachen des Mieters, wozu auch Geld, Inhaberpapiere und indossable Papiere (Wechsel), nicht aber auf den Namen lautende Hypothekenbriefe und Sparkassenbücher gehören.[3]

Das Pfandrecht des Vermieters erstreckt sich nicht auf

---

sonen gelten. S. insbes. § 7 des preuß. Ausf.-Ges. zur K.O. v. 6. März 1879 R.G. Bd. 20 S. 356.

Bei der Beratung des B.G.B. wurde von der einen Seite die gänzliche Abschaffung dieses Pfandrechts, dessen Ausübung für die Mieter manche Härten gezeigt hatte, von der anderen Seite dessen Beibehaltung in der seitherigen oder sogar noch zu Gunsten des Vermieters verschärften Gestalt in Vorschlag gebracht. Schließlich gelangte eine vermittelnde Ansicht zur Aufnahme, nach welcher das Pfandrecht an sich beibehalten, aber in seiner Wirksamkeit sowohl bezüglich der ihm unterworfenen Sachen (Ausschluß der unpfändbaren Sachen, der Sachen des Untermieters und der Ehefrau), als bezüglich der dadurch gedeckten Forderungen und bezüglich der Dauer seiner Ausübung beschränkt wurde Protok. S. 1988. Bericht der Reichstagskommission in den gedruckten Materialien Bd. 2 S. 72.

[2] Es kommen hiernach im wesentlichen diejenigen für das rechtsgeschäftliche Pfandrecht geltenden Vorschriften zur Anwendung, welche keinen Besitz auf seiten des Pfandgläubigers voraussetzen.

[3] Die auf den Namen lautenden Urkunden, die zur Verbriefung der Forderung dienen, sind nicht als selbständige Sachen, sondern regelmäßig nur als Anhängsel der Forderung Gegenstand des Verkehrs (952). Das Gleiche gilt auch von sog. Legitimationspapieren (Sparkassenbüchern, Versicherungspolicen), bei welchen ein bestimmter Gläubiger genannt ist, der Schuldner aber an jeden Inhaber der Urkunde zahlen darf (808). R.G. Bd. 10 S. 40; Bd. 20 S. 135; Bd. 29 S. 301. Dagegen sind Inhaberpapiere, zu denen auch Grundschuldbriefe auf den Inhaber, Banknoten, Coupons, Renten- und Dividendenscheine gehören, selbständige Träger der Forderung und in derselben Weise wie bewegliche Sachen verpfändbar (1084, 1293). Ihnen stehen in dieser Beziehung die indossabeln Papiere im wesentlichen gleich 1292, 1295, 1221. S. Rehbein S. 78.

Sachen eines Dritten,[4] des Untermieters,[5] sowie der Ehefrau[6] und der Kinder des Mieters, auch wenn die letzteren mit dem Mieter in häuslicher Gemeinschaft leben. Doch unterliegen dem Pfandrecht Sachen der Ehefrau und der Kinder dann, wenn dieselben mit dem Ehemann und Vater zusammen den Mietvertrag abgeschlossen haben und Sachen der Ehefrau dann, wenn sie bei allgemeiner Gütergemeinschaft, Errungenschafts- oder Fahrnisgemeinschaft in das Gesamtgut fallen (1443, 1459, 1519, 1530, 1549).[7] Auch wird zu Gunsten der Gläubiger des Mannes, worunter also auch der Vermieter, vermutet, daß die im Besitz eines der Ehegatten oder beider befindlichen beweglichen Sachen, mit Ausnahme der ausschließlich zum persönlichen Gebrauch der Frau bestimmten Sachen (insbesondere Kleider, Schmucksachen, Arbeitsgeräte) dem Manne gehören (1362).[8]

---

[4] Das Pf.R. erstreckt sich insbesondere nicht auf diejenigen Sachen, welche der Mieter auf Grund eines Möbelleihkontraktes von einem Dritten erhalten hat. Dasselbe kann auch dann nicht geltend gemacht werden, wenn der Vermieter zur Zeit der Einbringung das Eigentum des Dritten nicht kannte, die betr. Sachen vielmehr für Eigentum des Mieters hielt. § 1207 findet auf dieses gesetzliche Pfandrecht keine Anwendung. — Anders früher C. c. art. 2102 Z. 4 Abs. 3; R.G. Bd. 20 S. 356.

[5] Protok. S. 2017. Übereinstimmend die preuß. Praxis O.Tr. Bd. 1 S. 160; Förster II S. 210; aber abweichend das gem. Recht l. 5 pr. D. in quib. caus. 20, 2. l. 11 § 5 D. de pign. act. 13, 7; das S.G.B. § 1228; der C. c. art. 1753. Vgl. auch R.G. Bd. 13 S. 41. Gegenwärtig hat an den Sachen des Untermieters nur der Mieter, als Untervermieter, ein Pfandrecht.

[6] Anders nach dem früheren preuß. Recht (s. Niendorff S. 228), insofern nach der Dekl. v. 21. 7. 46 das Pfandrecht sich auch auf solche Sachen Dritter erstreckte, welche der Mieter ohne Einwilligung Dritter zu verpfänden befugt war, dem Ehemann aber die freie Verfügung über die eingebrachten Mobilien der Frau zustand. A.L.R. II 1 § 247.

[7] Denn das Gesamtgut haftet auch für die Verbindlichkeiten des Mannes (1459).

[8] Die Frau, welche ihr Eigentumsrecht an den in der Mietwohnung befindlichen Sachen dem Pfandrecht des Vermieters gegenüber geltend macht, muß also dieses Eigentum nachweisen. Übrigens wird auch vielfach die Heranziehung der Sachen der Ehefrau in der Weise erwirkt, daß letzterer der Mitabschluß des Mietvertrages angesonnen wird. So in dem einheitlichen Vertragsformular der deutschen Hausbesitzer-Vereine, s. unten Anhang III. Veräußerungen von Mobilien, welche der Ehemann oder Vater in der Absicht, den Mieter zu benachteiligen, an die Ehefrau oder die Kinder

Auch von den Sachen des Mieters sind diejenigen dem Pfandrecht entzogen, welche nach der Vorschrift der Civilprozeßordnung (§ 811, früher § 715)[9] der Pfändung im Wege der

bewirkt hat, kann der Vermieter in Gemäßheit des Reichsgesetzes vom 21. Juli 1879 als ihm gegenüber unwirksam anfechten.

[9] Der § 811 C.P.O. lautet:

Folgende Sachen sind der Pfändung nicht unterworfen:

1. die Kleidungsstücke, die Betten, die Wäsche, das Haus- und Küchengerät, insbesondere die Heiz- und Kochöfen, soweit diese Gegenstände für den Bedarf des Schuldners oder zur Erhaltung eines angemessenen Hausstandes unentbehrlich sind;
2. die für den Schuldner, seine Familie und sein Gesinde auf vier Wochen erforderlichen Nahrungs-, Feuerungs- und Beleuchtungsmittel oder, soweit solche Vorräte auf zwei Wochen nicht vorhanden und ihre Beschaffung für diesen Zeitraum auf anderem Wege nicht gesichert ist, der zur Beschaffung erforderliche Geldbetrag;
3. eine Milchkuh oder nach der Wahl des Schuldners statt einer solchen zwei Ziegen oder zwei Schafe nebst den zum Unterhalt und zur Streu für dieselben auf vier Wochen erforderlichen Futter- und Streuvorräten oder, soweit solche Vorräte auf zwei Wochen nicht vorhanden, dem zur Beschaffung erforderlichen Geldbetrage, wenn die bezeichneten Tiere für die Ernährung des Schuldners, seiner Familie und seines Gesindes unentbehrlich sind;
4. bei Personen, welche Landwirtschaft betreiben, das zum Wirtschaftsbetrieb erforderliche Gerät und Vieh nebst dem nötigen Dünger, sowie die landwirtschaftlichen Erzeugnisse, soweit sie zur Fortführung der Wirtschaft bis zu der Zeit erforderlich sind, zu welcher gleiche oder ähnliche Erzeugnisse voraussichtlich gewonnen werden;
5. bei Künstlern, Handwerkern, gewerblichen Arbeitern und anderen Personen, welche aus Handarbeit oder sonstigen persönlichen Leistungen ihren Erwerb ziehen, die zur persönlichen Fortsetzung der Erwerbsthätigkeit unentbehrlichen Gegenstände;
6. bei den Witwen und den minderjährigen Erben der unter Nr. 5 bezeichneten Personen, wenn sie das Erwerbsgeschäft für ihre Rechnung durch einen Stellvertreter fortführen, die zur persönlichen Fortführung des Geschäfts durch den Stellvertreter unentbehrlichen Gegenstände;
7. bei Offizieren, Deckoffizieren, Beamten, Geistlichen, Lehrern an öffentlichen Unterrichtsanstalten, Rechtsanwälten, Notaren sowie Ärzten und Hebammen die zur Verwaltung des Dienstes oder Ausübung des Berufs erforderlichen Gegenstände, sowie anständige Kleidung;
8. bei Offizieren, Militärärzten, Deckoffizieren, Beamten, Geistlichen, bei Ärzten und Lehrern an öffentlichen Anstalten ein Geldbetrag, welcher dem der Pfändung nicht unterworfenen Theil des Diensteinkommens

Zwangsvollstreckung nicht unterworfen sind (559 S. 3).[10] Diese Beschränkung, welche im öffentlichen Interesse geordnet ist, kann auch nicht durch Vertrag beseitigt werden.

3. Als Forderungen, wegen deren das Pfandrecht geltend gemacht werden kann, kommeu in Betracht alle Forderungen aus dem Mietverhältnis,[11] also namentlich auf Mietzins und Entschädigung,[12] jedoch mit der Beschränkung,

---

oder der Pension für die Zeit von der Pfändung bis zum nächsten Termine der Gehalts- oder Pensionszahlung gleichkommt;

9. die zum Betriebe einer Apotheke unentbehrlichen Geräte, Gefäße und Waren;
10. die Bücher, welche zum Gebrauche des Schuldners und seiner Familie in der Kirche oder Schule oder einer sonstigen Unterrichtsanstalt oder bei der häuslichen Andacht bestimmt sind;
11. die in Gebrauch genommenen Haushaltungs- und Geschäftsbücher, die Familienpapiere, sowie die Trauringe, Orden und Ehrenzeichen;
12. künstliche Gliedmaßen, Brillen und andere wegen körperlicher Gebrechen notwendige Hilfsmittel, soweit diese Gegenstände zum Gebrauche des Schuldners und seiner Familie bestimmt sind;
13. die zur unmittelbaren Verwendung für die Bestattung bestimmten Gegenstände.

[10] Übereinstimmend S.G.B. § 1228. Abweichend das gem. Recht. Wegen des früheren pr. Rechts vgl. Anh. 302 zu § 60 A.G.O. I 44 u. Ges. v. 12. Juni 1894. R.G. Bd. 18 S. 429. — Da § 559 S. 3 nur die „der Pfändung nicht unterworfenen Sachen" von dem Pfandrecht des Vermieters befreit, so ist mit den in § 811 C.P.O. aufgeführten Sachen der Kreis der von dem Pfandrecht ausgenommenen Gegenstände abgeschlossen. Insbesondere findet nach dem Wortlaut des § 559 der § 812 C.P.O.: „Gegenstände, welche zum gewöhnlichen Hausrate dienen und im Haushalte des Schuldners gebraucht werden, sollen nicht gepfändet werden, wenn ohne weiteres ersichtlich ist, daß durch deren Verwertung nur ein Erlös erzielt werden würde, welcher zu dem Werte außer allem Verhältnis steht" — hier keine Anwendung Dieser § 812 enthält nur eine Anweisung („soll") für den pfändenden Gerichtsvollzieher, der auch zur Beurteilung des Verhältnisses zwischen Wert und Erlös vorzugsweise befähigt ist. A. M. Fuld S. 178.

[11] So allgemein und ohne weitere Beschränkung nach gemeinem Recht l. 2 D. in quib. caus. 20, 2. A.L.R. I 21 § 395; S.G.B. § 1228 und C. c. art. 2102. Auf den laufenden und auf den für das letzte Jahr vor der Konkurseröffnung rückständigen Zins sowie andere Forderungen aus dem Mietverhältnis beschränkt in § 41 Z. 4 der früheren K.O. und in deren Ausführungsgesetzen.

[12] Jedenfalls müssen es Ansprüche aus dem Mietverhältnis sein,

a) daß es wegen des Mietzinses nicht für eine spätere Zeit, als das laufende und das folgende Mietjahr,

b) nicht für künftige Entschädigungsforderungen geltend gemacht werden kann (559 S. 2), daß es also (positiv ausgedrückt) wegen des rückständigen Mietzinses, des Mietzinses für das zur Zeit der Ausübung laufende und für das auf dieses folgende Mietjahr, sowie wegen der fälligen Entschädigungsansprüche zusteht. Wegen dieser Ansprüche kann das Pfandrecht nicht bloß vom Vermieter, sondern auch von einem Sondernachfolger desselben, selbst wenn derselbe im übrigen nicht in das Mietverhältnis eingetreten ist,[13] geltend gemacht werden, sofern

---

wohin z. B. auch die Ansprüche aus einem dem Mietvertrag beigefügten Strafgedinge gehören, infolgedessen der Mieter für den Fall, daß er seine Verpflichtungen aus dem Vertrage nicht erfüllt und dadurch die Aufhebung des Vertragsverhältnisses veranlaßt, sich verpflichtet, den Mietzins noch eine Zeit lang fortzuzahlen, ohne im Gebrauche der Mieträume zu sein.

Wegen der Ansprüche für sonstige Leistungen, welche der Vermieter aus Anlaß des Mietverhältnisses dem Mieter gewährt, besteht das Pfandrecht nur insoweit, als sie in der Eigenschaft von Nebenleistungen des Vermieters in den Bereich des Mietverhältnisses hinein fallen, wie dies z. B. bei Vermietung eines möblierten Logis bezüglich des Frühkaffees, der Aufwartung und Feuerung der Fall sein kann. Niendorff S. 227. Dagegen besteht das Pfandrecht nicht wegen Forderungen für volle Beköstigung, für gewährte Darlehne, für Lieferung von Dampfkraft in vermieteten Fabrikräumen rc. R.G. Bd. 37 S. 88. R.G. in Straff. Bd. 20 S. 417. Gruchot Bd. 26 S. 996. Anders beim Pfandrecht des Gastwirts, s. unten Anh. I.

[13] Die seitherige Rechtslehre und Rechtsprechung, namentlich die preußische, nahm an, daß, wie beim Faustpfandrecht der Besitz, so bei dem ihm nahestehenden Pfandrecht des Vermieters ein dem Besitz ähnliches Verhältnis, wonach der Vermieter erforderlichenfalles die eingebrachten Sachen zurückhalten kann, zum Fortbestande des Pfandrechts bei dem Cessionar der Mietzinsforderung notwendig sei und daß daher derselbe dieses Pfandrecht nicht schon mit der Forderung, sondern nur dann habe, wenn er entweder an Stelle des Vermieters in das Mietverhältnis eintrete oder der Vermieter an Stelle des Cessionars oder für denselben (durch constitutum possessorium etc.) das Pfandrecht ausübe. Förster-Eccius Bd. 2 S. 200 Note 237; Rehbein Entsch. des O.Tr. Bd. 3 S. 870 Anmerk.; Petersen und Kleinfeller, Konkursordn. § 41 Erl. II 2 Anm. 5; Wilmowski, Konkursordn. S. 210, R.G. in Straff. Bd. 11 S. 82; Seufferts Arch. Bd. 40 Nr. 104; Niendorff, S. 225. Vgl. auch § 482 des S.G.B.

nur die eingebrachten Sachen sich noch in den Mieträumen befinden, also wenigstens das Pfandrecht des Vermieters noch daran besteht. Über die weiteren Beschränkungen der Geltendmachung gegenüber dem Pfändungspfandgläubiger und der Konkursmasse des Mieters s. unten §§ 30 und 31.

Anders stellt sich aber die Rechtslage nach dem B.G.B. In Übereinstimmung mit der allgemeinen Anordnung des § 401 bestimmt bei der Regelung des Pfandrechts an beweglichen Sachen der § 1250: „Mit der Übertragung der Forderung geht das Pfandrecht auf den neuen Gläubiger über." Aus den Motiven zu dieser Vorschrift ergiebt sich, daß man hier den Fortbestand des Pfandrechts von der Besitzübergabe, die nach § 1205 allerdings zur Entstehung erforderlich ist, nicht hat abhängig machen wollen. Denn es heißt dort Bd. 3 S. 836: „Für die Bestimmung des Traditionserfordernisses ließe sich die Unzuträglichkeit, das Pfandrecht von der Inhabung der Sache zu trennen und das im Entwurfe befolgte System anführen, nach welchem die Übertragung der dinglichen Rechte an dieselben Formen geknüpft ist, wie deren Begründung. Man würde aber mit Rücksicht hierauf nur dahin gelangen, daß die Übertragung der durch Pfandrecht gesicherten Forderung nebst dem Pfandrechte gleich wie die Begründung des Pfandrechts von der Übergabe der Sache abhängig gemacht wird. Indessen fehlt es hierfür an einem Vorgang im geltenden Recht und an einem praktischen Bedürfnisse. Auf den Vorgang des Hypothekenrechts darf man sich nicht berufen, da hier die Gründe für die in den angeführten Bestimmungen enthaltene Regelung darin liegen, daß Forderung und Hypothek wegen Erstreckung der Grundbuchführung auch auf die Forderung in betreff der Übertragung denselben für den dinglichen Vertrag geltenden Regeln haben unterworfen werden können. Inhabung und Pfandrecht lassen sich nicht so zusammenhalten, daß das Pfandrecht ohne Inhabung nicht besteht und mit dem Verlust der Inhabung schlechthin erlischt." Vgl. auch A.L.R. I 11 § 402; C. c. art. 1692; S.G.B. § 954.

Mit dieser Auffassung steht auch die weitere Vorschrift des § 1251:

> „der neue Pfandgläubiger kann von dem bisherigen Pfandgläubiger die Herausgabe des Pfandes verlangen. Mit der Erlangung des Besitzes tritt der neue Pfandgläubiger an Stelle des bisherigen Pfandgläubigers in die mit dem Pfandrechte verbundenen Verpflichtungen gegen den Verpfänder ein",

im Einklang, insofern darnach der neue Gläubiger auch ohne Besitz die Rechte eines Pfandgläubigers hat.

Da nach § 1257 die Vorschriften über das durch Rechtsgeschäft bestellte Pfandrecht auf das kraft Gesetzes entstandene Pfandrecht entsprechende Anwendung finden, so wird auch für den Cessionar des Vermieters von dem einem Besitzverhältnis entsprechenden Eintritt des Cessionars in das Mietverhältnis abzusehen, vielmehr derselbe schon auf Grund der Über-

§ 27 2. Entstehung und Endigung.

Was die Dauer dieses Pfandrechts anlangt, so entsteht dasselbe mit der Einbringung der Sachen in die gemieteten Räume.[1]

Es erlischt mit der Entfernung der Sachen von dem Grundstück,[2] ausgenommen, wenn die Entfernung ohne Wissen oder unter Widerspruch des Vermieters geschieht, den in dieser Beziehung die Beweislast trifft.[3] Doch kann der Vermieter der

---

tragung der Forderung zur Geltendmachung des mit derselben verbundenen gesetzlichen Pfandrechts, unter Umständen in Konkurrenz mit dem Vermieter (§ 1209), für befugt zu erachten sein.

Es kommt hierfür schließlich noch in Betracht, daß nach § 571 bei einem Übergang des vermieteten Grundstücks auf einen neuen Eigentümer (Käufer) nach der in der Kommission ausdrücklich erklärten Absicht (Protok. S. 2011—2016; Planck § 571 Anm. 3 b β) das Pfandrecht des Vermieters an den Sachen des Mieters wegen derjenigen Forderungen aus dem Mietvertrage, welche nicht auf den neuen Eigentümer übergehen, insbesondere also das Pfandrecht wegen rückständiger Mietzinsen, bestehen bleiben soll und daß ein in der Kommission gestellter Antrag, das Pfandrecht des Vermieters mit der Übertragung des Eigentums erlöschen zu lassen, abgelehnt worden ist. Also auch hier ein gesetzliches Pfandrecht ohne Fortdauer der Vermieterstellung.

[1] Besitzergreifung von seiten des Vermieters ist nicht erforderlich. Es genügt, daß er Besitzer der Räume ist, in welche die Sachen hineingebracht werden. — Andererseits unterliegen die Sachen dem Pfandrecht nur insoweit, als sie in diejenigen Räume, auf welche sich der dem Mietanspruch zu Grunde liegende Mietvertrag bezieht, gebracht werden. Gruchot Bd. 26 S. 997.

[2] Es genügt also zum Erlöschen nicht die Fortschaffung aus dem gemieteten Teile des Hauses, sofern die Sachen in einem anderen Teile stehen bleiben. Protok. S. 2006. R.G. in Strafs. Bd. 10 S. 321. — Dagegen erlischt das Pfandrecht, sobald die Sachen auf die Straße oder auf ein anderes Grundstück gebracht sind.

[3] Nach gemeinem Recht gilt der Grundsatz der l. 15 Cod. de pign. 8, 14: „res oppignorata non aliter transit, quam cum onere.“ Nach dem Pr.R. O.Tr. Bd. 1 S. 24; Bd. 72 S. 207 und dem C. c. art. 2102 Nr. 1 werden die mit Wissen und Einwilligung des Vermieters fortgeschafften Sachen frei, während nach dem S.G.B. § 1228 und nach der früheren K.O. § 41 Z. 4 die Entfernung schlechthin, also auch die ohne Wissen oder unter Widerspruch des Vermieters erfolgte, den Untergang des Pfandrechts herbeiführte R.G. Bd. 8 S. 99.

Entfernung nicht widersprechen, wenn sie im regelmäßigen Geschäftsbetriebe des Mieters[4] oder den gewöhnlichen Lebensverhältnissen entsprechend[5] erfolgt oder wenn die zurückbleibenden Sachen zur Sicherung des Vermieters offenbar ausreichen (560). In diesen Fällen erlischt also das Pfandrecht mit der Entfernung vom Grundstück. Außerdem kann auch der Mieter die Geltendmachung des Pfandrechts durch Sicherheitsleistung abwenden; er kann jede einzelne Sache dadurch von dem Pfandrecht befreien, daß er in Höhe ihres Wertes Sicherheit leistet (562).[6]

Wie das rechtsgeschäftliche Pfandrecht an beweglichen Sachen, erlischt auch das gesetzliche Pfandrecht des Vermieters ferner durch Tilgung der Ansprüche, für die es besteht (1252), durch die Erklärung des Vermieters gegenüber dem Mieter, daß er dasselbe aufgebe (1255), durch Zusammentreffen mit dem Eigentum in derselben Person (1256),[7] sowie durch Veräußerung und Übergabe der Sachen an einen gutgläubigen Dritten (936).[8]

---

[4] Wie z. B. bei den in einem kaufmännischen Geschäft zum Verkaufe ausgestellten Waren.

[5] Wie z. B. bei Sachen, die auf eine Reise mitgenommen oder zur Ausbesserung fortgeschafft werden.

[6] Anders nach dem S.G.B. Wengler S. 191 Anm. 15. Die Sicherheit kann geleistet werden (232):

a) durch Hinterlegung von Geld oder geeigneten Wertpapieren (234),
b) durch Verpfändung von Forderungen, die in das Reichsschuldbuch oder in das Staatsschuldbuch eines Bundesstaates eingetragen sind (236),
c) durch Verpfändung beweglicher Sachen (237),
d) durch Hypothekbestellung an inländischen Grundstücken (238),
e) durch Verpfändung von Forderungen, für die eine Hypothek an einem inländischen Grundstück besteht oder durch Verpfändung von Grundschulden oder Rentenschulden an einem inländischen Grundstück und, wenn die Sicherheit nicht in dieser Weise geleistet werden kann,
f) durch Stellung eines tauglichen Bürgen (239).

[7] Also namentlich, wenn der pfandberechtigte Vermieter Erbe des Mieters und damit Eigentümer der Pfandsachen oder wenn der Mieter Erbe des Vermieters und damit Inhaber des Pfandrechts wird.

[8] Durch die bloße Veräußerung mit Belassung der Sachen in den Mieträumen und im Besitze des Mieters geht das Pfandrecht nicht unter. Also namentlich nicht dann, wenn die Übergabe der an einen Dritten veräußerten Sache dadurch ersetzt wird, daß der Mieter mit dem Erwerber ein Rechtsverhältnis vereinbart, wonach er die Sache für denselben, als mittelbaren Besitzer, ferner besitzen will (constitutum possessorium), also

§ 28. 3. Inhalt und Wirkung: Selbsthilferecht und gerichtliche Klage des Vermieters.

1. Selbsthilferecht des Vermieters.[1] Der Vermieter darf auf Grund seines Pfandrechts die Entfernung der seinem Pfandrecht unterliegenden Sachen, soweit er ihr zu widersprechen befugt ist,[2] auch ohne Anrufen des Gerichts verhindern (561 Abs. 1),[3] wobei ihm der die Entfernung Versuchende oder Bewirkende keinen Widerstand leisten darf.[4] Je nachdem der Mieter nur einzelne Sachen fortschaffen oder mit seiner sämtlichen beweglichen Habe ausziehen (rücken) will, kann der Vermieter (im ersten Falle) deren Entfernung hindern, ohne dem Mieter den Besitz zu entziehen oder (im zweiten Falle) die Sachen des Mieters in seinen Besitz nehmen. Dagegen kann er das Zurückbehaltungsrecht nicht ausüben, wenn überhaupt eine Entfernung der Sachen vom Mieter nicht bewirkt wird.

Der Vermieter darf die Sachen, sobald sie eigenmächtig fort-

---

namentlich, wenn der Mieter verkauft und die verkaufte Sache mietweise im Besitz behält (930, 936). Hier erlischt das Pfandrecht erst dann, wenn der Erwerber auf Grund der Veräußerung den unmittelbaren Besitz der Sache erlangt, immer vorausgesetzt, daß er bezüglich des Pfandrechts des Vermieters in gutem Glauben ist, was nach Lage der Sache meist nicht der Fall sein wird.

[1] Übereinstimmend das Retentionsrecht des Vermieters nach gemeinem und preußischem Recht l. 1 § 5 D. de migr. 43, 32. l. 34 D. de damn. inf. 39, 2; R.G. in Strafs. Bd. 15 S. 121. Anh. § 302 zur A.G.O. I 44 § 60; R.G. Bd. 18 S. 429. Ähnlich auch das Zurückhaltungsrecht nach § 1228 des S.G.B.

[2] Vgl. den vorhergehenden Paragraphen.

[3] An Stelle der Selbsthilfe kann der Vermieter beim Vorhandensein der gesetzlichen Voraussetzungen auch die gerichtliche Arrestanlegung oder eine einstweilige Verfügung beantragen. Andererseits steht dem Mieter wegen unbefugter Zurückhaltung seiner Sachen durch den Vermieter auf Grund des Mietvertrages eine Klage gegen letzteren zu. R.G. Bd. 33 S. 224. — Eine einstweilige Regelung der wegen der Zurückhaltung der Mobilien des Mieters entstehenden Streitigkeiten kann nur durch die Gerichte erfolgen; die Polizei kann nur einschreiten, wenn die öffentliche Ordnung und Sicherheit gefährdet ist oder eine strafbare Handlung (Hausfriedensbruch, Sachbeschädigung) vorliegt oder zu besorgen ist.

[4] Der Mieter oder der Dritte, der die Entfernung rechtswidrig bewirkt, macht sich eines Vergehens wider § 289 R.Str.G.B. schuldig.

geschafft sind, nur dann ohne Anrufung des Gerichts auf eigene Hand zurückschaffen, wenn die Voraussetzungen der erlaubten Selbsthilfe vorliegen, wenn also obrigkeitliche Hilfe nicht rechtzeitig zu erlangen ist und ohne Anwendung der Selbsthilfe die Gefahr besteht, daß die Verwirklichung des Pfandanspruches vereitelt oder wesentlich erschwert werde (229).[5]

2. Gerichtlicher Schutz. Kann oder will der Vermieter die Zurückschaffung der ohne sein Wissen oder ungeachtet seines Widerspruchs entfernten Sachen nicht selbst bewirken, so kann er auf dem Klagewege — gegen den Mieter oder einen Dritten — die Herausgabe zum Zwecke der Zurückschaffung in das Grundstück und, wenn der Mieter ausgezogen ist, die Überlassung des Besitzes verlangen, muß aber diese Klage bei Verlust seines Pfandrechts binnen eines Monats von dem Zeitpunkte ab, wo er Kenntnis von der Entfernung der Sachen erlangt hat, erheben (561 Abs. 2).

Auch außer diesem Falle hat der Vermieter gegen jeden, der sein Pfandrecht beeinträchtigt, die Klagerechte, welche dem rechtsgeschäftlichen Pfandgläubiger in entsprechender Anwendung der für die Eigentumsansprüche geltenden Vorschriften zugestanden sind (1257, 1227). Er kann also nicht nur, wie in dem soeben erwähnten Falle, gegen den Besitzer auf Herausgabe der Sachen (985), sondern auch gegen denjenigen, der das Pfandrecht in anderer Weise als durch Wegschaffung der Sachen oder durch Vorenthaltung des Besitzes beeinträchtigt,[6] auf Beseitigung der Beeinträchtigung und, wenn weitere Beeinträchtigungen zu besorgen sind, auf Unterlassung klagen (1004).

Hat der Vermieter im Wege der Selbsthilfe oder der Klage oder sonst auf andere Weise den Besitz der Sachen erlangt, so steht er dem auf Rechtsgeschäft sich stützenden Faustpfandgläubiger gleich (1205 flg.).[7]

---

[5] Beim Vorhandensein gerichtlicher Hilfe wird also behufs Sicherung der Zwangsvollstreckung in die fortgeschafften Sachen die Vollziehung des Arrestes an denselben ins Auge zu fassen sein.

[6] Z. B. der Mieter einer Restauration, der in dieselbe ein wertvolles Inventar eingebracht oder der Untermieter, dem er den Betrieb der Restauration überlassen hat, gebraucht dieses Inventar — absichtlich oder aus Nachlässigkeit — in so unpfleglicher Weise, daß der Verderb und die Entwertung dieses Inventars zu besorgen ist.

[7] Er darf also die Sachen, wenn sie ihm mittels verbotener Eigenmacht weggenommen werden, dem auf frischer That betroffenen oder

Dem von dem Vermieter auf Herausgabe belangten dritten Besitzer der Pfandsachen steht außer den auch der Eigentumsklage gegenüber zulässigen Einwendungen, namentlich wegen Verwendungen auf die Sachen und des darauf gestützten Zurückhaltungsrechts (994—996, 999, 1000 flg.), dann eine wirksame Einrede zu, wenn er die Sachen in gutem Glauben, d. h. ohne Kenntnis von dem Rechte des Vermieters gekauft und daraufhin in seinen Besitz bekommen hat (936). Vgl. oben § 27 Anm. 8.

§ 29. **Verkaufsrecht des Vermieters.**[1]

A. Voraussetzungen.

Sobald die durch das Pfandrecht gedeckten (Geld-)Forderungen des Vermieters an den Mieter ganz oder teilweise **fällig** sind und der Vermieter sich durch Ausübung seines Zurückhaltungsrechts

---

verfolgten Thäter auch außerhalb des Mietgrundstückes wieder abnehmen (859). Er hat ferner im Fall der Entziehung oder Störung des Besitzes die Besitzklagen (861, 862). Er kann für die von ihm auf die Sache gemachten Verwendungen nach den Vorschriften über die Geschäftsführung ohne Auftrag Ersatz verlangen (1216). Er kann, wenn durch den drohenden Verderb der Sachen oder durch eine zu besorgende wesentliche Minderung ihres Wertes seine Sicherheit gefährdet wird, dieselben nach vorgängiger Androhung und im Fall der Wertminderung nach Setzung und Ablauf einer angemessenen Frist öffentlich versteigern lassen, worauf der Erlös an die Stelle des Pfandes tritt (1219, 1220). Er ist nicht verpflichtet, die Sachen einem nachstehenden Pfandgläubiger zum Zweck des Verkaufes herauszugeben (1232). — Mit der Übertragung der Mietgeldforderung geht das Pfandrecht auf den neuen Gläubiger über, dem die Pfandsachen herauszugeben sind (1250, 1251). — Andererseits ist der die eingebrachten Sachen des Mieters besitzende Vermieter zu deren Verwahrung verpflichtet (1215) und bei Verletzung dieser Pflicht den in § 1217 flg. aufgeführten Ansprüchen des Pfandeigentümers auf Hinterlegung oder Ablieferung an einen Verwalter oder auf Rückgabe ausgesetzt. Nach dem Erlöschen des Pfandrechts hat er die Sachen dem Mieter zurückzugeben (1223). In jedem Falle erlischt dieses Pfandrecht durch Rückgabe der Sachen an den Mieter (1253).

[1] Übereinstimmend das gemeine Recht Windscheid I § 237 und das H.G.B. § 479, welche weder einen vollstreckbaren Titel, noch eine sonstige gerichtliche Mitwirkung verlangen. Abweichend das A.L.R. I 20 §§ 197—199, wonach der Pfandverkauf einen vollstreckbaren Titel voraussetzt und im Wege der Zwangsvollstreckung erfolgt, sowie der C. c. art. 2078, wonach eine gerichtliche Ermächtigung zum Pfandverkauf erforderlich ist.

oder durch gerichtliche Klage (1231) in den Besitz der Pfandstücke gesetzt hat, kann er durch den Verkauf derselben seine Befriedigung erwirken (1228).[2]

Eine vor dem Eintritt der Verkaufsberechtigung getroffene Vereinbarung, nach welcher dem Vermieter, falls er nicht oder nicht rechtzeitig befriedigt wird, das Eigentum an den Sachen zufallen soll, ist nichtig (1229).

Unter mehreren Pfandstücken kann der Vermieter, soweit nicht ein anderes bestimmt ist, diejenigen auswählen, welche verkauft werden sollen. Er kann nur soviel Sachen zum Verkaufe bringen, als zu seiner Befriedigung erforderlich ist (1230).

Hat der Vermieter für sein Recht einen vollstreckbaren Titel gegen den Eigentümer erlangt, so kann er den Verkauf auch nach den für den Verkauf einer gepfändeten Sache geltenden Vorschriften bewirken lassen (1233 Abs. 2).[3] Liegt dieser Fall nicht vor, so ist er zum außergerichtlichen Verkauf der erwähnten Sachen berechtigt und dabei zur Beobachtung nachstehender Vorschriften verpflichtet.

B. Verfahren beim Verkaufe.

1. Er hat dem Mieter den Verkauf vorher anzudrohen und dabei den Geldbetrag zu bestimmen, wegen dessen der Verkauf stattfinden soll. Der Verkauf darf nicht vor dem Ablauf eines Monats nach der Androhung erfolgen (1234).

2. Der Verkauf ist im Wege öffentlicher Versteigerung[4] zu bewirken, kann aber, wenn das Pfand einen Markt- oder Börsenpreis hat, auch aus freier Hand durch einen zu solchen Verkäufen öffentlich ermächtigten Handelsmäkler oder durch eine zur öffentlichen Versteigerung befugte Person zum laufenden Preise bewirkt werden (1235, 1221).

3. Die Versteigerung hat am Aufbewahrungsorte des Pfandes und nur, wenn hiervon ein angemessener Erfolg nicht zu erwarten ist, an einem geeigneten anderen Orte zu erfolgen (1236).

4. Zeit und Ort der Versteigerung sind unter allgemeiner Bezeichnung des Pfandes öffentlich bekannt zu machen.

---

[2] Der Vermieter handelt dabei für Rechnung seines Schuldners, des Mieters, verkauft aber nicht in dessen, sondern in eigenem Namen. Mot. III S. 823. Einen Mangel der verkauften Sache hat er dabei nicht zu vertreten.

[3] Er kann also die eingebrachten Sachen nach der Pfändung durch einen Gerichtsvollzieher fortschaffen und unter Beobachtung der Vorschriften der §§ 814, 816—821, 825 C.P.O. öffentlich versteigern lassen.

[4] Also auch durch eine zur Vornahme derartiger Versteigerungen befugte Person.

Der Eigentümer und Dritte, denen Rechte an dem Pfande zustehen, sind besonders zu benachrichtigen. Die Benachrichtigung darf unterbleiben, wenn sie unthunlich ist (1237).

5. Das Pfand darf nur mit der Bestimmung verkauft werden, daß der Käufer den Kaufpreis sofort bar zu entrichten hat und seiner Rechte verlustig sein soll, wenn dies nicht geschieht. Erfolgt der Verkauf ohne diese Bestimmung, so ist der Kaufpreis als von dem Pfandgläubiger empfangen anzusehen, unbeschadet der Rechte des Pfandgläubigers gegen den Ersteher (1238).

6. Vermieter und Mieter können bei der Versteigerung mitbieten; erhält der Vermieter den Zuschlag, so ist der Kaufpreis als von ihm empfangen anzusehen. Das Gebot des Mieters kann zurückgewiesen werden, wenn nicht der Betrag bar erlegt wird (1239).

7. Gold- und Silbersachen dürfen nicht unter dem Gold- oder Silberwerte zugeschlagen werden. Wird ein genügendes Gebot nicht abgegeben, so kann der Verkauf durch eine zur öffentlichen Versteigerung befugte Person aus freier Hand zu einem den Gold- oder Silberwert erreichenden Preise erfolgen (1240).

8. Der Vermieter hat den Mieter von dem Verkauf des Pfandes und dem Ergebnis unverzüglich zu benachrichtigen, sofern nicht die Benachrichtigung unthunlich ist (1241).

C. Wirkungen des Pfandverkaufs.

Durch die rechtmäßige Veräußerung der verpfändeten Sachen erlangt der Erwerber die gleichen Rechte, wie wenn er sie vom Eigentümer erworben hätte. Er wird also auch dann Eigentümer, wenn der Mieter, dessen Sachen verkauft wurden, nicht Eigentümer derselben und der Erwerber in dieser Beziehung in gutem Glauben war (932).[5] Dies gilt auch dann, wenn dem Vermieter der Zuschlag erteilt wird. — Pfandrechte an den Sachen erlöschen, auch wenn sie dem Erwerber bekannt waren (1242).[6]

Diese Wirkungen treten indessen nicht ein, wenn

a) der Verkauf vor Eintritt der Fälligkeit der Forderung des Vermieters bewirkt (1228 Abs. 2),

b) auf mehr Pfandsachen ausgedehnt ist, als zur Befriedigung des Vermieters nötig ist (1230 S. 2),

c) nicht im Wege der öffentlichen Versteigerung oder bei Sachen, die einen Markt- oder Börsenpreis haben, nicht auf dem dafür zugelassenen Wege bewirkt ist (1235),

---

[5] S. Mot. III S. 832.

[6] Abweichung von § 936 Abs. 2.

d) die öffentliche Bekanntmachung der Versteigerung unterblieben ist (1237),

e) die Bestimmungen über den Verkauf von Gold- und Silbersachen (s. oben Z. 7) unbeachtet geblieben sind.

Verletzt der Vermieter eine andere der obigen Verkaufsvorschriften, so wird dadurch die Gültigkeit des Verkaufs Dritten gegenüber nicht in Frage gestellt, sondern nur für den Vermieter, wenn ihm ein Verschulden zur Last fällt, eine Schadensersatzpflicht gegen den Mieter begründet (1243 Abs. 2).

Vermieter und Mieter können eine von obigen Vorschriften (Z. 1—8) abweichende Art des Pfandverkaufs vereinbaren, wozu, wenn an den Pfandsachen einem Dritten ein durch den Verkauf erlöschendes Recht (Pfandrecht) zusteht, auch dessen Zustimmung erforderlich ist (1245).

Auch kann, wenn eine abweichende Art des Pfandverkaufs nach billigem Ermessen den Interessen der Beteiligten entspricht, jeder von ihnen einen derartigen Verkauf verlangen. Kommt eine Einigung nicht zustande, so entscheidet das Gericht (1246).[7]

§ 30. Geltendmachung gegenüber einem Pfändungspfandgläubiger.

1. Wird eine dem Pfandrecht des Vermieters unterworfene, aber im Besitz des Mieters befindliche Sache nach der Entstehung dieses Pfandrechts, also nach der Zeit ihrer Einbringung, für einen anderen Gläubiger des Mieters gepfändet, so kann der Vermieter auf Grund seines Pfandrechts nicht widersprechen;[1] dasselbe geht ihm jedoch durch die Pfändung und Wegschaffung der Sachen, auch wenn er derselben nicht widerspricht, nicht verloren (vgl. R.G. Bd. 13 S. 257), vielmehr kann er auf Grund desselben seinen Anspruch auf vorzugsweise Befriedigung aus dem Erlöse der Pfandstücke geltend machen, jedoch wegen des Mietzinses nicht für eine frühere Zeit als das letzte Jahr vor der Pfändung (563 B.G.B., § 805 Abs. 1 C.P.O.).[2]

---

[7] Vgl. § 825 (726) C.P.O. Das Gericht ist hier das für den Ort, wo der Verkauf stattfinden soll, zuständige Amtsgericht.

[1] Denn er befindet sich nicht im Besitze der in den Räumen seines Mieters vorhandenen Sachen, § 805 C.P.O.

[2] Außerdem kann er das Pfandrecht gegenüber dem Pfändungspfandgläubiger nach § 559 nicht wegen künftiger Entschädigungsforderungen

Im Streitfalle hat der Vermieter seinen Anspruch gegen den pfändenden Gläubiger mittels Klage bei dem Vollstreckungsgericht und, wenn der Streitgegenstand zur Zuständigkeit der Amtsgerichte nicht gehört, bei dem Landgerichte zu erheben, in dessen Bezirk das Vollstreckungsgericht seinen Sitz hat. Vermag er seinen Anspruch glaubhaft zu machen (durch Überreichung des Mietvertrages und des Pfändungsprotokolls 2c.), so ist auf Antrag vom Prozeßgericht, in dringenden Fällen aber schon vor Erhebung der Klage vom Vollstreckungsgericht unter Bestimmung einer Frist, innerhalb deren die Entscheidung des Prozeßgerichts beizubringen ist, die Hinterlegung des Erlöses anzuordnen. Dieselbe erfolgt durch den Gerichtsvollzieher bei der landesgesetzlich bestimmten Hinterlegungsstelle. Das Pfandrecht dauert an dem hinterlegten Erlöse fort, indem solcher an die Stelle der Pfandstücke tritt. § 805 Abs. 4, §§ 769, 770 C.P.O.

Unter allen Umständen ist die baldige Stellung des Antrages auf Hinterlegung für den Vermieter geboten, um sich den Erfolg seiner Klage gegen den Pfändungsgläubiger zu sichern. Denn er muß diese Klage noch vor Beendigung der Zwangsvollstreckung, d. h. vor Auszahlung des Pfanderlöses an den Pfändungspfandgläubiger erheben;[3] andernfalls geht ihm die Möglichkeit, seinen Anspruch im Zusammenhang mit dem Vollstreckungsverfahren bei dem oben erwähnten Gerichtsstand geltend zu machen, verloren[4] und es bleibt ihm nur die bei dem ordentlichen Gerichtsstand des Pfändungspfandgläubigers zu erhebende Klage wegen ungerechtfertigter Bereicherung (816).[5]

---

und auch nicht wegen des Mietzinses für eine spätere Zeit, als für das laufende und das folgende Mietjahr geltend machen, mit anderen Worten ist also dieser Anspruch auf vorzugsweise Befriedigung nur zulässig wegen bereits fälliger Entschädigungsforderungen und wegen des Mietzinses für das letzte Jahr vor der Pfändung, sowie für das laufende und das folgende Mietjahr. In dem Mietzins für das laufende Mietjahr wird der Mietzins für das letzte Jahr vor der Pfändung oft teilweise mit enthalten sein, R.G. Bd. 34 S. 100.

[3] Es genügt also nicht die außergerichtliche Geltendmachung gegenüber dem Pfändungspfandgläubiger oder dem Gerichtsvollzieher.

[4] R.G. Bd. 12 S. 370. Seufferts Arch. Bd. 40 Nr. 186.

[5] Die Frage, ob der Pfandgläubiger, welcher den Anspruch auf vorzugsweise Befriedigung aus dem Erlöse einer gepfändeten beweglichen Sache bis zur Beendigung des Zwangsvollstreckungsverfahrens gegen den minder berechtigten Pfändungspfandgläubiger nicht geltend gemacht hat, nachträg-

2. Befindet sich dagegen der Vermieter im Besitze der eingebrachten Sachen des Mieters, so ist er zum Widerspruch gegen

---

lich wenigstens mit einer Klage wegen ungerechtfertigter Bereicherung die Herausgabe des demselben zugegangenen Pfanderlöses verlangen kann, war seither in Rechtslehre und Rechtsprechung ebenso bestritten, wie die damit in nahem Zusammenhang stehende Frage, ob der Eigentümer einer beweglichen Sache, die ein Gläubiger in dem guten Glauben, sie gehöre dem Schuldner, hat pfänden und zu seiner Befriedigung versteigern lassen, von diesem Gläubiger auch nach Beendigung der Zwangsvollstreckung die Herauszahlung des Erlöses begehren kann. Überwiegende Gründe sprechen schon nach dem früheren, jedenfalls aber nach dem jetzigen Recht für die Bejahung.

1. Zunächst ist der besser berechtigte Pfandgläubiger (oder der Eigentümer) durch die Beendigung des Vollstreckungsverfahrens nur des prozessualen Vorteils, eine Klage bei dem Gerichte, in dessen Bezirk die Zwangsvollstreckung erfolgte und mit unmittelbarer Wirkung auf dieses Verfahren nach §§ 771 (690) und 805 (710) C.P.O. zu erheben, verlustig gegangen, nicht aber behindert, einen Bereicherungsanspruch zu erheben, sofern ihm solcher nach den durch jene Prozeßvorschrift nicht betroffenen Vorschriften des bürgerlichen Rechts zusteht. Dieser Grundsatz ist für den ganz ähnlichen Fall, daß der einem Verteilungsplane widersprechende Gläubiger nicht innerhalb der vorgeschriebenen Frist von einem Monat die klageweise Geltendmachung des von ihm behaupteten besseren Rechts nachweist, in § 878 (764) Abs. 2 C.P.O. ausdrücklich ausgesprochen. Er ist aber auch in zutreffender Auffassung der rein prozessualen Bedeutung jener §§ 771 und 805 schon seither von der herrschenden Meinung für die hier in Frage stehende Klage eines besser berechtigten Pfandgläubigers (oder Eigentümers) gegen den Pfändungspfandgläubiger anerkannt worden. R.G. Bd. 12 S. 371, Bd. 13 S. 180, Bd. 40 S. 290. Vgl. auch Bd. 42 S. 247. Jur. Wochenschr. 1891 S. 390 Nr. 20. Gruchot Bd. 25 S. 1014. Wilmowski-Levy (früherer) § 710 Anm. 3. Gaupp (früherer) § 710 Erl. II 1. Da die erwähnten Vorschriften der früheren §§ 690 und 710 inzwischen keine Änderung erfahren haben, so ist die prozessuale Zulässigkeit einer späteren Bereicherungsklage nicht zu bezweifeln.

2. Es fragt sich daher nur, ob der besser berechtigte Pfandgläubiger (oder der Eigentümer) gegen den Pfändungspfandgläubiger, welcher den Erlös der auf seinen Antrag versteigerten beweglichen Sachen ausgezahlt erhalten hat, nach dem bürgerlichen Recht eine Bereicherungsklage zusteht. Diese Frage ist in Bezug auf die Bereicherungsklage des Eigentümers vom III. Civ.-Sen. des R.G. in der oben erwähnten Entscheidung Bd. 13 S. 180 verneint worden. Aber dieser Senat hat in einer neueren Entscheidung vom 17. Februar 1899 Rep. III 320/98 jene frühere Ansicht teilweise, nämlich für den Fall der Pfändung fremden Geldes, aufgegeben; andererseits ist von anderen Senaten des R.G., Entsch. Bd. 6

die Pfändung befugt (808, 809 C.P.O.), auch nicht verpflichtet, dieselben dem ihm nachstehenden Pfändungsgläubiger herauszugeben (1232) und kann, wenn eine Pfändung gleichwohl erfolgt, deren Aufhebung auf dem Beschwerdewege erwirken.

§ 31. Geltendmachung im Konkurse des Mieters.

Der Vermieter kann, wie der rechtsgeschäftliche Pfandgläubiger, aus den seinem Pfandrecht unterliegenden eingebrachten Sachen des Mieters abgesonderte Befriedigung wegen seiner Forderungen verlangen und zwar zunächst wegen der Kosten, dann wegen der Zinsen und zuletzt wegen des Hauptanspruchs (§ 48 K.O.).[1]

S. 313, Bd. 40 S. 288, Gruchot Bd. 25 S. 1014, die Bereicherungsklage des Eigentümers (nach A.L.R. I 13 §§ 230, 262, 264) oder auch die Bereicherungsklage eines Gläubigers gegen den im Verteilungsplan bedachten Gläubiger nach rheinisch-französischem Recht (Bd. 39 S. 380), sowie nach gemeinem Recht (Seufferts Arch. Bd. 35 Nr. 428, Bd. 37 Nr. 355) für begründet erachtet worden. Vgl. auch L. Jacobi, über die Ersatzpflicht des Gläubigers aus unrechtmäßiger Mobiliarzwangsvollstreckung (Festgabe für Rud. v. Gneist, Berlin 1888). Meisner, das preußische A.L.R. und der Entwurf des B.G.B. 1890 S. 105 flg. Frantz, zur Lehre von der Exekutionsintervention (rheinisch-französisches Recht).

Sollte aber auch hiernach — namentlich für das Gebiet des gemeinen Rechts — ein Zweifel übrig bleiben, so erscheint doch gegenwärtig eine Bereicherungsklage, wie diejenige des besser berechtigten Pfandgläubigers (Vermieters) gegen den Pfändungspfandgläubiger, zweifellos begründet nach §§ 812, 816 B.G.B. Der Pfandgläubiger hat, ohne berechtigt zu sein, sich aus einer dem vorgehenden Pfandrecht des Vermieters unterworfenen Sache in einer formell für den letzteren wirksamen Weise Befriedigung verschafft, während materiell deren Erlös nach den über die Rangordnung der Pfandgläubiger geltenden Grundsätzen dem ihm mit seinem gesetzlichen Pfandrecht vorgehenden Vermieter gebührt. Zur Begründung dieser Bereicherungsklage des Vermieters ist Kenntnis des Pfandgläubigers von dem besseren Pfandrecht des Vermieters (also Arglist, wie sie auf Grund der früheren Gesetzesbestimmungen z. B. Niendorff S. 248 für nötig hält) nicht zu erfordern. Diese Kenntnis begründet vielmehr nur eine strengere Haftung des bösgläubigen Pfändungspfandgläubigers nach § 819 B.G.B.

[1] Er muß zu diesem Zweck sein Pfandrecht und seine durch dasselbe zu deckenden Forderungen bei dem Konkursverwalter, welcher den Verkauf der Mobilien des Gemeinschuldners zu betreiben hat (§ 127 K.O.), anmelden und im Fall der Bestreitung gegen ihn im Klagewege zur Anerkennung bringen Von Amts wegen dieses Absonderungsrecht zu berücksichtigen, ist der Verwalter nicht verpflichtet. R.G. Bd. 14 S. 4.

Er kann jedoch dieses Absonderungsrecht in Ansehung des Mietzinses für eine frühere Zeit als das letzte Jahr vor der Eröffnung des Verfahrens[2] sowie in Ansehung des ihm infolge der Kündigung des Verwalters zustehenden Entschädigungsanspruchs überhaupt nicht geltend machen (§§ 48, 49, Z. 2 K.O.).[3]

---

[2] Der Vermieter kann also das Absonderungsrecht im Konkurse des Mieters geltend machen:

a) wegen des auf das letzte Jahr vor Eröffnung des Konkurses rückständigen Mietzinses,
b) wegen des Mietzinses für das laufende und das folgende Mietjahr (559),
c) wegen seiner fälligen Entschädigungsforderungen mit der in der folgenden Anm. 3 bemerkten Ausnahme.

Wenn z. B. das Mietverhältnis auf die Zeit vom 1. Januar 1900 bis 31. Dezember 1902 mit vierteljährlicher Mietzinszahlung (postnumerando) eingegangen, der Mietzins zuletzt am 1. April 1900 bezahlt, der Konkurs aber am 1. Juli 1901 eröffnet worden ist, so kann der Vermieter sein Absonderungsrecht

a) wegen des Mietzinses vom 1. Juli 1900 bis 1. Juli 1901 (das letzte Jahr vor Eröffnung des Konkurses),
b) wegen des weiteren Mietzinses vom 1. Juli 1901 bis zum 31. Dezember 1902 (auf das laufende und das folgende Mietjahr), sofern der Vermieter oder der Verwalter nicht für einen früheren Zeitpunkt kündigt, geltend machen.

Für die Zeit vom 1. Januar bis 1. Juli 1901 fällt der Zins für das laufende Mietjahr (1901) zusammen mit dem Zins für das letzte Jahr vor Eröffnung des Konkurses (1. Juli 1900/1901). Für die Zeit von der Konkurseröffnung ab hat der Mieter, sofern der Verwalter das Mietverhältnis bestehen läßt, auch die Rechte eines Massegläubigers (§ 59 Z. 2 K.O.) Vgl. R.G. Bd. 34 S. 100).

[3] § 19 K.O. bestimmt: „War dem Gemeinschuldner ein von ihm gepachteter oder gemieteter Gegenstand vor der Eröffnung des Verfahrens überlassen, so kann sowohl der andere Teil, als der Verwalter das Pacht- oder Mietverhältnis kündigen. Die Kündigungsfrist ist, falls nicht eine kürzere Frist bedungen war, die gesetzliche. Kündigt der Verwalter, so ist der andere Teil berechtigt, Ersatz des ihm durch die Aufhebung des Vertrages entstehenden Schadens zu verlangen.“ Wegen dieses Schadensanspruchs kann also nach § 49 Z. 2 K.O. der Verwalter kein Absonderungsrecht an den eingebrachten Sachen geltend machen, sondern nur seine Befriedigung als Konkursgläubiger suchen.

Fünfter Abschnitt.

Beendigung des Mietverhältnisses.

§ 32. Allgemeine Endigungsgründe.

Die Rechte und Pflichten aus dem Mietvertrag gehen an und für sich auf die Erben über. Der Tod hebt für sich allein das Mietverhältnis nicht auf, sofern dasselbe nicht ausdrücklich auf die Lebenszeit einer Vertragspartei abgeschlossen ist. Wohl aber giebt der Tod des Mieters dessen Erben, sowie dem Vermieter ein Kündigungsrecht. S. hierüber unten § 36 Z. 3.[1]

Ebenso geht mit dem nur zeitweiligen Recht (Nießbrauch rc.) des Vermieters nicht auch ohne weiteres das von ihm eingegangene Mietverhältnis zu Ende s. unten § 48. Dagegen kommen als allgemeine, auch bei anderen Vertragsverhältnissen vorkommende, Endigungsgründe in Betracht: Vertragsmäßige Aufhebung (Rücktritt) §§ 346 flg., nicht eintretende Bedingung (z. B. wenn die bei einem Mietvertrag über eine Restauration zur Bedingung gemachte Konzessionserteilung zum Betrieb der Schankwirtschaft nicht zu erlangen ist (R.G. Bd. 1 S. 109), ferner Anfechtung wegen Irrtums, arglistiger Täuschung oder Bedrohung (119, 123).

Über die Aufhebung des Vertragsverhältnisses im Falle zufälliger Zerstörung des vermieteten Gebäudes, s. unten § 36.

§ 33. Besondere Endigungsgründe.

1. Zeitablauf. Kündigung: Begriff, Voraussetzungen, Wirkung und Form.

1. Ist das Mietverhältnis auf eine kalendermäßig bestimmte Zeit oder bis zu einem bestimmten Zeitpunkt, z. B. Tod einer Partei, eingegangen, so endigt es mit dem Ablauf der Zeit oder mit dem Eintritt des Zeitpunktes ohne daß es noch einer Kündigung bedarf (564 Abs. 1). Eine bestimmte Vertragsdauer

---

[1] Ähnlich das A.L.R. I 21 §§ 371, 375. Abweichend das gem. Recht und das S.B.G.B. vgl. Wengler S. 120.

kann auch stillschweigend in der Festsetzung des Zweckes oder der Art des Gebrauches liegen, so z. B. wenn ein Raum nur zur Benutzung bei einer Messe, einem Jahrmarkt oder einer Festlichkeit gemietet ist. Eine gleiche Festsetzung kann auch durch ausdrückliche oder stillschweigende Bezugnahme auf Ortsgebrauch oder ortsstatutarische Vorschriften (z. B. bei der Miete eines Logis in einem Badeorte für die Badesaison) erfolgen.

Über die Kündigung eines für länger als dreißig Jahre abgeschlossenen Vertrages s. unten § 35 Z. 2.

2. Ist die Mietzeit vertragsmäßig nicht bestimmt, so kann das Mietverhältnis, und zwar in der Regel von jedem Vertragsteile, durch Kündigung beendigt werden (564 Abs. 2).[1]

Die **Kündigung** ist eine einseitige, der anderen Vertragspartei mitzuteilende (empfangsbedürftige) Willenserklärung, durch welche der durch Vertrag oder Gesetz dazu Berechtigte der anderen Partei gegenüber für einen bestimmten Zeitpunkt dem Mietverhältnis ein Ende setzt.[2] Dieser Zeitpunkt kann nach Ablauf eines bestimmten Zeitraumes, der Kündigungsfrist, oder auch alsbald nach Vornahme der Kündigung eintreten.

a) Die Person des Kündigenden und des Gekündigten[3] anlangend, muß der erstere zur Erklärung der Kündigung, der letztere zu deren Empfangnahme berechtigt sein.

Sie kann also zunächst von dem Vermieter an den Mieter **in Person** rechtsgültig bewirkt werden. Ist von mehreren Personen oder an **mehrere** Personen zu kündigen, so kann die Kündigung nur **von Allen** oder **an Alle** erfolgen (356).[4]

Wird die Kündigungserklärung nicht von der betr. Vertragspartei in Person bewirkt, so kann sie auch von einem mit Vollmacht

---

[1] Die Kündigung kann auch alsbald nach Abschluß des Vertrages erfolgen. Ist z. B. ein Mietvertrag im März für die Zeit vom 1. April ab mit vierteljährlicher Mietzahlung abgeschlossen worden, so kann die Kündigung bereits in der Zeit bis zum 3. April für den 1. Juli erfolgen. Vgl. **Planck** § 565 Erl. 2 a δ).

[2] Mot. II S. 314, 413. Vgl. auch R.G. Bd. 26 S. 191.

[3] Der Kürze halber wird hier dieser sprachlich nicht ganz richtige Ausdruck gebraucht.

[4] **Haidlen** I S. 632. Eine von **einem** Mieter oder Vermieter allein vorgenommene Kündigung hat daher nicht einmal in Bezug auf diesen rechtliche Wirksamkeit.

versehenen Vertreter[5] erfolgen. Sie ist in diesem Falle unwirksam, wenn der Bevollmächtigte bei der Kündigung nicht eine Vollmachtsurkunde vorlegt und der Gekündigte aus diesem Grunde die Kündigung unverzüglich zurückweist — es sei denn, daß der Vollmachtgeber den Gekündigten vorher von der Bevollmächtigung in Kenntnis gesetzt hatte (174). Ebenso kann die Kündigung, wenn sie nicht an den Gekündigten selbst ergeht, einem Bevollmächtigten oder sonst ermächtigten Vertreter desselben gegenüber erklärt werden.[6]

Kündigungen, die für Ehefrauen in Ansehung der von denselben eingebrachten Mietgrundstücke, für minderjährige Hauskinder, für geschäftsunfähige oder in der Geschäftsfähigkeit beschränkte Personen, für juristische Personen, Gesellschaften, Vermögensmassen oder an solche Personen, Gesellschaften oder Vermögensmassen zu bewirken sind, ergehen von denjenigen oder an diejenigen, welche nach den obigen Ausführungen (§§ 5—8) zum Abschluß von Mietverträgen für derartige Personen gesetzlich berechtigt sind (Ehemann, Vater, Vormund 2c.).

b) Zur Wirksamkeit der Kündigung ist nach ihrem Begriff und Zweck vor allem erforderlich, daß aus ihr der dem Mietverhältnis gesetzte Endtermin mit Bestimmtheit zu ersehen ist. Daher wird sie durch Beifügung einer Bedingung unwirksam.[7]

---

[5] Dagegen an sich nicht durch einen Dritten, der, ohne einen Auftrag erhalten zu haben, im Interesse und Namen des Mieters oder Vermieters die Kündigung bewirkt. Doch kann auch eine solche Kündigung wirksam werden, wenn der Gekündigte sie anerkennt und der, für den der Dritte kündigt, sie später genehmigt.

[6] Die Ehefrau, die Kinder und die Dienstboten des Mieters oder Vermieters sind an sich zur Vertretung des letzteren nicht befugt, soweit sie nicht besonderen Auftrag haben; daher ist eine ihnen gegenüber ausgesprochene Kündigung nur wirksam, wenn sie diese Kündigung demjenigen, dem gekündigt werden soll, rechtzeitig mitteilen. Sie erscheinen dann als Mittelspersonen, deren sich der Kündigende bedient. Wengler S. 135 Anm. 30. Anders, wenn die Kündigung durch einen zur Post gegebenen Brief erfolgt; dann ist sie mit dem Augenblicke bewirkt, in welchem der Brief vom Postboten einer zur Empfangnahme von Briefen nach der Postordnung v. 8. März 1879 ermächtigten Person im Hausstande des Gekündigten ausgehändigt ist.

[7] Die Frage nach der Wirksamkeit einer bedingten Kündigung (z. B. „wenn ich bis zum 1. April mein Haus verkaufe, soll dem Mieter

Dagegen ist weder bei der vertragsmäßig vorgesehenen Kündigung, noch bei der vorzeitigen Kündigung mit gesetzlicher Frist, noch bei der Kündigung ohne Einhaltung einer Kündigungsfrist die Angabe eines Kündigungsgrundes erforderlich; daher schadet auch die Angabe eines falschen Grundes nicht, sofern nur dem Kündigenden ein anderer gültiger Kündigungsgrund zur Seite steht.

Ebensowenig bedarf es an sich zur Wirksamkeit der Kündigung, als einer einseitigen Erklärung, der Annahme von seiten des Gekündigten, so daß auch eine an sich rechtsgültige Kündigung durch Verweigerung der Annahme nicht unwirksam wird Doch kann eine an sich unzulässige, z. B. eine verspätete Kündigung durch die ausdrückliche Annahme wirksam werden, insofern da-

---

für den 1. Juli gekündigt sein" oder: „wenn ich vom 1. Oktober 1900 ab nicht 200 Mk. billiger wohnen kann, ziehe ich zu Neujahr 1901 aus") ist nicht zweifellos. Sie wird, in Übereinstimmung mit der früheren Rechtsprechung R.O.H.Ger. Bd. 4 S. 341; Bolze Bd. 16 Nr. 67; Seuff. Arch. Bd. 25 Nr. 123, in den Mot. II S. 314, 413, von Planck § 564 Note 2; Fränkel S. 62; Thiele im Arch. f. d. civ. Prax. Bd. 89 S. 147 (von diesem nur mit Ausnahme der Potestativbedingung); Wengler S. 134 verneint, von Niendorff S. 167 und neuerdings von Fuld S. 154 bejaht. Überwiegende Gründe sprechen für die Verneinung. Allerdings enthält das B.G.B. keine die Unzulässigkeit der bedingten Kündigung aussprechende Vorschrift, wie sie in § 388 in Bezug auf die Aufrechnung, in §§ 1947, 2180 in Bezug auf die Annahme und Ausschlagung einer Erbschaft und eines Vermächtnisses (negotia, quae conditionem non recipiunt) gegeben ist. Allein die Unzulässigkeit bedingter Kündigung ergiebt sich aus der Natur dieser Rechtshandlung. Der Zweck derselben, in bestimmter und sofort erkennbarer Weise die Beendigung des Mietverhältnisses im voraus festzusetzen, würde vereitelt werden, wenn die Wirksamkeit der Kündigung von einer weiteren Thatsache abhängig gemacht wird, die zur Zeit der Kündigung noch nicht feststeht und unter Umständen weitere Erörterung nötig macht. Aus diesem Grunde erscheint auch die von Thiele a. a. O. für zulässig erklärte Beifügung einer Potestativbedingung, deren Erfüllung vom Willen des Gekündigten abhängt (wie z. B.: der Vermieter kündigt dem Mieter für den Fall, daß derselbe wieder so unpünktlich die Miete zahle, wie am letzten Quartal, oder daß derselbe gegen die Hausordnung wieder in der Küche Holz klar mache) bedenklich. Auch die Frage, ob und inwieweit eine solche Bedingung erfüllt ist, kann zweifelhaft sein, so daß auch in solchem Falle der Endtermin des Mietverhältnisses nicht in bestimmter Weise gesetzt ist.

durch eine vertragsmäßige Vereinbarung über deren Zulassung zu stande kommt.[8]

Die Wirksamkeit der Kündigung tritt mit dem Zeitpunkte ein, mit welchem sie dem anderen Teile, dem Gekündigten, zugeht,[9] namentlich in dem Falle, wenn derselbe abwesend ist. Auf ihre Wirksamkeit ist es ohne Einfluß, wenn der Kündigende nach Abgabe seiner Erklärung, auch wenn dieselbe dem anderen Teile noch nicht zugegangen ist, stirbt oder geschäftsunfähig wird (130 Abs. 1 u. 2). Sie ist dagegen unwirksam, wenn vorher oder gleichzeitig dem Gekündigten ein Widerruf zugeht. Ist sie aber einmal wirksam, dann kann der Kündigende sie nur unter Zustimmung des anderen Teiles widerrufen. Überhaupt kann die Kündigung durch beiderseitige (auch stillschweigende) Vereinbarung rückgängig gemacht werden, so namentlich in dem Falle, wenn der Vermieter, der gekündigt hat, nachträglich vom Mieter das Mietgeld für eine Zeit annimmt, zu welcher nach Inhalt der Kündigung das Mietverhältnis bereits beendigt sein sollte, wenn er z. B. für den Schluß des März gekündigt hat und am 1. April die Vorauszahlung der Miete für den Monat April annimmt.

Eine verspätete Kündigung ist an sich unwirksam. Inwieweit sie wenigstens für einen späteren Termin, für den sie zulässig ist, Wirksamkeit behält, also z. B. die bei vierteljähriger Kündigung am 1. Mai ausgesprochene und deshalb für den 1. Juli verspätete Kündigung wenigstens für den 1. Oktober wirksam ist, wird von den Umständen des Falles abhängen.[10] Spricht der Kündigende die Kündigung allgemein, ohne Hervorhebung eines bestimmten Endtermins, aus, so gilt sie in der Regel, da sie

---

[8] Bolze Bd. 19 Nr. 326. Die Vorschrift des § 349 A.L.R. I 21 hat im B.G.B. keine Aufnahme gefunden.

[9] Also mit dem Zeitpunkte, wo der Anwesende die ihm mündlich, auch durch Fernsprecher mitgeteilte Erklärung vernimmt (was allerdings durch Schlaftrunkenheit, Fieber und sonstige Zustände der Bewußtlosigkeit ausgeschlossen werden kann) und wo bei dem Abwesenden der Kündigungsbrief abgegeben (z. B. in den aufgestellten Briefkasten geworfen) wird, auch wenn der Gekündigte den Brief nicht sofort öffnet und liest (Empfangstheorie).

[10] Vgl. einerseits Planck § 565 Anm. 2 letzter Abs., Fuld S. 151. Thiele a. a. O. S. 144, Niendorff S. 173, Wengler S. 134, welche als Regel die Gültigkeit der Kündigung für den nächsten zulässigen Termin annehmen und andererseits Endemann § 170 Anm. 6, welcher die Wirksamkeit einer verspäteten Kündigung unbedingt verneint.

auch vor Beginn der letzten Mietperiode erfolgen kann, für den nächsten zulässigen Termin, also z. B. die am 1. Mai allgemein ausgesprochene Kündigung für den 1. Oktober.

c) Eine bestimmte Form ist für die Kündigung gesetzlich nicht vorgeschrieben; sie kann, wenn nicht von den Parteien eine solche Form (z. B. durch eingeschriebenen Brief) vereinbart ist, mündlich oder schriftlich durch Brief, Telegramm, Beauftragten, Boten (auch einen minderjährigen), durch Zustellung eines Kündigungsschreibens unter Vermittelung des Gerichtsvollziehers (§§ 167 flg. C.P.O.) oder — bei Unbekanntheit der Person oder des Aufenthalts dessen, dem gekündigt werden soll,[11] auch durch öffentliche Zustellung (§ 132 B.G.B., §§ 204—206 C.P.O.) oder endlich durch Erhebung der Räumungsklage nach § 257 C.P.O. (s. unten § 50 Z. 3) erfolgen.

§ 34. Kündigungszeit und Kündigungsfristen.[1]

Hierüber entscheidet zunächst die Vereinbarung der Beteiligten. Dieselben können Beginn und Dauer der Kündigungsfristen abweichend von den nachstehenden gesetzlichen Vorschriften bestimmen, insbesondere — ausdrücklich oder stillschweigend — die ortsüblichen oder ortsstatutarischen Fristen zu Grunde legen.

In Ermangelung einer solchen Vereinbarung kann jeder Teil innerhalb der nachstehenden gesetzlichen Fristen kündigen.[2]

a) Ist der Mietzins nach Tagen bemessen, so ist die Kündigung an jedem Tage für den folgenden Tag mit der Wirkung zulässig, daß mit dem Ablauf dieses letzteren Tages das Mietverhältnis aufhört (565 Abs. 3).[3]

---

[11] Mot. I S. 161. So in dem Falle, wenn der Mieter, ohne einen Vertreter zu hinterlassen, in unbekannte Ferne geht und ein Abwesenheitspfleger (§ 1911) nicht für ihn bestellt ist.

[1] Nicht zu verwechseln mit den Kündigungsfristen sind die Räumungsfristen (§ 721 C.P.O., Art. 93 des Einf.-Ges. zum B.G.B.), s. oben § 22, welche nach Beendigung des Mietverhältnisses, insbesondere auch bei Vollstreckung eines auf Räumung lautenden Urteils in Betracht kommen, während die Kündigungsfristen vorher den Endtermin bestimmen.

[2] Im A.L.R. I 21 §§ 341, 344 für Miete unbeweglicher Sachen einheitlich geregelt und in der Verordnung vom 9. Januar 1812 für monatweise gemietete Wohnungen speziell festgesetzt; im S.G.B. § 1215 abweichend hiervon nach dem Jahresbetrag des Mietzinses abgestuft.

[3] Es ist nicht zweifellos, ob der Tag der Kündigung oder der darauf

b) Ist der Mietzins nach Wochen bemessen, so ist die Kündigung nur für den Schluß einer Kalenderwoche zulässig und hat spätestens[4] am ersten Werktage der Woche zu erfolgen (565 Abs. 1 S. 3).[5]

c) Ist der Mietzins nach Monaten bemessen, so ist die Kündigung nur für den Schluß eines Kalendermonats zulässig und hat spätestens am fünfzehnten des Monats zu erfolgen (565 Abs. 1 S. 2).[6]

d) In allen anderen Fällen ist die Kündigung nur für den Schluß eines Kalendervierteljahres zulässig und hat spätestens am dritten Werktage des Vierteljahres zu erfolgen (565 Abs. 1 S. 1).[7] Diese Vorschrift gilt zugleich für alle diejenigen Fälle, in welchen das Mietverhältnis unter Einhaltung der gesetzlichen Frist vorzeitig gekündigt werden kann (565 Abs. 4) s. unten § 36.

Im übrigen gilt für die vertragsmäßige, wie für die gesetzliche Kündigungsfrist die Regel, daß, wenn der einzuhaltende letzte Kündigungstag auf einen Sonntag oder auf einen am betr. Orte staatlich erkannten allgemeinen Feiertag (s. oben § 20) fällt, an

---

folgende Tag der letzte Tag des Mietverhältnisses ist Da jedoch in den vorhergehenden Sätzen des § 565: „für den Schluß eines Kalendermonats", „einer Kalenderwoche" der Termin, für den die Kündigung erfolgt, noch in die Mietzeit hineingezogen wird, so wird auch im Abs. 3 der Ausdruck „für den folgenden Tag" als gleichbedeutend mit „für den Schluß des folgenden Tages" anzusehen und dieser Tag daher als noch in die Mietzeit hineinfallend anzusehen sein. Die entgegengesetzte Auffassung, wonach bereits an dem auf den Kündigungstag folgenden Tage geräumt sein müßte, würde auch bei der praktischen Handhabung zu Härten und Unzuträglichkeiten führen. Vgl. auch § 621 Abs. 1 B.G.B. Übereinstimmend Cosack I S. 478. A. M. Planck § 565 Anm. 2a α.

[4] Sie kann also in diesem Falle, wie in dem Falle unter c und d, auch vor Beginn der Kündigungsfrist erfolgen.

[5] So auch S.G.B. § 1215 a. E.

[6] So nach der preußischen Verordnung vom 9. Januar 1812. Teilweise abweichend S.G.B. § 1215 a. E.

[7] Dieser Zeitpunkt entspricht dem in § 551 Abs. 2 (s. oben § 20) geordneten Mietzahlungstermin und giebt dem Vermieter für den Fall, daß der Mieter am ersten Werktage des Vierteljahres nicht zahlt, die Möglichkeit, demselben unmittelbar darauf das Logis zu kündigen. So A.L.R. I 21 § 344. Anders S.G.B. § 1215.

die Stelle des Sonntags oder des Feiertags der nächste Werktag tritt (193).[8]

§ 35. Stillschweigende Verlängerung des Mietverhältnisses.

Wird nach Ablauf der Mietzeit, mag dieser nun durch Beendigung der im voraus bestimmten Vertragsdauer oder durch Kündigung[1] herbeigeführt sein, der Gebrauch der gemieteten Räume von dem Mieter fortgesetzt, so ist damit allein die Verlängerung des ursprünglichen Vertrages noch nicht gegeben. Vielmehr wird, wenn weiter nichts, als diese Gebrauchsfortsetzung vorliegt, der Mieter wegen Vorenthaltung der erwähnten Räume zur Leistung einer Entschädigung verpflichtet, die im Mindestbetrage dem Mietzins gleichkommt (557. A.L.R. I 21 §§ 332—335. S.G.B § 1219). Das ursprüngliche Vertragsverhältnis gilt vielmehr erst dann als verlängert,[2] wenn außer der Fortsetzung des Gebrauchs durch den Mieter weder dieser binnen einer Frist von zwei Wochen von der Fortsetzung des Gebrauches ab, noch der Vermieter binnen einer Frist von ebenfalls zwei Wochen seit erlangter Kenntnis von der Fortsetzung ab, dem anderen Teile seinen entgegenstehenden Willen erklärt hat (568).[3] In diesem Falle wird stillschweigende Zustimmung beider Teile zur Fortsetzung angenommen und der Vertrag als auf unbestimmte Zeit verlängert angesehen.[4] Es finden alsdann die Vorschriften für die von vornherein mit unbestimmter Mietzeit abgeschlossenen Mietverträge auch hier Anwendung. Die Kündigungsfrist ist, wenn darüber bereits der ursprüngliche Vertrag eine Bestimmung enthält, die vertragsmäßige, außerdem die gesetzliche des § 565. Der Mieter, der

---

[8] Planck § 193 Anm. 1. Hiernach kann der Vermieter, der für den 1. Juli kündigen will, dann, wenn der letzte zulässige Kündigungstag, der 3. April, auf einen Sonntag fällt, noch Montag den 4. April kündigen.

[1] Anders A.L.R. I 21 § 324 flg.; Str. Arch. Bd. 78 S. 144; O.Trib. Bd. 34 S. 167, ferner C. c. art. 1738, 1739.

[2] Es findet also keine Erneuerung (wie nach gemeinem Recht, dem S.G.B. § 1218 und dem C. c. art. 1738), sondern eine Fortsetzung des früheren Vertragsverhältnisses unter den seitherigen Bedingungen statt, mit der alleinigen Abweichung bezüglich der Mietdauer.

[3] Ähnlich S.G.B. § 1218. Abweichend A.L.R. § 326.

[4] So S.G.B § 1218; C. c. art. 1759, teilweise auch das gemeine Recht l. 13 § 11 D. loc. Abweichend A.L.R. I 21 § 328.

die Verlängerung des Mietverhältnisses für sich geltend macht, muß außer der Fortsetzung des Gebrauches auch beweisen, daß und wann der Vermieter davon Kenntnis erhalten hat. Dem Vermieter liegt dagegen zur Entkräftung der stillschweigenden Verlängerung der Beweis ob, daß er der Fortsetzung rechtzeitig widersprochen habe. Planck § 568 Anm. 2.

§ 36. 2. Außerordentliche Beendigung des Mietverhältnisses durch Kündigung mit gesetzlicher Frist.

Diese Kündigung ist dann von Bedeutung, wenn die vereinbarte Mietzeit oder die vertragsmäßige Kündigungsfrist länger, als die gesetzliche Kündigungsfrist ist, so daß durch Anwendung der letzteren eine Abkürzung des Mietverhältnisses herbeigeführt wird.

Sie ist zulässig [1]

1. von seiten des Mieters, dem vom Vermieter die Erlaubnis zur Überlassung des Gebrauches der gemieteten Räume an einen Dritten ohne erheblichen Grund verweigert wird (549 Abs. 1), s. o. § 25.

2. in dem Falle, wenn ein Mietvertrag für eine längere Zeit als dreißig Jahre geschlossen ist. Hier kann nach dreißig Jahren jeder Teil unter Einhaltung der gedachten Frist kündigen.[2] Nur dann ist die Kündigung unzulässig, wenn der Vertrag für die Lebenszeit des Vermieters oder des Mieters abgeschlossen ist (566).

3. beim Tode des Mieters.[3] Hier kann sowohl der Erbe als der Vermieter mit der gedachten Frist die Kündigung bewirken, jedoch nur für den ersten Termin, für den sie zulässig ist (569); sonst läuft das Vertragsverhältnis noch bis zum Ende der bedungenen Zeit. Kündigen in einem solchen Falle die Erben des Mieters, so werden sie dadurch dem Mieter nicht entschädigungspflichtig. R.G. Bd. 18 S. 269.

Haben Mehrere, z. B. zwei Ehegatten, zusammen gemietet,

---

[1] Durch den Vertrag kann sie auch für andere Fälle festgesetzt werden.

[2] Es soll der Regel nach keine gänzliche, für beide Teile bindende Unkündbarkeit des Mietverhältnisses stattfinden. Daher gilt die obige Bestimmung auch für Mietverträge, bei welcher für einen Teil oder für beide Teile die Kündigung ausgeschlossen ist. Sie ist eine absolute, durch vertragsmäßige Vereinbarung nicht aufzuhebende.

[3] Ähnlich A.L.R. I 21 § 371. Abweichend gemeines Recht, C. c. art. 1742.

so giebt der Tod des einen Mieters dem anderen noch kein Kündigungsrecht, während die Erben des Verstorbenen an der Kündigung nicht behindert sind (425). Vgl. A.L.R. I 21 § 374). Hat dagegen die Frau nicht mit gemietet und ihren Ehemann allein oder mit Anderen beerbt, so ist sie an der Kündigung nicht behindert.[4]

Der Tod der **Vermieters** ist auf den Bestand des Mietverhältnisses ohne Einfluß, so daß dasselbe mit seinen Erben fortdauert.

4. in dem Falle,[5] wenn Militärpersonen,[6] Beamte,[7]

---

[4] Die singuläre Vorschrift des § 372 A.L.R. ist im B.G.B. nicht aufgenommen.

[5] Ähnlich A.L.R. § 376, das jedoch das Rücktrittsrecht des Mieters in weiterem Umfange zuläßt.

[6] Unter Militärpersonen sind nur solche zu verstehen, die zum **Deutschen Heere** und zur **Kaiserlichen Marine** gehören. Es sind dahin zu rechnen:

A. **Die Personen des Soldatenstandes**, nämlich Offiziere, Unteroffiziere mit Einschluß der Gefreiten und Obergefreiten, Gemeine, die Mitglieder des Sanitätskorps (Militärärzte 2c.) und des Maschinen-Ingenieurkorps.

B. **Militärbeamte**, nämlich alle im Heere und in der Marine für das Bedürfnis des Heeres oder der Marine dauernd oder auf Zeit angestellten, nicht zum Soldatenstande gehörenden, aber unter dem Kriegsministerium oder dem Chef der Admiralität, als Verwaltungschef, stehenden Beamten, welche **einen Militärrang** haben. Diejenigen, bei denen diese letztere Voraussetzung nicht zutrifft, sind **Civilbeamte** der Militärverwaltung, also **keine** Militärpersonen. Militärstrafgesetzbuch für das deutsche Heer vom 20. Juni 1872 § 4 und Anhang R.G.Bl. S. 204 Reichsmilitärgesetz vom 4. Mai 1874 § 38, Verordnung vom 13. August 1895 betr. die Klasseneinteilung der Militärbeamten S. 431.

Zu den unter **A** und **B** bezeichneten Personen des Soldatenstandes und Militärbeamten gehören auch:

a) die aus dem Beurlaubtenstande zum Dienst einberufenen Offiziere, Ärzte, Militärbeamte und Mannschaften, sowie

b) alle in Kriegszeiten zum Heeresdienst aufgebotenen oder freiwillig eingetretenen Offiziere, Ärzte, Militärbeamte und Mannschaften für die Zeit von ihrer Einberufung bezw. ihrem Eintritt bis zu ihrer Entlassung, nicht aber zur Disposition gestellte oder in den Ruhestand versetzte Offiziere und Militärbeamte, Reichsmilitärgesetz vom 2. Mai 1874 § 38B. Dagegen hat die Vorschrift des A.L.R. I 21 § 378 keine Aufnahme gefunden, wonach bei entstehendem Krieg der Mieter, welcher mit ausrücken muß, nur bis zum Ablauf des Quartals, in welchem der Ausmarsch erfolgt, gebunden ist.

[7] Beamte sind alle im Dienste des Reiches oder im unmittelbaren

Geistliche[8] und Lehrer[9] an öffentlichen Unterrichtsanstalten nach einem anderen Orte versetzt werden.[10]

Alsdann können dieselben[11] das Mietverhältnis in Ansehung der Räume, welche sie für sich oder ihre Familie[12] an dem bisherigen Garnison- oder Wohnorte gemietet haben, mit der mehrerwähnten Frist kündigen, jedoch ebenfalls nur für den ersten Termin, für den dies zulässig ist (570).

5. von seiten des Erstehers bei einer Zwangsversteigerung, s. unten § 46.

6. im Falle des Konkurses des Mieters, s. unten § 38.

In allen diesen Fällen wird der vorzeitig mit der gesetzlichen Frist Kündigende (ausgenommen den Fall, wenn der Konkursverwalter im Konkurse des Mieters kündigt) dem anderen Vertragsteile nicht entschädigungspflichtig, da er nur von einem ihm gesetzlich zustehenden Rechte Gebrauch macht. R.G. Bd. 18 S. 269.

§ 37. 3. Außerordentliche Beendigung durch Kündigung ohne Einhaltung einer Kündigungsfrist.

Ohne Einhaltung einer Frist, also mit der Wirkung, daß das Mietverhältnis alsbald sein Ende erreicht, kann die Kündigung erfolgen

1. von seiten des **Mieters**, wenn ihm der vertragsmäßige Gebrauch der gemieteten Räume infolge eines Mangels derselben,

---

oder mittelbaren Dienste eines (deutschen) Bundesstaates auf Lebenszeit, auf Zeit oder auch nur vorläufig angestellten Personen ohne Unterschied, ob sie einen Diensteid geleistet haben, also auch die Beamten der Gemeinden, Kreise, Provinzialverbände, aber nicht die Beamten von Privatgesellschaften und nicht die Notare. R.Str.G.B. § 359.

[8] Geistliche der staatlichen anerkannten Religionsgesellschaften.

[9] Auch Hilfslehrer, nicht aber solche, die nur ihr Probejahr absolvieren und nicht akademische Lehrer.

[10] Auch wenn dies auf Antrag oder auf Wunsch einer dieser Personen geschieht. R.G. Bd. 21 S. 283.

[11] Nicht auch der Vermieter.

[12] Also nicht bloß Wohnungen, sondern auch Ställe, Remisen, Lagerräume. Ausgenommen sind dagegen solche Räume, welche nicht dem Gebrauch des betr. Mieters und seiner Familie dienen, also z. B. ein Raum, den ein Geistlicher oder Lehrer zur Benutzung durch einen gemeinnützigen Verein in eigenem Namen gemietet hat.

eines zufälligen Ereignisses oder einer vom Vermieter zu vertretenden Handlung ganz oder zum Teil nicht rechtzeitig gewährt oder wieder entzogen und innerhalb einer von ihm dem Vermieter gesetzten angemessenen Frist nicht Abhilfe geschafft wird (542), s. o. § 15,[1] insbesondere auch, wenn eine Wohnung oder ein anderer, zum Aufenthalte von Menschen bestimmter Raum so beschaffen ist, daß dessen Benutzung mit einer erheblichen Gefährdung der Gesundheit verbunden ist (544).

Die Befugnis des Mieters, nach § 542 die alsbaldige Aufhebung des Vertragsverhältnisses herbeizuführen, kommt auch bei der durch Zufall (Brand, Einsturz) herbeigeführten Zerstörung der vermieteten Räume zur Anwendung. Nach § 323 würde in einem solchen Falle für den Vermieter die Unmöglichkeit zur Gewährung des Gebrauches der vermieteten Räume oder (bei teilweiser Zerstörung) des zerstörten Teiles derselben und dem entsprechend für den Mieter von der Aufhebung des Gebrauches ab die gänzliche oder teilweise Befreiung von der Zahlung des Mietzinses, sowie der Anspruch auf Rückzahlung des im voraus geleisteten Mietzinses, eintreten.[2] Durch § 542 ist aber weiter speziell für den Mietvertrag bestimmt, daß der Mieter in dem angeführten Fall die alsbaldige Aufhebung des Vertrages herbeiführen kann. Dies gilt nicht nur im Fall der Zerstörung sämtlicher Mieträume,[3] sondern auch bei Zerstörung eines Teiles derselben, wenn die dem Mieter verbleibenden für ihn wertlos sind, also zu dem ihm vertragsmäßig zugesicherten Gebrauch nicht ausreichen[4] und der Vermieter deren Wiederherstellung innerhalb einer ihm vom Mieter bestimmten angemessenen Frist nicht bewirkt. Ein Schadensersatzanspruch des Mieters an den Vermieter findet bei zufälliger Zerstörung der Mieträume nicht statt.

---

[1] Durch diese Vorschrift wird auch der nach gem. Recht l. 13 § 7, l. 27 § 1 D. loc. und nach dem S.G.B. § 1221 a. E. bestehende Endigungsgrund, daß dem Mieter bei fernerem Verbleiben in den gemieteten Räumen oder bei fernerer Benutzung derselben eine erhebliche Gefahr droht, z. B. durch Zerstörung des Hauses, Mißhandlungen von seiten des Vermieters, mit umfaßt.

[2] So auch S.G.B § 1231 S. 1, § 870.

[3] Nach C. c. art. 1722 tritt in diesem Falle Auflösung von Rechts wegen (résilié de plein droit) ein. Die besonderen Bestimmungen des C. c. art. 1733—1735 über die Haftung des Mieters bei Zerstörung des Hauses durch Brand haben im B.G.B. keine Aufnahme gefunden.

[4] Ähnlich S.G.B. § 1213 S. 2. C. c. art. 1722.

2. Von seiten des **Vermieters** kann ohne Einhaltung einer Frist gekündigt werden

a) wenn der Mieter oder derjenige, welchem er den Gebrauch der gemieteten Sache überlassen hat, ungeachtet einer Abmahnung des Vermieters einen vertragswidrigen Gebrauch der Sache fortsetzt, der die Rechte des Vermieters in erheblichem Maße verletzt, insbesondere einem Dritten den ihm unbefugt überlassenen Gebrauch beläßt oder die Räume durch Vernachlässigung der dem Mieter obliegenden Sorgfalt erheblich gefährdet (553), s. oben § 18.

b) wenn der Mieter für zwei aufeinander folgende Termine mit der Entrichtung des Mietzinses oder eines Teiles desselben im Verzuge ist (554), s. oben § 21.

Durch vertragsmäßige Übereinkunft, wie solche namentlich in den Hausordnungen festgestellt sind, kann die Befugnis zur Kündigung ohne Einhaltung einer Frist auch auf weitere Fälle ausgedehnt, insbesondere die Bestimmung getroffen werden, daß der Mieter bei Nichterfüllung der ihm (nach dem Vertrage und der Hausordnung) obliegenden Verpflichtungen seiner Rechte aus dem Mietvertrage verlustig gehen solle. Alsdann kann dieser Nachteil im Falle der Nichterfüllung alsbald geltend gemacht und Räumung gefordert werden; doch werden derartige Vorschriften immer nach Treue und Glauben auszulegen und darauf gestützte Vertragsaufhebungen, wenn sie auf reiner Chikane beruhen, für unwirksam zu erachten sein (157, 226), s. oben § 12.

Dagegen kann der Vermieter den Vertrag nicht einseitig aufheben wegen eigenen unvorhergesehenen Bedürfnisses (wie nach gem. Recht l. 3 Cod. de loc. 4, 65), wegen einer notwendigen, die Fortsetzung des Gebrauchs durch den Mieter nicht zulassenden Reparatur am Hause[5] (wie nach gem. Recht l. 3 Cod. cit., sowie nach dem

[5] Ist ein vermietetes Gebäude infolge irgend eines Umstandes reparaturbedürftig geworden und damit die Notwendigkeit einer alsbaldigen, die Weiterbenutzung durch den Mieter gänzlich oder teilweise ausschließenden Reparatur veranlaßt, so tritt damit je nach Umständen der Fall einer vorübergehenden oder dauernden Nichtgewährung des Gebrauches ein. Je nachdem der dieselbe veranlassende Umstand auf einem zufälligen Ereignis oder auf einem vom Vermieter oder Mieter zu vertretenden Umstand beruht und in mehr oder minder erheblicher Weise die Rechte der anderen Partei verletzt, ist nach §§ 537 Abs. 1, 538, 542, 553 der Mieter von der Zahlung des Mietzinses ganz oder teilweise befreit oder der Vermieter oder der Mieter dem anderen Teile entschädigungspflichtig oder für den Mieter oder den Vermieter ein Grund zur alsbaldigen Aufhebung des Vertrages gegeben.

S.G.B. § 1220) und nicht wegen eines notwendigen Hauptbaues (wie nach A.L.R. I 21 § 363—365), s. Mot. II S. 417 bis 418.

§ 38. 4. Konkurs des Mieters oder Vermieters.

Der Konkurs des Mieters oder Vermieters ist an sich noch kein Grund für die Beendigung des Mietverhältnisses, kann aber Anlaß geben, dasselbe durch einseitige Erklärung oder durch Kündigung einer Partei zu einem vorzeitigen Ende zu führen. Es ist dabei zu unterscheiden, ob die gemieteteten Räume dem Mieter vor der Eröffnung des Konkurses bereits übergeben sind [1] oder ob zu dieser Zeit nur ein Vertragsabschluß ohne Übergabe vorliegt.

1. Konkurs des Mieters.

a) Bei bereits erfolgter Übergabe.

Hier kann das Mietverhältnis sowohl von dem Verwalter im Konkurse des Mieters, als von dem Vermieter gekündigt werden, und zwar, wenn keine kürzere Frist bedungen ist, mit der gesetzlichen Kündigungsfrist (§ 19 K.O.).[2]

Kündigt der Konkursverwalter dem Vermieter, so ist dieser berechtigt, Ersatz des ihm durch die vorzeitige Aufhebung des Vertrages erwachsenen Schadens zu verlangen (§ 19 S. 3 K.O.).[3]

---

[1] Sind von mehreren, eine Wohnung bildenden Räumen bis zur Konkurseröffnung erst einige übergeben, so kommt es darauf an, ob diese als die hauptsächlichen Räume anzusehen sind. So wird die Übergabe einer Wohnung auch dann als abgeschlossen zu gelten haben, wenn ein dazu gehöriger Kellerraum, Stall oder Schuppen zur fraglichen Zeit vom Vermieter noch nicht geräumt ist.

[2] S. § 565 Abs. 1 S. 1 und oben § 34; die „ortsübliche Frist" in § 17 Z. 1 der K.O. vom 10. Februar 1877 ist jetzt beseitigt.

[3] Diese Entschädigungspflicht wurde nach allgemeinen Grundsätzen, da infolge eines von dem Mieter zu vertretenden Umstandes eine vorzeitige Aufhebung des Mietverhältnisses erfolgt sei, schon während der Geltung der K.O. vom 20. Februar 1877 angenommen, obgleich sie damals nicht ausdrücklich festgesetzt war. Petersen und Kleinfeller, K.O. Erl. II Z. 2 Abs. 3 zu den §§ 17, 18 K.O., R.G. Bd. 7 S. 20, Gruchot Bd. 28 S. 1175, andererseits aber bestritten, weil der Verwalter mit der Kündigung nur ein ihm zustehendes Recht ausübe. Sie ist deshalb jetzt in § 19 ausdrücklich festgesetzt. Mot. zu § 17 des Entw. der K.O. Protok. z. B.G.B. S. 2036.

Er kann jedoch diesen Schaden, ebenso wie die bis zur Konkurseröffnung entstandenen Ansprüche aus dem Mietverhältnis, insbesondere den Anspruch auf Mietzins, nur als Konkursforderung geltend machen,[4] während der von der Konkurseröffnung ab fällig werdende Mietzins als Masseschuld zu decken ist (§ 59 Z. 2 K.O.).

Kündigt der Vermieter, so ist er wegen der vorzeitigen Aufhebung des Vertrages zu einer Entschädigung weder berechtigt, noch verpflichtet.[5]

Kündigt weder der Verwalter, noch der Vermieter, so bleibt das Mietverhältnis bis zu dessen vertragsmäßiger oder gesetzlicher Beendigung bestehen. Auch hier ist der von der Eröffnung bis zur Beendigung des Konkurses fällig werdende Mietzins als Masseschuld anzusehen.

In allen diesen Fällen kann der Vermieter wegen seiner Ansprüche aus dem Mietvertrag auf Grund des ihm nach § 559 B.G.B. zustehenden Pfandrechts an den eingebrachten Sachen des Mieters abgesonderte Befriedigung aus deren Erlös beanspruchen, jedoch nicht in Ansehung des Mietzinses für eine frühere Zeit als das letzte Jahr vor der Konkurseröffnung und nicht in Ansehung des dem Vermieter infolge der Kündigung des Verwalters zustehenden Enschädigungsanspruchs (§ 49 Z. 2 K.O.).[6]

---

[4] Der Vermieter, welchem vom Verwalter vorzeitig gekündigt wird, ist nicht etwa Massegläubiger nach § 59 Z. 1 K.O. („Ansprüche, welche aus Geschäften oder Handlungen des Konkursverwalters entstehen"), sondern Konkursgläubiger, da sich der ihm bereits zur Zeit der Konkurseröffnung dem Gemeinschuldner gegenüber zustehende Anspruch auf Vertragserfüllung während der vereinbarten Zeit infolge der dem Verwalter gesetzlich zustehenden Kündigung in den Anspruch auf Entschädigung umwandelt. So auch Petersen und Kleinfeller a. a. O. und R.G. Bd. 7 S. 20.

[5] Er ist nicht berechtigt, da er selbst die vorzeitige Aufhebung herbeiführt und nicht verpflichtet, da er dies auf Grund einer ihm gesetzlich zustehenden Befugnis und infolge eines von ihm nicht zu vertretenden Umstandes, der Konkurseröffnung, thut.

[6] So im wesentlichen auch schon früher nach § 41 Z. 4 der K.O. vom 10. Februar 1877 in der Fassung des Ges. vom 9. Mai 1894 bei richtiger Auslegung desselben, obwohl die frühere Bestimmung in Bezug auf die zeitliche Begrenzung des bevorrechteten Mietzinses etwas abweichend (wegen des laufenden und des für das letzte Jahr vor der Eröffnung des Verfahrens rückständigen Zinses) lautete, s. R.G. Bd. 34 S. 100.

b) Bei noch nicht erfolgter Übergabe.

Hier kann vor allem der Vermieter vom Vertrage zurücktreten, ohne auch in diesem Falle zur Entschädigung berechtigt oder verpflichtet zu sein. Er muß jedoch auf Erfordern des Verwalters sich ohne Verzug über die Ausübung seiner Rücktrittsbefugnis erklären (§ 20 K.O.). Unterläßt er dies oder erklärt er sich für die Aushaltung des Vertrages, so kommt die Vorschrift des § 17. K.O. zur Anwendung, wonach es von dem Konkursverwalter abhängt, ob er den Vertrag erfüllen oder aufgeben will, worüber er sich übrigens auf Erfordern des Mieters ebenfalls ohne Verzug zu erklären hat, widrigenfalls er auf der Erfüllung nicht bestehen kann. Entschließt sich der Verwalter für die Erfüllung, so ist der während der Dauer des Konkurses auflaufende Mietzins Masseschuld (§ 59 Z. 2 K.O.). Verweigert er dem Vermieter die von diesem begehrte Erfüllung, so kann dieser deshalb einen Entschädigungsanspruch als Konkursgläubiger erheben (§§ 17, 26 K.O.).

2. Konkurs des Vermieters.

a) Bei erfolgter Übergabe.

Hier bleibt das Vertragsverhältnis auch der Konkursmasse gegenüber bestehen, an welche der von der Konkurseröffnung ab anfällig werdende Mietzins zu zahlen ist (§ 21 Abs. 1 K.O.).[7]

Hat der Vermieter vor der Eröffnung des Konkurses über den auf die Zeit nach der Konkurseröffnung entfallenden Mietzins verfügt, sich denselben insbesondere im voraus bezahlen lassen, so ist eine solche Verfügung der Konkursmasse gegenüber nur in Ansehung des Mietzinses für das zur Zeit der Eröffnung des Verfahrens laufende und für das folgende Kalendervierteljahr wirksam (§ 21 Abs. 2 K.O.);[8] der für eine spätere Zeit fällig werdende

---

[7] So auch nach § 17 Z. 2 der K.O. vom 10. Februar 1877.

[8] In der K.O. vom 10. Februar 1877 war diese Vorschrift nicht enthalten und daher eine Vorausverfügung schon über den von der Zeit der Konkurseröffnung ab laufenden Mietzins der Konkursmasse gegenüber unwirksam, da lediglich die letztere von der gedachten Zeit ab für Rechnung der Konkursgläubiger dem Mieter den Gebrauch der vermieteten Räume gewährte und daher auf diese ihr dadurch erwachsende Forderung Zahlungen oder Vorausverfügungen (Cessionen) des Mieters oder Gegen-

Mietzins dagegen, sofern der Konkurs alsdann noch fortdauert, an die Konkursmasse zu bezahlen. Soweit die Entrichtung des Miet- und Pachtzinses der Konkursmasse gegenüber wirksam ist, also gegenüber dem Mietzinse für das zur Zeit der Konkurseröffnung laufende und das folgende Kalendervierteljahr, kann der Mieter gegen die Mietzinsforderung der Konkursmasse eine ihm gegen den Gemeinschuldner (Vermieter) zustehende Forderung aufrechnen.[9]

In Bezug auf die Beendigung des Mietverhältnisses ist der Konkurs des Vermieters nur insofern von Einfluß, als eine von dem Verwalter vorgenommene freiwillige Veräußerung des von dem Gemeinschuldner vermieteten Grundstücks wie eine Zwangsversteigerung wirkt, d. h. der Ersteher, der im übrigen in das Mietverhältnis an Stelle des Vermieters eintritt, ist berechtigt, dasselbe unter Einhaltung der gesetzlichen Frist (§ 565) für den ersten Termin, für den dies zulässig ist, zu kündigen (§ 57 S. 2 des Zwangsversteigerungsgesetzes). Dem Mieter steht alsdann, wenn infolge der Kündigung des Erstehers das Mietverhältnis vorzeitig aufgehoben wird, nur ein Entschädigungsanspruch zu, der während der Dauer des Konkurses als Konkursforderung (nicht als Masseschuld), nach Beendigung des Konkursverfahrens aber dem Vermieter gegenüber zu erheben ist.

b) Bei noch nicht erfolgter Übergabe.

Hier kommt lediglich die bereits erwähnte Vorschrift des § 17 K.O. zur Anwendung und es kommt auf die Entschließung des Konkursverwalters an, bis zu deren Ausübung der Mieter an den Vertrag gebunden ist. Entscheidet sich der Verwalter für die Aufgabe des Mietverhältnisses, so kann der Mieter nur einen Entschädigungsanspruch als nicht bevorrechtigte Konkursforderung geltend machen. Entscheidet sich der Verwalter für die Aushaltung des Vertrages, dann ist derselbe zwischen dem Mieter

---

forderungen des Mieters an den Vermieter nicht anzuerkennen brauchte. R.G. Bd. 1 S 347, Bd. 6 S. 112, Bd. 33 S. 40. Gegenwärtig ist die Wirksamkeit von Vorausverfügungen des Vermieters übereinstimmend mit der in §§ 1124, 1125 in Bezug auf die Rechte der Hypothekengläubiger getroffenen Vorschrift in erweitertem Umfange anerkannt.

[9] Anders früher infolge der in der vorhergehenden Anmerkung erwähnten Vorschrift der K.O. vom 10. Februar 1877, s. auch Niendorff S. 193.

und der Konkursmasse in Gemäßheit der zwischen Vermieter und Mieter getroffenen Vereinbarung zu erfüllen. In jedem Falle aber muß auch hier der Verwalter seine Entschließung auf Anfordern des Mieters alsbald erklären, widrigenfalls er auf Erfüllung nicht bestehen kann (§ 17 Abs. 2 K.O.).

§ 39. Enteignung (Expropriation).

1. Wirkungen der Enteignung. Entziehung der ganzen Mieträume.

Für die Wirkungen der Enteignung, d. i. der im öffentlichen Interesse zwangsweise erfolgenden Entziehung oder Beschränkung von Grundeigentum oder von Rechten an solchem, sind fast in allen deutschen Staaten die nach Art. 109 des Einf.-Ges. z. B.G.B. in Kraft bleibenden Vorschriften der einschlagenden Landesgesetze[1] maßgebend.

---

[1] In Reichsgesetzen, namentlich im Rayongesetz vom 21. Dezember 1871, ist über den Einfluß der Eigentumsbeschränkung gegenüber etwaigen Mietverhältnissen nichts enthalten, vielmehr nur in § 37 bezüglich der Rechte „anderer Realberechtigter" an der Entschädigung auf die Landesgesetze verwiesen.

Als Landesgesetze, die anfänglich behufs Regelung der Enteignung für die Zwecke des Landstraßenbaues, später aber für öffentliche Zwecke der verschiedensten Art, namentlich für den Bau von Eisenbahnen, sowie für die Herstellung von Straßen und Plätzen, Friedhöfen, Wasserleitungen 2c. in Städten und Dörfern erlassen wurden, kommen die folgenden in Betracht.

1. Das Königl. Preußische Enteignungsgesetz vom 11. Juni 1874.
2. Das Königl. Bayerische Gesetz vom 17. November 1837, die Zwangsabtretung von Grundeigentum für öffentliche Zwecke betr., nebst dem Wassergesetz vom 27. Mai 1852 und dem Gesetz über die Flurbereinigung vom 29. Mai 1886.
3. Das Königl. Württembergische Gesetz vom 20. Dezember 1888 betr. die Zwangsenteignung von Grundstücken und von Rechten an Grundstücken (zu Artt. 14 und 36 abgeändert durch Art. 209 des Ausf.-Ges. zum B.G.B. vom 28. Juli 1899).
4. Das Königl. Sächsische Ges. vom 7. März 1835 wegen Abtretung des zur Erbauung der Leipzig-Dresdener Eisenbahn erforderlichen Grundeigentums. (Ein neues Enteignungsgesetz ist in Beratung.)
5. Das Großh. Badische Enteignungsgesetz vom 26. Juni 1899.

Nach diesen ergeben sich im einzelnen folgende Grundsätze.

6. Das Großh. Hessische Gesetz vom 26. Juli 1884, Enteignung von Grundeigentum betr.
7. Die Großh. Mecklenburg-Schwerinsche Verordnung vom 3. Januar 1837 in betreff der erforderlichen Abtretungen zu Kunst- und Wasserstraßenbauten und der dafür zu leistenden Entschädigung,

sowie

die Verordnung vom 29. März 1845 in betreff der Veräußerungsverpflichtung behufs Eisenbahnanlagen,

ingleichen

die Verordnung vom 21. Juli 1886 betr. die Enteignung von Grundeigentum in den Landstädten

und

§ 90 Abs. 2, § 96 der Ausf.-Verordnung zum B.G.B. vom 9. April 1899.
8. Das Großh. S.-Weimarische Gesetz vom 26. November 1855 über die bei Anlegung der Werra-Eisenbahn erforderliche zwangsweise Eigentumsabtretung

sowie

das Gesetz vom 10. Dezember 1882, die Feststellung der Entschädigung in Enteignungsfällen betr.
9. Die Großh. Mecklenburg-Strelitzer Verordnung vom 30. Januar 1872, wodurch die Schwerinsche Verordnung vom 29. März 1845 eingeführt wurde.
10. Das Großh. Oldenburgische Enteignungsgesetz vom 21. April 1899.
11. Die Herzogl. Braunschweigische Verordnung vom 26. März 1823, die Abtretung der zu Chausseeanlagen benötigten Grundstücke betr. und die Verordnung vom 4. Mai 1835, welche die erstgenannte auch auf Eisenbahnanlagen ausdehnt, nebst den Nachtragsgesetzen vom 13. September 1867 und vom 23. September 1870,

sowie

das Gesetz vom 13. September 1867, die Ausmittelung der Entschädigungen bei Expropriationen betr.

und endlich

die neue Wegeordnung vom 5. Juni 1871 §§ 48 flg.
12. Das Herzogl. S.-Meiningensche Expropriationsgesetz vom 28. Juni 1845 nebst Nachtrag vom 9. April 1868 und die Eisenbahn-Enteignungsgesetze vom 28. März 1855 und vom 18. Juni 1867.
13. Das Herzogl. S.-Altenburgische Wegebaugesetz vom 26. März 1837,

sowie

das Mandat vom 13. Juli 1863, die Abtretung des zur Erbauung der Eisenbahn Gößnitz-Gera erforderlichen Grundeigentums betr., welches Gesetz auch bei allen späteren Eisenbahnbauten für maßgebend erklärt worden ist.
14. Das Herzogl. S.-Gothaische Gesetz vom 21. Mai 1884 über die Ent-

1. Wenn die Enteignung sich auf das ganze vermietete Hausgrundstück erstreckt, so geht mit der Durchführung derselben[2]

eignung von Grundeigentum und das (gleichlautende) Herzogl. S.-Coburgische Gesetz vom 20. Mai 1888 über die Enteignung von Grundeigentum.

15. Das Herzogl. Anhaltische Gesetz vom 12. April 1875 betr. die Enteignung von Grundeigentum.

16. Das Fürstl. Schwarzburg-Rudolstädtische Gesetz vom 5. Februar 1840 über die Entschädigung des zum Straßenbau abzugebenden Grundeigentums nebst den Zusatzgesetzen vom 24. Februar 1860 und 9. Februar 1861.

17. Das Fürstl. Schwarzburg-Sondershausensche Enteignungsgesetz vom 29. Juli 1899.

18. Das Fürstl. Waldecksche Gesetz vom 11. März 1870 über die Eisenbahnunternehmungen in den Fürstentümern Waldeck und Pyrmont.

19. Das Fürstl. Reuß. ä. L. Gesetz vom 15. März 1856 wegen Expropriation von Grundeigentum behufs Herstellung von öffentlichen Wegen nebst Zusatz vom 26. Juni 1856 und Gesetz vom 18. Mai 1870 über die bei Anlegung von Eisenbahnen erforderliche zwangsweise Eigentumsabtretung.

20. Das Fürstl. Reuß. j. L. Gesetz vom 15. März 1856 wegen der bei Anlage von Eisenbahnen erforderlichen zwangsweisen Eigentumsabtretung.

21. Das Fürstl. Schaumburg-Lippische Gesetz vom 28. März 1896 betr. die Enteignung von Grundeigentum.

22. Das Fürstl. Lippische Gesetz vom 3. Februar 1869 die Anlage von Eisenbahnen betr.

23. Das Gesetz der Freien und Hansestadt Lübeck vom 21. Mai 1870 über die Entziehung und Beschränkung des Grundeigentums mit Nachtrag vom 17. Juni 1878.

24. Das Gesetz der Freien und Hansestadt Bremen vom 16. April 1882 über die Enteignung von Grundeigentum.

25. Das Expropriationsgesetz der Freien und Hansestadt Hamburg vom 5. Mai 1886.

26. Das Enteignungsgesetz für das Reichsland Elsaß-Lothringen (loi sur l'expropriation pour cause d'utilité publique) vom 3. Mai 1841 mit Nachtragsgesetz vom 20. Juni 1887, die Feststellung der Entschädigung betr.

[2] Nach § 44 des Preußischen Enteignungsgesetzes mit der Zustellung des (von der Regierung nach Zahlung oder Hinterlegung der Entschädigungssumme zu erlassenden) Enteignungsbeschlusses. Ebenso nach Art. 39 des Württembergischen Enteignungsgesetzes. Nach anderen Gesetzen mit

das Eigentum auf den Unternehmer über und sowohl das Eigentum des seitherigen Inhabers als auch das von ihm einem Dritten eingeräumte Mietrecht zu Ende (s. insbes. § 45 des Preuß. Enteignungsges., Art. 19 des Großh. Hess. Enteignungsges., nebst Art. 279 des Ausführungsges. zum B.G.B. v. 17. Juli 1899, Art. 38 des Württemb. Zwangsenteignungsges., § 9 des Schwarzb.-Sondersh. Ges. über Zwangsabtretung).

Wie dem Eigentümer, ist auch dem Mieter Entschädigung zu gewähren, dem letzteren also der ihm durch die vorzeitige Aufhebung seines Mietrechts erwachsende Nachteil zu ersetzen.[3] Verpflichtet hierzu ist nach der Mehrzahl der neueren Enteignungsgesetze nicht der Eigentümer und **Vermieter**, für welchen die Enteignung vielmehr nach allgemeinen Grundsätzen einen seine Haftpflicht ausschließenden Zufall (vis major) bildet[4] und bei vorzeitiger Auflösung des Vertrages infolge der Enteignung nur die Verpflichtung zur Rückgewähr des vom Mieter auf die Zeit nach dem Eigentumsübergang im voraus entrichteten Mietzinses erwächst, sondern der **Unternehmer**. Dieser Schadensersatz kann in zweifacher Weise geleistet werden:

a) Es kann die Entschädigung des Mieters von **diesem**, der zu diesem Zwecke als Nebenberechtigter am Enteignungsverfahren teilnimmt, **neben** dem Schadensersatzanspruch des Eigentümers und Vermieters berechnet, von der Enteignungsbehörde festgestellt und vom Unternehmer **unmittelbar** an den Mieter gewährt werden. In dieser Weise ist die Ersatzleistung für den Fall **vollständiger** Entziehung der gemieteten Räume geordnet

in § 11 des Preuß. Enteignungsgesetzes

Artt. V, VI des Bayer. Ges. über die Zwangsabtr. (s. **Seydel**, Bayer. Staatsr. III S. 640 Anm. 1 und **Roth-Becher** Bayer. Civilr. 2. Aufl. II. Teil 1. Abt. § 152 Note 90 S. 270).

Artt. 14, 28, 36 des Württembergischen Enteignungsgesetzes und Art. 209 des dortigen Ausf.-Ges. z. B.G.B.

---

der Zahlung der Entschädigungssumme oder (z. B. Art. 42 des Fürstl. Reuß j. L. Enteignungsgesetzes) mit der nach Zahlung der Entschädigungssumme für den Unternehmer auszufertigenden Erwerbsurkunde.

[3] Selbstverständlich kann sich der Schadensersatz nur auf diejenige Zeit erstrecken, für welche der Mietvertrag fest abgeschlossen ist oder nicht durch Geltendmachung der vereinbarten Kündigung gelöst werden kann.

[4] **Bolze** Bd. 20 Nr. 432.

§§ 14, 44 des Badischen Enteignungsgesetzes.

Artt. 12, 13 des Großh. Hess. Gesetzes.

§ 8 Abs. 3 der Mecklenburg-Schwerinschen Verordnung vom 3. Januar 1837 und

§ 12 Abs. 3 der Mecklenburg-Strelitzer Veorordnung vom 29. März 1845, welche auch in Mecklenburg-Strelitz gilt, sowie namentlich in

§ 90 Abs. 2, § 96 der Mecklenburg-Schwerinschen Verordnung vom 9. April 1899 zur Ausführung des B.G.B. und in § 88 der Mecklenburg-Strelitzer Verordnung zur Ausf. des B.G.B.

Art. 17 des Weimarischen Expropriationsgesetzes.

Artt. 14, 24 des Oldenburger Enteignungsgesetzes.

Art. 16 des Meininger Expropriationsgesetzes.

§ 11 des Gothaischen und des Coburgischen Enteignungsges.

§ 10 des Anhaltischen Gesetzes.

§ 4 des Schwarzb.-Rudolstädter Gesetzes vom 9. Febr. 1861 („wenn sich der Pachter nicht mit der ihm vom Eigentümer zu gewährenden vierprozentigen Verzinsung der Entschädigungssumme für die Dauer der Pachtzeit begnügen will").

Artt. 17 des Reuß. ä. L. Enteignungsgesetzes.

Artt. 18 des Reuß. j. L. Enteignungsgesetzes.

§ 5 Abs. 4, § 7 Abs. 2 des Fürstl. Lippischen Gesetzes.

§§ 10, 22, 25 des Schaumb.-Lippischen Enteignungsgesetzes.

§§ 12, 24, 36, 40 des Bremischen Enteignungsgesetzes.

§§ 6, 7, 19, 23 des Lübeckischen Enteignungsgesetzes.

Insbesondere ist nach §§ 11 und 29 des Preußischen, sowie des gleichlautenden Coburgischen und Gothaischen Enteignungsgesetzes der Betrag des Schadens, welchen die Mieter durch Enteignung erleiden, besonders festzustellen und zu ersetzen, soweit derselbe nicht in der für das enteignete Grundstück bestimmten (vollen) Entschädigung oder in der an derselben zu gewährenden Nutzung begriffen ist. Unter den „Mietern" sind hier nicht bloß die dinglich berechtigten Mieter nach A.L.R., sondern auch die bloß obligatorisch berechtigten Mieter der gemeinrechtlichen Gebiete und demgemäß auch die Mieter nach dem B.G.B. zu verstehen,[5] welchen ebenfalls kein dingliches Recht zu-

[5] Während Eger, das Gesetz über die Enteignung von Grundeigentum vom 11. Juni 1874 Bd. I S. 93, 294, 328, mit Rücksicht auf die

kommt.[6] — Der Fall dieser besonderen Entschädigung des Mieters wird namentlich nach den letzterwähnten Vorschriften der gewöhnliche sein, da in der Regel sein Interesse (Differenz zwischen dem Mietzins für die noch laufende Mietzeit und dem Nutzungswert der Mieträume) ein anderes, als das des Eigentümers ist, der Wert des Mietrechts neben dem des Gebäudes eine selbständige, die besonderen Verhältnisse des Mieters berücksichtigende Schätzung (R.G. Bd. 5 S. 250, Bd. 32 S. 298) zuläßt,[7] die namentlich mit dem Rechte auf Nutzung (Zinsabwurf) der für das Grundstück ausgeworfenen Entschädigung nicht gleichwertig ist.

b) Es kann aber auch die Entschädigung des Mieters in der für das enteignete Grundstück ausgeworfenen Gesamtentschädigung des Eigentümers enthalten und dem letzteren die Abfindung des Mieters überlassen sein.

So kann nach dem Preuß. Enteignungsgesetz §§ 11, 29, sowie nach den gleichlautenden §§ 11, 29 der Coburgischen und Gothaischen Enteignungsgesetze die Entschädigung des Mieters in dem Grundwert mit enthalten sein.[8] Alsdann hat der Eigentümer die Gesamtentschädigung zu berechnen und sich mit dem Mieter wegen des demselben daran gebührenden Anteils, nötigenfalls auf dem

---

in § 11 des Preußischen Enteignungsgesetzes enthaltene Zusammenstellung der Mieter mit „Nutzungs-, Gebrauchs- und Servitutberechtigten" und auf die Stellung dieses § 11 im Gesetze, nur dem dinglich berechtigten Mieter, wie er sich nach A.L.R. darstellt, einen unmittelbaren Anspruch an den Unternehmer giebt, den bloß obligatorisch berechtigten Mieter aber an den Vermieter verweist, wird von anderer Seite, namentlich von Löbell, das Preußische Enteignungsgesetz vom 11. Juni 1874 S. 78 Anm. 10, auch dem letztgenannten Mieter, wenn er im Besitz ist, ein unmittelbarer Anspruch an den Unternehmer zugestanden. Dieser Ansicht hat sich auch das R.G., Entsch. Bd. 29 S. 273, angeschlossen.

[6] Planck, Vorbemerk. 2 vor § 535. Anm. 1 zu § 571.

[7] Eger a. a. O. S. 281 flg., 332. Löbell S. 79 Anm. 10. A. M. Bähr u. Langerhans, Enteignungsgesetz vom 11. Juni 1874 S. 52, 53.

[8] Z. B. das enteignete Hausgrundstück bietet allen seinen Bewohnern besondere Vorteile durch seine Lage an einem Kanal, Vorteile, welche in anderen Grundstücken der betr. Stadt nicht wieder zu erlangen sind. Diese Vorteile werden bereits in der für den Eigentümer berechneten Entschädigungssumme Berücksichtigung finden und daher vom Unternehmer den Mietern nicht nochmals zu gewähren, sondern diesen nur vom Eigentümer Abfindungen wegen der Entziehung des zeitweisen Mitgenusses dieser Vorteile zuzubilligen sein.

Rechtswege, auseinander zu setzen.[9] Ähnlich verweisen das Altenburger Wegebaugesetz § 20, sowie die späteren Altenburger Eisenbahn-Expropriationsgesetze, insbesondere § 10 Abs. 2 des Mandats vom 13. Juli 1863, den Pachter (dem der Mieter gleichsteht) beim Mangel anderweiter Vereinbarung mit seinen Entschädigungsansprüchen auf die noch rückständige Dauer der Pachtzeit an den Eigentümer oder die Entschädigungssumme. Dabei kann nach § 29 Abs. 2 S. 2 des Preuß. Enteignungsgesetzes auf Antrag des Eigentümers oder des Mieters von der Enteignungsbehörde das Anteilsverhältnis festgestellt werden, nach welchem der Mieter innerhalb seiner vom Eigentümer anerkannten Berechtigung aus der für das Eigentum festgestellten Entschädigungssumme oder deren Nutzungen Entschädigung gebührt. Ähnlich nach § 23 des Hamburgischen Enteignungsgesetzes und nach § 25 des Enteignungsgesetzes von Schaumburg-Lippe. Nach Art. 46 des Großh. Hessischen Gesetzes ist die Entscheidung über das Anteilsverhältnis zwischen Eigentümer und Nebenberechtigten auf dem Rechtsweg zu geben. — Auch im Fürstl. Waldeckschen Gesetz §§ 4 und 5 ist von einem Anspruch des Mieters gegenüber dem Unternehmer nicht die Rede, der Mieter also an den Eigentümer gewiesen.

§ 40. 2. Entziehung eines Teils der Mieträume. — Frühere vertragsmäßige Festsetzung der Entschädigung des Mieters. — Klage auf den von der Enteignungsbehörde abgelehnten Mehrbetrag.

2. Wird infolge der Enteignung dem Mieter nur ein Teil der von ihm gemieteten Räume, z. B. ein Stall oder ein Lagerraum, entzogen, so erwächst ihm hierdurch der Anspruch auf entsprechende Entschädigung, und zwar entweder gegen den Unternehmer (so nach § 11 des Preuß. Enteignungsges., Artt. 28, 36 des Württembergischen, Artt. 16, 17 des Meiningenschen, Art. 17 des Reuß. j. L., Art. 18 des Reuß. ä. L. Enteignungsges.) oder gegen den Vermieter (so nach § 9 des Hamburgischen Gesetzes, § 12 Abs. 3 des Mecklenburg-Schwerinschen Enteignungsgesetzes vom 29. März 1845) oder gegen beide (so nach Art. 14b des Oldenburgischen Enteignungsgesetzes: Verpflichtung des Vermieters zur Gewährung von 4 % des Entschädigungskapitals auf die

[9] R.G. Bd. 35 S. 258.

Zeit des dem Mieter entgehenden Gebrauches und Verpflichtung des Unternehmers zum Ersatze eines etwaigen Mehrbetrages des Schadens). Mindestens hat er Anspruch auf entsprechende Minderung des Mietpreises für den Rest der Mietzeit (§§ 537, 541 B.G.B. Eger a. a. O. S. 340).

Wird dem Mieter infolge der Entziehung eines Teils der gemieteten Räume die Benutzung der ihm verbleibenden unmöglich oder wertlos, so hat er das Recht, nach § 542 B.G.B., dem Vermieter, der ihm den Gebrauch der gemieteten Räume nicht mehr gewähren kann, ebenso wie im Falle der Zerstörung des Hauses, ohne Einhaltung einer Kündigungsfrist zu kündigen.[1] Erwächst dem Mieter außerdem noch ein Schaden, so ist ihm dieser je nach den oben erwähnten landesgesetzlichen Vorschriften vom Unternehmer oder vom Vermieter zu vergüten.

3. Ist in dem Mietvertrag für den Fall der Enteignung die Entschädigung des Mieters nur in beschränktem Maße zugelassen oder ganz aufgehoben, so muß der Mieter dies nicht nur seinem Vermieter, sondern auch dem Unternehmer gegenüber gelten lassen, da er auch diesem gegenüber einen Schaden nur insoweit verfolgen kann, als er ihm nach Maßgabe der Bestimmungen seines Mietvertrages überhaupt erwachsen ist. Löbell a. a. O. S. 80, Str.-Arch. Bd. 100 S. 315, Niendorff S. 219. A. M., Eger I S. 342.

4. Ist der Mieter mit der ihm von der Enteignungsbehörde zugebilligten Entschädigung[2] nicht zufrieden, so kann er nach § 30 des Preußischen und Art. 41 des Württembergischen Enteignungsges. binnen sechs Monaten von Zustellung des Beschlusses der Enteignungsbehörde ab einen Mehranspruch auf dem Rechtswege ausführen; dies selbst dann, wenn er am Enteignungsverfahren keinen Anteil genommen hatte. So auch nach § 24 des Lübeckischen Gesetzes.

---

[1] Für das preuß. Recht streitig. Für obige Ansicht von den Kommentatoren des Gesetzes vom 11. Juni 1874: Grünhut S. 144; Dalcke S. 71; Thiel S. 51, 52. Dagegen Eger I S. 340; Löbell S. 81. In anderen Staaten geben bereits die Enteignungsgesetze (so das Badische § 35, das Sachsen-Weimarische § 14 Abs. 3, § 6, das Reuß ältere und jüngere Linie §§ 17 und 18) dem Mieter im Falle der Unmöglichkeit oder erheblichen Erschwerung der Benutzung der ihm verbleibenden Mieträume das Recht zur Aufhebung des Vertragsverhältnisses.

[2] Anders, wenn er vom Vermieter ohne Mitwirkung der Enteignungsbehörde entschädigt wird.

Sechster Abschnitt.

Einfluß der Rechte Dritter, insbesondere der Besitznachfolger und Hypothekengläubiger des Vermieters auf das Mietverhältnis.

I. Freiwillige Veräußerung und Belastung des vermieteten Grundstücks.

1. Nach Überlassung der Mieträume an den Mieter.

§ 41. Veräußerung. Eintritt des Erwerbers in das Vertragsverhältnis.[1]

Wird das vermietete Grundstück nach der Überlassung an den Mieter von dem Vermieter an einen Dritten veräußert, so tritt der Erwerber an Stelle des Vermieters in die sich während der Dauer seines Eigentums aus dem Mietverhältnis ergebenden Rechte und Verpflichtungen ein (571 Abs. 1).[2]

1. Zunächst in die Rechte. Er erlangt also namentlich (kraft eigenen Rechts) den Anspruch auf den von der Zeit seiner Eintragung ab anfällig werdenden Mietzins, nicht aber auf den von der Zeit seines Vorbesitzers her rückständigen, sofern ihm derselbe nicht abgetreten ist.[3]

Er erlangt auch von dem Beginn seines Eigentums an das gesetzliche Pfandrecht an den eingebrachten Sachen des Mieters; doch bleibt daneben das Pfandrecht des Vorbesitzers (Vermieters) wegen des aus dessen Zeit rückständigen Mietzinses bestehen.[4]

---

[1] Über den seitherigen Rechtszustand nach gemeinem Recht, A.L.R., dem C. c. und dem S.G.B siehe oben in der Einleitung S. 2 flg.

[2] Eine abweichende Vereinbarung (daß Kauf Miete brechen solle) ist zulässig.

[3] Ist also der Mietzins in vierteljährlichen Nachzahlungen zu berichtigen und das Grundstück dem Käufer am 1. Mai übereignet, so kann derselbe am Zahlungstage, dem 1. Juli, nur den Mietzins für die beiden Monate Mai und Juni, nicht aber auch für den Monat April, beanspruchen. Planck § 571 Anm. 3bα. Vergl. auch A.L.R. 11 § 106. A.M. Niendorff S. 187.

[4] Ein in der II. Kommission gestellter Antrag, das Pfandrecht des Vermieters mit der Übertragung des Eigentums erlöschen zu lassen, wurde

Der Erwerber erlangt ferner das Recht zur Gestattung einer Untermietung, zur vertragsmäßigen oder gesetzlichen Kündigung, sowie den Anspruch auf Rückgabe des Mietgrundstücks nach Beendigung des Verhältnisses.

Er tritt endlich in die Rechte ein, welche dem Vermieter aus einer von dem Mieter für Erfüllung seiner Verpflichtungen geleisteten Sicherheit zustehen. Er ist indessen zur Rückgewährung einer derartigen Sicherheit (an den Mieter bei Beendigung des Mietverhältnisses) nur dann verpflichtet, wenn sie ihm ausgehändigt oder von ihm dem Vermieter gegenüber die Verpflichtung zur Rückgewähr übernommen worden ist (572).

2. Der Käufer tritt andererseits auch in die von der Zeit seines Eigentumserwerbs ab aus dem Mietverhältnis entstehenden Verpflichtungen ein, insbesondere zur Gewährung des Gebrauches und zur Haftung für Fehler und Mängel des Grundstücks[5] und hat dafür nicht nur mit dem Grundstück, sondern auch mit seinem ganzen Vermögen zu haften. Dagegen haftet er nicht für die zur Zeit seines Vorbesitzers bereits begründeten Verpflichtungen des Vermieters.

Erfüllt der Erwerber die ihm hiernach obliegenden Verpflichtungen nicht, so haftet für den von ihm deshalb dem Mieter zu ersetzenden Schaden neben ihm auch der Vermieter wie ein Bürge, der auf die Einrede der Vorausklage verzichtet hat. Doch kann der Vermieter seine Befreiung von dieser Verpflichtung dadurch herbeiführen, daß er dem Mieter von dem Übergang des Eigentums Mitteilung macht. Kündigt dann der Mieter nicht das Mietverhältnis für den ersten Termin, für welchen die Kündigung zulässig ist, so hört von diesem Termin ab die Haftung des Vermieters auf, so daß derselbe nur für die bis dahin begründeten Schadensersatzverbindlichkeiten des Käufers einzustehen hat (571 Abs. 2)[6]

---

abgelehnt. Prot. S. 2011—2016. Das Pfandrecht des früheren Besitzers tritt also nach § 1209 mit demjenigen des Nachbesitzers wegen des in dessen Zeit fallenden Mietzinses in Konkurrenz. Vgl. auch oben § 26 Anm. 12.

[5] Auch für die besonderen Zusicherungen des Vermieters hat er einzustehen. Potok. S. 1878.

[6] In dem Unterlassen der Kündigung ist das Einverständnis des Mieters damit zu erblicken, daß der Erwerber von dem bezeichneten Termin ab allein in das Mietverhältnis eintrete. Immer aber gilt die Befreiung des Vermieters von seiner Mithaft nur für die von diesem Termin ab erwachsenden Verpflichtungen des Erwerbers, wie auch bei der Beratung

§ 42. Wirksamkeit von Verfügungen des Vermieters und von Rechtsgeschäften zwischen Vermieter und Mieter über den Mietzins gegenüber dem Erwerber.

Nach der bereits erwähnten Regel steht dem Erwerber der Anspruch auf den Mietzins für die Zeit des Eigentumsübergangs kraft eigenen Rechts zu. Der Vermieter muß sogar die dem Mieter von ihm angezeigte Übertragung des Eigentums an einen Dritten in Ansehung der Mietzinsforderung dem Mieter gegenüber auch dann gegen sich gelten lassen, wenn die Übertragung nicht erfolgt oder nicht wirksam ist. Er kann diese Anzeige nur mit Zustimmung dessen zurücknehmen, den er dem Mieter als neuen Eigentümer bezeichnet hat (576).[1]

Von der angeführten Regel bezüglich des Übergangs des Mietzinses auf den Erwerber bestehen indesseu zwei Ausnahmen.

1. Eine Verfügung des Vermieters, welche derselbe vor dem Eigentumsübergange über den in die Zeit der Berechtigung des Erwerbers fallenden Mietzins trifft, ist (zu Gunsten des Vermieters) insofern wirksam, als sie sich auf den Mietzins für das zur Zeit des Übergangs laufende und das folgende Kalendervierteljahr bezieht.[2] Auch eine Verfügung über den Mietzins für eine spätere Zeit muß der Erwerber gegen sich gelten lassen,

---

dieser Vorschrift in der II. Kommission zum Ausdruck gekommen ist. Protok. S. 1886. Planck Erl. 4c zu § 571. — Wenn also zwischen A. und B. ein Mietverhältnis mit vierteljährlicher, an den Quartalterminen zulässiger Kündigung besteht und das vermietete Haus mit dem 1. März in das Eigentum des C. übergeht, so wird der Vermieter A., der dem Mieter B. hiervon Mitteilung gemacht hat, vom 1. Juli ab von der ferneren Mithaftung für Schadensersatzverpflichtungen des C. frei, wenn der Mieter nicht am 1. April für den 1. Juli gekündigt hat. Dagegen bleibt die Mithaftung des A. für die vom 1. März bis 1. Juli entstandenen Verpflichtungen des C. bestehen.

[1] Es kommt hier der gleiche Grundsatz zur Anwendung, der in § 409 für den Fall einer vom Gläubiger dem Schuldner gemachten Anzeige von der Übertragung einer Forderung aufgestellt ist.

[2] Hierdurch wird indessen das dem Erwerber, dem von seinem Verkäufer von der Vorausverfügung über den Mietzins beim Kaufabschluß keine Mitteilung gemacht wurde, zustehende Recht, vom Verkäufer wegen des ihm infolge der Gültigkeit der Vorausverfügung entgehenden Mietzinses Schadloshaltung zu verlangen, nicht berührt. Planck § 573 Anm. 2 Abs. 2. Unrichtig Fränkel S. 75. IIIa.

wenn er sie zur Zeit des Übergangs kennt (573). Der Mieter kann sich daher durch Mitteilung der Vorausverfügung an den Erwerber vor doppelter Zahlung schützen.[3]

2. Weiter geht zu Gunsten des **Mieters** die Ausnahme, die bei **Rechtsgeschäften** zwischen Mieter und Vermieter in Ansehung der Mietsforderung, insbesondere auch bei **Zahlung** des Mietzinses, gilt. Hier kommt nicht die Zeit des Eigentumsübergangs, sondern die Zeit, wo der Mieter hiervon **Kenntnis** erlangt, in Betracht. Ein solches Rechtsgeschäft ist also dem Erwerber gegenüber insoweit wirksam, als es sich auf den Mietzins für das zur gedachten Zeit laufende und das folgende Kalendervierteljahr bezieht. Es können dabei Rechtsgeschäfte **vor** und **nach** dem Eigentumsübergang in Frage kommen, doch ist ein Rechtsgeschäft unwirksam, wenn es

a) **nach** dem Übergang des Eigentums vorgenommen wird, und

b) der Mieter **schon bei der Vornahme** vom Übergange des **Eigentums Kenntnis** hat (574).[4]

Soweit der Mieter nach vorstehenden Grundsätzen die Mietzinsforderung mit Wirksamkeit gegen den neuen Eigentümer

---

[3] Wenn also der Vermieter vom 1. Januar 1900 ab auf drei Jahre mit vierteljährlicher Mietzahlung vermietet hat, am 1. April 1900 den Mietzins für die ganze noch laufende Mietzeit einem Gläubiger überträgt, am 1. Mai 1900 aber das Mietgrundstück einem Dritten übereignet, so ist die Abtretung der Mietzinsforderung nur in Ansehung des Zinses für das Vierteljahr vom 1. April bis 1. Juli und weiter vom 1. Juli bis 1. Oktober 1900 wirksam, und bloß in dem Falle, wenn der Dritte bei dem Eigentumsübergange die Vorausverfügung kennt, in Ansehung des Mietzinses für die ganze Zeit bis zum Ende der Vertragszeit gültig. Vgl. auch § 1124.

[4] Vgl. auch 407 Abs. 1. Ein Beispiel: A. hat am 1. Januar 1900 eine Wohnung auf drei Jahre für jährlich 600 Mk., mit vierteljährlicher Mietzahlung von 150 Mk. an B. vermietet und dabei verabredet, daß B. einen von ihm für Instandsetzung der Wohnung aufgewendeten Betrag von 1150 Mk. gegen die Mietforderung solle aufrechnen dürfen. Am 1. Februar 1900 überträgt A. das Eigentum am vermieteten Hause auf C. Der Mieter B., der verreist ist, erfährt dies erst am 10. Juli 1900. Er kann alsdann die für die Zeit vom 1. Juli bis 31. Dezember 1900 fällig werdende Miete durch Aufrechnung tilgen. Dagegen würde das Abkommen zwischen Vermieter und Mieter unwirksam sein, wenn es erst am 2. Februar 1900 erfolgt wäre und der Mieter **damals** schon vom Eigentumsübergang Kenntnis gehabt hätte.

des Grundstücks noch an den Vermieter bezahlen kann, kann er auch Gegenforderungen, die ihm an den Vermieter zustehen, aufrechnen. Er kann also diese Aufrechnung solchen Mietzinsforderungen gegenüber wirksam vornehmen, welche auf das zur Zeit erlangter Kenntnis von dem Eigentumsübergang laufende und auf das folgende Vierteljahr entfallen (s. das Beispiel in Anm. 4). Dagegen ist, entsprechend dem in §§ 392, 406 für die Übertragung von Forderungen aufgestellten Grundsatze, die Aufrechnung ausgeschlossen, wenn der Mieter die Gegenforderung entweder erst nach erlangter Kenntnis vom Eigentumsübergang erworben hat oder wenn sie erst nach Erlangung dieser Kenntnis fällig geworden ist (575).[5]

§ 43. Belastung des vermieteten Grundstücks mit dem Rechte eines Dritten.

Wird das vermietete Grundstück nach der Überlassung an den Mieter von dem Vermieter mit dem Rechte eines Dritten (Erbbaurecht, Nießbrauch, Grundgerechtigkeit) belastet, so ist zu unterscheiden, ob durch die Ausübung des Rechts dem Mieter der vertragsmäßige Gebrauch entzogen oder nur beschränkt wird.

Im ersteren Falle[1] tritt der Erwerber des Rechts in den zwischen dem Vermieter und dem Mieter bestehenden Vertrag ein, hat also die Ausübung seines Rechts dem Mieter gegenüber zu unterlassen, wobei dem letzteren für dessen etwaige Schadensansprüche gegenüber dem Erwerber neben diesem auch der Vermieter wie ein selbstschuldnerischer Bürge (wie im Falle der Veräußerung des Grundstücks) haftet. Dagegen erlangt der Erwerber des Rechts auch den Anspruch auf den Mietzins gegen den Mieter und es gelten in betreff der Gültigkeit von Vorausverfügungen des Vermieters, sowie von Rechtsgeschäften zwischen dem Mieter und dem Vermieter in Ansehung des Mietzinses die-

---

[5] Vgl. Planck Anm 1 und 2 zu § 392.

[1] Dieser Fall wird namentlich vorliegen, wenn der Vermieter einem Dritten ein Erbbaurecht, ein Nießbrauchsrecht oder ein Wohnungsrecht an dem vermieteten Hause bestellt. Alsdann kann der Nießbraucher die von dem Mieter bewohnten Räume nicht in seine Benutzung nehmen, sondern muß sie dem Mieter gegen Entrichtung des vertragsmäßigen Mietzinses bis zur Beendigung des Mietverhältnisses zum Gebrauche überlassen.

selben Bestimmungen wie bei dem Verkaufe des vermieteten Grundstücks, s. oben § 41, 42 (577 S. 1. 571—576). Hat dagegen die Ausübung des dem Dritten eingeräumten Rechts nur eine Beschränkung des Mieters in dem vertragsmäßigen Gebrauche zur Folge,[2] so ist der Dritte dem Mieter gegenüber nur verpflichtet, die Ausübung zu unterlassen, soweit sie den vertragsmäßigen Gebrauch beeinträchtigen würde. Im übrigen tritt er in das Vertragsverhältnis zwischen Vermieter und Mieter nicht ein und erlangt auch keinen Anspruch auf den Mietzins (577, S. 2).

In dem einen wie in dem anderen Falle verbleiben dem Dritten, wenn er sein Recht dem Mieter gegenüber nicht oder nicht vollständig ausüben kann, seine etwaigen Schadensansprüche gegen den Vermieter.

2. Vor Überlassung der Mieträume an den Vermieter.

§ 44. **Veräußerung oder Belastung.**

Wenn vor der Überlassung des vermieteten Grundstücks an den Mieter der Vermieter das Grundstück an einen Dritten veräußert oder mit einem Rechte belastet, durch dessen Ausübung der vertragsmäßige Gebrauch dem Mieter entzogen oder beschränkt wird, so ist der Dritte an den Mietvertrag nicht gebunden, sondern kann ohne Rücksicht auf denselben sein Eigentum oder sonstiges Recht am Hause dem Mieter gegenüber ausüben; dieser letztere hat alsdann nur einen Entschädigungsanspruch gegen seinen Vermieter.

Eine Ausnahme tritt nur dann ein, wenn der Erwerber dem Vermieter gegenüber die Erfüllung der sich aus dem Mietvertrage ergebenden Verpflichtungen übernommen hat. Alsdann tritt der Erwerber des Hauses oder der Erwerber eines Rechtes am Hause, durch dessen Ausübung dem Mieter der ver-

---

[2] Dieser Fall wird vorliegen, wenn der Vermieter dem Dritten eine Grundgerechtigkeit oder eine beschränkte persönliche Dienstbarkeit an dem vermieteten Hause bestellt, also z. B. zu Lasten des Hauses die Verpflichtung eingeht, nach dem Hofe des Nachbars nur sog. Lichtfenster zu haben; alsdann kann der Dritte die Verwandlung der bis dahin bestehenden vollständigen, zum Öffnen eingerichteten Fenster dem Mieter gegenüber insoweit nicht verlangen, als es sich um Fenster in dessen Mieträumen handelt.

tragsmäßige Gebrauch entzogen wird, an Stelle des Vermieters in die sich aus dem Mietverhältnis ergebenden Rechte und Verpflichtungen ein,[1] wie im Falle der Veräußerung, ohne daß jedoch hier eine bürgschaftliche Mithaftung des Vermieters für etwaige, aus der Nichterfüllung der Verpflichtungen entstehende Schadensansprüche des Mieters stattfindet. Der Erwerber eines Rechts aber, dessen Ausübung nur eine Beschränkung des Mieters in dem vertragsmäßigen Gebrauch zur Folge hat, ist bei solcher Erfüllungsübernahme verpflichtet, die Ausübung zu unterlassen, soweit sie den vertragsmäßigen Gebrauch beeinträchtigt (578. 571 S. 1, 577).

§ 45. 3. Weiterveräußerung oder Weiterbelastung von seiten des Erwerbers.

Wenn der Erwerber des vermieteten Grundstücks dasselbe weiter veräußert oder belastet, so kommen die in den vorstehenden Paragraphen enthaltenen Grundsätze zur entsprechenden Anwendung. Es tritt also

1. in dem Falle, wenn die Veräußerung oder Belastung nach der Überlassung an den Mieter erfolgt,

a) der neue Erwerber des Grundstücks oder eines solchen dinglichen Rechts, durch dessen Ausübung der vertragsmäßige Gebrauch dem Mieter entzogen wird, an Stelle des ersten Erwerbers in die aus dem Mietverhältnis sich ergebenden Rechte und Verpflichtungen ein (579 S. 1 § 571 Abs. 1, 577 S. 1). Erfüllt er die ihm danach obliegenden Verpflichtungen nicht, so haftet für den daraus hervorgehenden Schadensanspruch des Mieters nicht der erste Erwerber, sondern der ursprüngliche Vermieter als selbstschuldnerischer Bürge,[1] sofern er nicht von dieser

---

[1] Anders nach preuß. A.L.R. I 21 §§ 359, 361, I 19 § 5, nach welchem der Käufer eines Grundstücks schon dann, wenn er beim Erwerbe von dem für einen späteren Termin abgeschlossenen Mietvertrag Kenntnis hatte, an diesen Vertrag gebunden war, der Mieter aber in einem solchen Verkaufsfall vom Vertrage zurücktreten konnte. R.G. Bd. 35 S. 156, 160.

[1] In entsprechender Anwendung des § 571 wäre auch die Annahme denkbar, daß die bürgschaftliche Mithaftung nunmehr den (ersten) Erwerber an Stelle des Vermieters träfe, mindestens dann, wenn letzterer nach § 571 Abs. 2 von seiner Haftpflicht frei geworden ist. So auch Meisner S. 165, ebenso Fischer und Henle, B.G.B. für das D. R. § 571

Haftpflicht dadurch freigeworden ist, daß er den Mieter von der ersten Veräußerung benachrichtigt, und dieser es unterlassen hat, das Mietverhältnis für den ersten zulässigen Termin zu kündigen (579 S. 2, 571 Abs. 2).

b) Der Erwerber eines Rechtes dagegen, durch dessen Ausübung der vertragsmäßige Gebrauch nur beschränkt wird, ohne daß er an die Stelle des ersten Erwerbers tritt, hat die Ausübung zu unterlassen, insoweit der vertragsmäßige Gebrauch dadurch beeinträchtigt wird (579, 577 S. 2).

2. Wenn die Weiterveräußerung oder die Belastung durch den Erwerber erfolgt, ehe noch das Grundstück dem Mieter überlassen ist, so ist der neue (zweite) Erwerber in keiner Weise an das Mietverhältnis gebunden, sofern er nicht dem ersten Erwerber gegenüber die Erfüllung der sich aus dem Mietverhältnis ergebenden Verpflichtungen ausdrücklich übernommen hat. In letzterem Falle gelten die vorstehenden, unter 1. aufgeführten Grundsätze mit Ausnahme derjenigen über die Mithaftung des Vermieters (579 S. 1, 578, 571 Abs. 1).

II. Zwangsversteigerung oder Zwangsverwaltung des vermieteten Grundstücks.

§ 46. 1. Zwangsversteigerung.[1]

In dem Zwangsversteigerungsverfahren gilt der Mieter, dem das Grundstück bereits zum Gebrauch überlassen ist,[2] als Beteiligter, wenn er sein Mietrecht bei dem Vollstreckungsgericht

---

Anm. 1. Dieser Annahme steht jedoch die ausdrückliche Vorschrift des § 579 S. 2 entgegen: „Erfüllt der neue Erwerber die sich aus dem Mietverhältnis ergebenden Verpflichtungen nicht, so haftet der Vermieter dem Mieter nach § 571 Abs. 2. Demgemäß nehmen auch Schollmeyer S. 53 und Planck Anm. zu § 579 lediglich die Mithaftung des Vermieters an. Vgl. auch Protok. S. 1036.

[1] Auch für diesen Fall der Veräußerung gilt zu Gunsten des Mieters, der sich im Besitz der Mieträume befindet, der Grundsatz: „Kauf bricht nicht Miete", jedoch, damit der Ersteher nicht an einen von dem Subhastaten auf Jahre hinaus abgeschlossenen Vertrag gebunden und dadurch der Zwangsverkauf erschwert werde, mit der Zulassung der Kündigung innerhalb gesetzlicher Frist für den ersten Termin, für den sie statthaft ist.

[2] Nicht der Untermieter, da derselbe zu dem Subhastaten (Vermieter) in keinem Rechtsverhältnis steht.

anmeldet und auf Verlangen des Gerichts oder eines anderen Beteiligten glaubhaft macht (§ 9 des Zwangsversteigerungsges.). Er erlangt dadurch die Möglichkeit, auf Erhaltung seines Rechts hinzuwirken, s. § 59 des Zwangsversteigerungsges. Die Mietzinsforderung des Schuldners (Vermieters) wird durch die Beschlagnahme des Grundstücks an sich nicht berührt (§ 21 Abs. 2 des Zwangsversteigerungsges.);[3] er kann auch nach derselben über diese Forderung verfügen, soweit nicht der Gläubiger deren Pfändung nach den für die Zwangsvollstreckung in Forderungen geltenden Vorschriften der Civilprozeßordnung §§ 828 flg. beantragt.

Zu einer mietweisen Überlassung des Grundstücks (an einen neuen Mieter) ist dagegen der Schuldner nach der Beschlagnahme nur soweit befugt, als solche auf Grund der ihm verbleibenden Verwaltung und Benutzung innerhalb der Grenzen einer ordnungsmäßigen Wirtschaft erfolgt (§§ 23, 24 des Zwangsversteigerungsges.).[4]

Ist aber die Überlassung (Besitzeinräumung) an den Mieter in zulässiger Weise, also entweder vor der Beschlagnahme oder nach derselben innerhalb der Grenzen des § 24 des Zwangsversteigerungsges, erfolgt,[5] so tritt der Ersteher wie bei einer freiwilligen Veräußerung an Stelle des Vermieters in den Mietvertrag ein,[6] § 57 Zwangsversteigerungsges. Er ist daher berechtigt, den Mietzins für die Zeit nach dem Zuschlag in Anspruch zu nehmen,

---

[3] An sich umfaßt die Beschlagnahme nach § 20 Z.V.G. auch diejenigen Gegenstände, auf welche sich bei einem Grundstücke die Hypothek erstreckt und diese erstreckt sich nach § 1123 Abs. 1 B.G.B. auch auf die Mietzinsforderung. Allein abweichend von dieser Regel unterliegt bei der Zwangsversteigerung, welche sich wesentlich nur gegen das Grundstück richtet, die Mietzinsforderung der Beschlagnahme nicht. Anders dagegen bei der Zwangsverwaltung, s. unten § 47.

[4] In der Regel wird es sich hierbei nur um eine Vermietung einzelner Teile des Grundstücks auf kürzere Zeit handeln, so z. B. wenn einzelne Zimmer eines der Zwangsversteigerung unterliegenden Landguts mit Vorteil an Sommergäste vermietet werden können. Vgl. R.G. Bd. 37 S. 355. Vgl. auch § 16 Abs. 2 des pr. Ges. v. 13. Juli 1883. Jäckel, Zwangsverst.-Ordn. § 16 Anm. 4.

[5] S. Wolff S. 118 Z. 4 a. E.

[6] Anders nach dem früheren pr. R. § 350 A.L.R. I 21. O.Tr. Bd. 40 S. 152. R.G. Bd. 4 S. 287. — Nach französischem Recht C. c. art. 1743 war dagegen im Fall der Zwangsversteigerung der Erwerber an den in authentischer Form abgeschlossener Mietvertrag des Vorbesitzers gebunden.

andererseits liegen ihm von dieser Zeit ab auch die Verpflichtungen des Vermieters ob (571 Abs. 1). Über die bürgschaftliche Mithaftung des Vermieters und die Befreiung desselben hiervon (571 Abs. 2), über den Eintritt des Erstehers in die vom Mieter für die Erfüllung seiner Verpflichtungen geleistete Sicherheit und über die Verpflichtung zur Rückgabe einer solchen Sicherheit (572), über die Wirksamkeit von Vorausverfügungen des Vermieters in Ansehung des Mietzinses für das zur Zeit des Zuschlags laufende und das darauffolgende Kalendervierteljahr (573 S. 1) (nicht aber für eine spätere Zeit),[7] über die Wirksamkeit von Rechtsgeschäften zwischen dem Mieter und dem Vermieter in Ansehung des Mietzinses (574), die Zulässigkeit der Aufrechnung der dem Mieter an den Vermieter zustehenden Gegenforderungen gegenüber dem Ersteher (575) gelangen ebenfalls die für den Fall einer freiwilligen Veräußerung geltenden Vorschriften zur entsprechenden Anwendung, immer vorausgesetzt, daß die Überlassung des Grundstücks oder Grundstückteils an den Mieter in zulässiger Weise stattgefunden hatte (§ 57 Zwangsversteigerungsges.).

Hatte z. Zt. des Zuschlags der Subhastat einen Mietvertrag mit einem Dritten ohne Überlassung des Grundstücks an denselben abgeschlossen, so ist der Ersteher nicht daran gebunden und nicht daraus berechtigt. Der Mieter, der auch seinerseits gegenüber dem Ersteher nicht verpflichtet ist, hat nur einen Entschädigungsanspruch gegen seinen Vermieter, § 578 B.G.B. ist durch § 57 Zwangsversteigerungsges. nicht für entsprechend anwendbar erklärt. A. M. Wolff, S. 118 Z. 3.

Abweichend von den beim freiwilligen Verkaufe geltenden Vorschriften ist jedoch im Falle des Zwangsverkaufs der Ersteher[8] berechtigt, das Mietverhältnis unter Einhaltung der gesetzlichen Frist zu kündigen. Die Kündigung ist ausgeschlossen, wenn sie nicht für den ersten Termin erfolgt, für den sie zulässig ist, § 57 S. 2 Zwangsversteigerungsges.[9] Dem Mieter steht, wenn

---

[7] Die Bestimmung des § 573 S. 2: „Eine Verfügung über den Mietzins für eine spätere Zeit muß der Erwerber gegen sich gelten lassen, wenn er sie zur Zeit des Übergangs des Eigentums kennt" — findet gegenüber dem Ersteher bei einer Zwangsversteigerung keine Anwendung.

[8] Nicht die Hypothekengläubiger wie nach A.L.R.

[9] Ist z. B. das bis Ende 1903 vermietete Haus am 1. Juni 1900 dem Ersteher zugeschlagen, so muß dieser bis zum 3. Juli für den 30. September 1900 kündigen.

er die gemieteten Räume infolge dieser Kündigung verlassen muß, deshalb nur ein Entschädigungsanspruch an den Vermieter zu, den er im Subhastationsverfahren nicht geltend machen kann.[10] Auch ist dem Mieter ein gesetzliches Kündigungsrecht nicht gegeben.

Über die Anwendbarkeit dieser Vorschriften in dem Falle, wenn die Zwangsversteigerung nach den bisherigen Gesetzen erfolgte oder wenn das Grundstück dem Mieter vor dem Inkrafttreten des B.G.B. überlassen war, nach verschiedenen Landesrechten, s. unten § 50.

Die obigen Vorschriften (§§ 571, 572, 573 Abs. 1, 574, 575 B.G.B.) kommen auch dann zur Anwendung, wenn im Falle des Konkurses der Verwalter die Zwangsversteigerung eines dem Gemeinschuldner gehörigen Grundstücks betreibt (§ 172 Zwangsversteigerungsges.). Überdies wirkt eine von ihm vorgenommene freiwillige Veräußerung des vom Gemeinschuldner vermieteten Grundstücks, sofern dasselbe dem Mieter vor Eröffnung des Verfahrens überlassen war, auf das Mietverhältnis wie eine Zwangsversteigerung, so daß also der Käufer auch in diesem Falle das gesetzliche Kündigungsrecht hat (§ 21 Abs. 3 K.O.).

Dagegen fällt dieses Kündigungsrecht dann weg, wenn die Zwangsversteigerung zum Zweck der Aufhebung einer Gemeinschaft erfolgt (§ 183 Zwangsversteigerungsges.).[11]

§ 47. 2. Zwangsverwaltung.

Im Falle einer Zwangsverwaltung kann der Schuldner von Zeit der Beschlagnahme ab nicht mehr gültig vermieten, da sein Verfügungsrecht auf den Verwalter übergeht (148 des Zwangsversteigerungsgesetzes).

Hatte er bereits vorher vermietet und das Grundstück dem Mieter übergeben, so bleibt dieses Vertragsverhältnis bestehen und das Mietrecht wie auch die Verpflichtung des Mieters durch die Zwangsverwaltung unberührt. Die Beschlagnahme umfaßt dann auch, abweichend von der Zwangsversteigerung, den vom Mieter zu entrichtenden Mietzins und zwar auch den bei der Beschlagnahme bereits für die Vergangenheit fällig gewordenen,

---

[10] S. Wolff S. 120 Anm. 10 a. E. Vgl. auch Riendorff S. 183.

[11] Es tritt also hier der Ersteher in derselben Weise, wie ein Käufer nach § 571 B.G.B. in den Vertrag ein; denn die Natur der Zwangsversteigerung zum Zwecke der Teilung ist thatsächlich die einer freiwilligen Versteigerung. Wolff S. 332 zu § 183 Zw.Verst.Ges.

aber noch nicht entrichteten, wenn die Fälligkeit innerhalb des der Beschlagnahme folgenden Jahres eingetreten ist (1123 Abs. 2).

War dagegen die Überlassung an den Mieter zur Zeit der Beschlagnahme noch nicht erfolgt, so ist weder der Verwalter dem Mieter, noch dieser dem Verwalter gegenüber gebunden, vielmehr nur dem Mieter, wenn der Verwalter die Erfüllung verweigert, ein Entschädigungsanspruch gegen den Vermieter gegeben.[1]

III. Eintritt eines anderen Besitznachfolgers als eines Käufers, insbesondere

§ 48. bei mietweiser Überlassung eines Grundstücks von seiten eines Nießbrauchers oder in ähnlicher Weise Berechtigten über die Dauer seines Rechts hinaus.

1. Von seiten des Nießbrauchers.

Die für den Fall der Veräußerung eines vermieteten Grundstücks geltenden Vorschriften finden — mit den nachstehenden Ausnahmen und Beschränkungen — Anwendung in dem Falle, wenn der Nießbraucher das seinem Recht unterworfene Grundstück über die Dauer dieses Rechts hinaus vermietet, letzteres also noch während der Mietzeit (durch Tod [1061], Rechtsgeschäft [1062] oder auf andere Weise) endigt und nunmehr der Eigentümer die uneingeschränkte Verfügung über das Grundstück erlangt.

Auch hier ist grundsätzlich der Eigentümer an den Mietvertrag gebunden, kann jedoch denselben, abweichend von den im Fall der Veräußerung geltenden Vorschriften, unter Einhaltung der gesetzlichen Kündigungsfrist kündigen (1056 Abs. 1).[1]

Für die Zeit, während welcher er hiernach gebunden ist, gelten die oben erwähnten Vorschriften über den Eintritt in die Rechte und Verbindlichkeiten aus dem Mietverhältnis, über die bürgschaftliche Mithaftung des Vermieters und die Befreiung hiervon infolge unterbliebener Kündigung von seiten des Mieters (571), über den Eintritt in die Rechte aus einer vom Mieter geleisteten Sicherheit (572), über die Wirksamkeit von Voraus-

---

[1] S. Wolff a. a. O. S. 285 Anm. 12.

[1] Im praktischen Ergebnis übereinstimmend das A.L.R. I 21 §§ 388, 389, indem hier die grundsätzlich ausgesprochene Ungebundenheit des Nachfolgers des Vermieters durch die ihm auferlegte Verpflichtung zur Aufkündigung mit gesetzlicher Frist eingeschränkt wird. R.G. Bd. 17 S. 158.

verfügungen des Vermieters (573 S. 1) und über Rechtsgeschäfte zwischen ihm und dem Mieter in betreff des Mietzinses (574), über die Aufrechnungsbefugnis des Mieters (575), über die Wirksamkeit einer Anzeige des Vermieters von dem Eigentumsübergang (576), sowie über das Rechtsverhältnis im Falle einer Weiterveräußerung oder Belastung von seiten des Erwerbers (579). Nur tritt allenthalben an die Stelle des „Erwerbers" der dem Nießbraucher folgende Eigentümer und an die Stelle des „Eigentumsübergangs" die Beendigung des Nießbrauchs. Keine entsprechende Anwendung finden dagegen, wie sich schon aus ihrem Inhalt ergiebt:

a) die Vorschrift des § 573 S. 2, wonach der Erwerber eine Verfügung des Vermieters über den Mietzins für eine spätere Zeit, als für das zur Zeit des Eigentumsübergangs laufende und das folgende Kalendervierteljahr gelten lassen muß, wenn er sie zur Zeit des Eigentumsübergangs kennt;

b) die Vorschriften des § 577 in betreff der Belastung des vermieteten Grundstücks mit dinglichen Rechten, sowie des § 578 in betreff der vor der Überlassung des Mietgrundstücks an den Mieter erfolgten Veräußerung oder Belastung dieses Grundstücks (1056 Abs. 1).

Die dem an Stelle des Mieters eintretenden Eigentümer zustehende Kündigung braucht nicht, wie in anderen Fällen, für den ersten Termin nach dem Eintritt des Eigentümers zu erfolgen, für welchen sie zulässig ist. Doch ist, um dem Zustand der Ungewißheit ein Ende zu machen, der Mieter befugt, den Eigentümer unter Bestimmung einer angemessenen Frist zu einer Erklärung darüber aufzufordern, ob er von dem Kündigungsrecht Gebrauch mache. Erfolgt dann die Kündigung nicht innerhalb der vom Mieter bestimmten Frist, so geht dem Eigentümer das Kündigungsrecht verloren (573 Abs. 2 u. 3).[2] Verzichtet der Nießbraucher auf den Nießbrauch, so entsteht damit noch nicht ohne weiteres für den Eigentümer die Kündigungsbefugnis,[3] dieselbe beginnt vielmehr erst von dem Zeitpunkt an, wo das Nießbrauchsrecht auch ohne Verzicht erlöschen würde (573 Abs. 2). Bis dahin bleibt der Eigentümer gebunden, sofern er nicht durch Anwendung der ihm nach dem Vertrag zustehenden Kündigung eine frühere Aufhebung des Mietverhältnisses herbeiführen kann.

Wenn infolge der Kündigung des Eigentümers der Mieter

[2] Dem Mieter steht ein Kündigungsrecht überhaupt nicht zu.

[3] Ähnlich im gem. Recht. R.G. Bd. 16 S. 112 und im pr. Recht, O.Trib. Bd. 52 S. 148.

vor Ablauf der mit dem Nießbraucher vereinbarten Vertragszeit die gemieteten Räume verlassen muß, so kann er wegen des ihm infolge des Mangels im Rechte seines Vermieters erwachsenen Schadens einen Ersatzanspruch gegen seinen Vermieter, den Nießbraucher oder dessen Erben, nach §§ 538, 541 erheben, dies jedoch nicht in dem Falle, wenn er das beschränkte Recht des Vermieters beim Vertragsabschluß kannte (539), dieser z. B. ausdrücklich nur als Nießbrauchervermietete.[4]

2. Die soeben unter Z. 1 vorgetragenen Bestimmungen gelten auch dann, wenn

a) der Ehemann im Güterstande der Verwaltung und Nutznießung oder der Errungenschaftsgemeinschaft oder der Fahrnisgemeinschaft ein zum eingebrachten Gute der Ehefrau gehöriges Grundstück (1423, 1546 Abs. 3, 1550),

b) wenn der Vater kraft seiner Nutznießung ein zu dem Vermögen des Kindes gehöriges Grundstück (1663 Abs. 1),

c) wenn der Vorerbe ein zur Erbschaft gehörendes Grundstück (2135)

vermietet und das Mietverhältnis bei Beendigung des Nießbrauchsrechts des Ehemanns oder des Vaters oder des Rechts des Vorerben noch besteht.

Die obigen Vorschriften des § 1056 B.G.B. finden im Königreich Bayern nach Art. 5 des Gesetzes, Übergangsvorschriften zum B.G.B. betr., vom 9. Juni 1899 auch dann Anwendung, wenn ein Nießbraucher (Ehemann, Vorerbe 2c) für dessen Recht die seitherigen Gesetze maßgebend sind, ein diesem Recht unterworfenes Grundstück vermietet hat und sein Nießbrauch nach dem Inkrafttreten des B.G.B. endigt.

IV. Wirksamkeit einer am vermieteten Grundstück bestehenden Hypothek auf das Mietverhältnis.

§ 49. Beschränkung des Verfügungsrechts des Vermieters über den Mietzins.

In weit geringerem Maße als der Eintritt eines Besitznachfolgers des ursprünglichen Vermieters wirkt das Recht eines Hypothekengläubigers des Vermieters auf das Mietverhältnis ein. Der Hypothekengläubiger kann das Gebrauchsrecht des

---

[4] So auch nach seitherigem gem. Recht l. 9 § 1 D. loc. 19, 2, und nach dem S.B.G.B. § 1223, vgl. auch R.G. Bd. 12 S. 326.

Mieters erst durch die Zwangsversteigerung beeinträchtigen, insofern danach der Ersteher von der Kündigung mit der gesetzlichen Frist Gebrauch macht (s. oben § 46). Dagegen haften dem Hypothekengläubiger (entsprechend den aus einem verpfändeten Pachtgrundstück erwachsenden natürlichen Früchten § 1120) die Mietzinsen und zwar sowohl die zur Zeit der Geltendmachung der Hypothek (der Beschlagnahme) fälligen, als die künftig fällig werdenden (1223 Abs. 1).[1] Die Mietzinsen werden jedoch frei, wenn seit ihrer Fälligkeit ein Jahr verstrichen und nicht inzwischen die Beschlagnahme erfolgt ist (1123 Abs. 2 S. 1). Bei im voraus zu entrichtendem Mietzins erstreckt sich die Befreiung nicht auf den Mietzins für eine spätere Zeit, als das zur Zeit der Beschlagnahme laufende und das folgende Kalendervierteljahr (1123 Abs. 2 S. 2).

Bis zur Beschlagnahme der Mietzinsforderung zu Gunsten des Hypothekengläubigers kann der Eigentümer des Mietgrundstücks — ebensowie der Eigentümer eines Pachtgrundstücks über die natürlichen Früchte (1121, 1122) — über die Mietzinsen frei verfügen, sie insbesondere für sich einziehen, einem Dritten übertragen,[2] mit dem Rechte eines Dritten belasten. Der Hypothekengläubiger hat derartige Verfügungen, auch wenn sie ohne seine Zustimmung erfolgt sind, als ihm gegenüber wirksam anzuerkennen (1124 Abs. 1).[3]

Zur Verhütung übermäßiger Vorausverfügungen von seiten des Vermieters ist jedoch als Ausnahme von dem erwähnten Grundsatz, bestimmt, daß derartige Verfügungen (entsprechend dem zwischen dem Verkäufer und Käufer eines vermieteten Grundstücks stattfindenden Verhältnis (573)) dem Hypothekengläubiger gegenüber unwirksam sind, soweit sie sich auf den Miet- und Pachtzins für eine spätere Zeit, als das zur Zeit der Beschlagnahme laufende und das folgende Kalendervierteljahr beziehen

[1] Übereinstimmend das pr. Grunderwerbsgesetz vom 5. Mai 1872 § 30 und die ihm folgenden Grunderwerbsgesetze für Oldenburg, Coburg-Gotha, Braunschweig. Abweichend (Beschränkung der Haftung auf die nach der Sequestration fällig werdenden bürgerlichen Früchte) das S.G.B. § 415 S. 2.

[2] Dieser Übertragung steht die Veräußerung des Grundstücks ohne die Forderung gleich (1124 Abs. 3), da auch in diesem Fall die Verbindung zwischen dem, dem Hypothekengläubiger haftenden Grundstück und der Mietzinsforderung aufhört.

[3] So auch nach A.L.R. I 20 § 476; §§ 30, 31 des Eigentumserwerbsgesetzes vom 5. Mai 1872; R.G. Bd. 23 S. 54, Bd. 31 S. 317.

(1124 Abs. 2).[4] Soweit hiernach die Zahlung des Mietzinses dem Hypothekengläubiger gegenüber unwirksam ist, kann der Mieter nicht eine ihm gegen den Vermieter zustehende Forderung dem Hypothekengläubiger gegenüber aufrechnen (1125 vgl. auch 575).[5]

Siebenter Abschnitt.

Übergangsbestimmungen für die beim Inkrafttreten des bürgerlichen Gesetzbuches bereits bestehenden Mietverhältnisse.

§ 50. **Umfang der Anwendbarkeit des B.G.B. auf die bei seinem Eintritt bestehenden Mietverhältnisse und auf die nach diesem Zeitpunkte stattfindende Veräußerung vermieteter Grundstücke, sowie auf die Verjährung von Ansprüchen aus dem Mietverhältnis.**

1. Der Regel nach bleiben für die vor dem Inkrafttreten des B.G.B. (1. Januar 1900) entstandenen Schuldverhältnisse die bisherigen Gesetze maßgebend (Art. 170 Einf.-Ges.). Dieselben sind also nicht nur für die Gültigkeit des zu Grunde liegenden Rechtsgeschäfts, sondern auch für den Inhalt und Umfang der darauf gestützten Verpflichtungen, inbesondere für den Gegenstand, die Zeit und den Ort der Erfüllung wirksam.

---

[4] Nach dem preuß. Eigentumserwerbsgesetze § 31 war die Vorausverfügung schon dann unwirksam, wenn sie auf mehr als ein Vierteljahr erfolgte, s. auch R.G. Bd. 31 S. 318. Das B.G.B. geht zu Gunsten des Vermieters weiter. Wenn z. B. der Mieter am 2. Januar 1900 den Mietzins für das ganze Jahr 1900 im voraus bezahlt hat, am 15. Januar aber die Beschlagnahme für den Hypothekengläubiger erfolgte, so muß letzterer die Vorauszahlung für die Zeit bis zum 1. Juli 1900 anerkennen, so daß der Mieter erst für die Zeit vom 1. Juli bis 31. Dezember 1900 den Mitzins (nochmals) an den Hypothekengläubiger bezahlen muß.

[5] Wenn also der Mieter dem Vermieter beim Beginn der Miete am 1. Juli 1900 ein Darlehn von 2000 Mk. giebt und verabredet, daß dasselbe auf die vierteljährlichen Mietzahlungen von je 250 Mk. angerechnet werden solle, und wenn am 15. Oktober 1900 die Beschlagnahme der Mietgelder erfolgt, so kann der Mieter sich nur gegenüber den Mietgeldraten für die Vierteljahre vom 1. Oktober bis 31. Dezember 1900 und vom 1. Januar bis 1. April 1901, nicht aber gegenüber den später fällig werdenden, auf den Kompensationsvertrag berufen. R.G. Bd. 36 S. 307.

Diese Regel gilt jedoch für ein zu dem angegebenen Zeitpunkt bestehendes Mietverhältnis nur insoweit, als dasselbe nach dem Inkrafttreten des B.G.B. für den ersten Termin, für den dies nach dem Vertrage oder den bisherigen Gesetzen zulässig ist, aufgekündigt wird.[1] Bis zu diesem Termin bestimmen sich also die gegenseitigen Rechte und Pflichten der Vertragsparteien, insbesondere auch das bis dahin bestandene Pfand- oder Zurückbehaltungsrecht des Vermieters an den eingebrachten Sachen des Mieters, nach den seitherigen Gesetzen. Auch die an sich im öffentlichen Interesse erlassene Vorschrift des § 559 S. 3, wonach sich das Pfandrecht nicht auf die von der Pfändung ausgenommenen Sachen erstreckt, greift, da ihr rückwirkende Kraft nicht beigelegt ist, gegenüber den ausdrücklichen Bestimmungen der Art. 170, 171 nicht Platz[2] (A. M. Fuld S. 74); dagegen richtet sich die Kündigung selbst, namentlich in Ansehung ihrer Form, ebenso wie die Art der Tilgung des Mietzinses (durch Zahlung, Aufrechnung), als eine vom Mietverhältnis unabhängige Rechtshandlung, in jedem Falle nach dem neuen Recht. Mot. z. Entw. des Einf.-Ges. S. 256.

Erfolgt die erwähnte Kündigung nicht, so bestimmt sich das Mietverhältnis (insbesondere auch das Pfandrecht des Vermieters) von dem erwähnten Termin an nach den Vorschriften des B.G.B. Doch bleiben die Bestimmungen des früher abgeschlossenen Mietvertrags auch ferner in Kraft, soweit sie mit den Vorschriften des B.G.B. vereinbar sind und nicht verbietenden Normen desselben, wie z. B. §§ 540, 544, widerstreiten.

2. Wird ein Grundstück, das zur Zeit des Inkrafttretens des B.G.B. vermietet und dem Mieter übergeben war, nach dieser

[1] Der Kündigungstermin bestimmt sich, wenn er nicht im Vertrag festgesetzt ist, nach dem bisherigen Recht. Hat z. B. im Königreich Sachsen ein mit einem jährlichen Mietzins von 600 Mk. auf unbestimmte Zeit eingegangenes Mietverhältnis schon während des ganzen Jahres 1899 bestanden, so muß nach § 1215 des S.G.B., nach welchem in diesem Falle eine halbjährliche, nur am 31. März und 30. September zulässige Kündigung stattfindet, die Kündigung am 31. März für den 30. September 1900 erfolgen. Ist im Vertrag eine längere oder kürzere Kündigungsfrist bestimmt, so hat es dabei sein Bewenden.

[2] R.G. Bd. 42 S. 101. — Übrigens waren schon seither in Preußen nach dem Ges. v. 12. Juni 1894 und in Sachsen nach § 1228 a. E. des B.G.B. die unpfändbaren Sachen dem Recht des Vermieters entzogen. S. o. § 26 Anm. 10.

Zeit veräußert oder mit einem Rechte belastet, so hat der Mieter dem Erwerber des Grundstücks oder Rechtes gegenüber die im B.G.B. bestimmten Rechte (Art. 172 Einf.-Ges.).[3] Er hat diese Rechte insbesondere alsbald vom Inkrafttreten des B.G.B. ab auch dann, wenn im übrigen das Mietverhältnis nach den unter Z. 1 ersichtlichen Ausführungen sich noch eine Zeitlang nach den Vorschriften des seitherigen Rechts bestimmt. Der ursprüngliche Entwurf Art. 104, von dem damals im Entw. z. B.G.B. aufgenommenen Grundsatz „Kauf bricht Miete" ausgehend, ließ für das Rechtsverhältnis zwischen Mieter und Erwerber im Fall des Verkaufes das bisherige Recht entscheiden. Diese Vorschrift ist geändert worden.

Der Käufer des Gebäudes tritt also, wie oben § 46 näher ausgeführt ist, in die von der Zeit seines Eigentumserwerbs ab aus dem Mietverhältnis sich ergebenden Verpflichtungen des Vermieters ein und das gleiche gilt von dem Erwerber eines Rechts, durch dessen Ausübung dem Mieter der vertragsmäßige Gebrauch entzogen wird. Der Erwerber eines Rechts dagegen, durch dessen Ausübung der Mieter in dem vertragsmäßigen Gebrauche nur beschränkt wird, hat die Ausübung seines Rechts dem Mieter gegenüber, soweit dadurch dessen vertragsmäßiger Gebrauch beeinträchtigt würde, zu unterlassen.

Stehen dem Mieter nach den bisherigen Gesetzen aus einem vor dem 1. Januar 1900 eingegangenen Mietverhältnis dem Erwerber gegenüber noch weitergehende Rechte zu, so bleiben dieselben in Kraft. Sie können aber dadurch ihr Ende erreichen, daß das Mietverhältnis nicht für den ersten zulässigen Termin gekündigt und damit den Vorschriften des B.G.B. unterworfen wird.

Nach einer Reihe von landesrechtlichen Vorschriften tritt auch derjenige, welcher ein vor dem 1. Januar 1900 vermietetes und

[3] Denn das B G.B. hat in seiner schließlichen Gestalt den früheren Grundsatz: „Kauf bricht Miete" wesentlich aus sozialpolitischen Gründen beseitigt, um dem materiellen Unrecht nicht weiter Vorschub zu leisten, welches darin zu finden ist, daß der Eigentümer eines vermieteten Grundstücks dasselbe, ohne für den Mieter den vertragsmäßigen Weitergebrauch zu sichern, auf Grund des ihm formell zustehenden Rechts während der Dauer des Mietverhältnisses an einen Dritten veräußert, welcher den Mieter ohne Rücksicht auf den Mietvertrag austreiben kann. Es ist daher der Grundsatz: „Kauf bricht nicht Miete" auch in Bezug auf die Vertragsverhältnisse, welche unter der Herrschaft des früheren Rechts begründet sind, zur alsbaldigen Geltung gebracht werden. Komm. Prot. S. 9013—9019.

dem Mieter übergebenes Grundstück (Gebäude) bei einer Zwangsversteigerung ersteht und nach diesem Zeitpunkt den Zuschlag erhält, vom Zuschlag ab in die dem Vermieter obliegenden Verpflichtungen ein, ist aber berechtigt, das Mietverhältnis für den ersten Termin zu kündigen, für den dies zulässig ist (§ 57 des Zwangsversteigerungsges. v. 24. März 1897). Dies gilt insbesondere:

für Preußen nach Art. 7 des Ausf.-Ges. v. 23. Sept. 1899 zum Zwangsversteigerungsges.,

für Bayern nach Art. 27 des Ausf.-Ges. v. 9. Juni 1899 zur Grundbuchordn. und zu dem Gesetz über die Zwangsversteigerung und die Zwangsverwaltung,

für Oldenburg nach Art. 27 des Ausf.-Ges. v. 15. Mai 1899,

für Sachsen-Meiningen nach Art. 9 des Ausf.-Ges. v. 9. Aug. 1899,

für Anhalt nach Art. 6 des Ausf.-Ges. v. 20. April 1899,

für Reuß j. L. nach § 30 des Ausf.-Ges. v. 10. Aug. 1899,

wobei jedoch weitergehende, dem Mieter auf Grund des bisherigen Rechts zustehende Rechte nicht berührt werden.

Ferner kommt

für Bremen nach dem Ausf.-Ges. v. 20. Juli 1899 (zum Zwangsversteigerungsges.) die angeführte Vorschrift des § 57 Zwangsversteigerungsges. auch dann zur Anwendung, wenn die Zwangsversteigerung nach den bisherigen Vorschriften erledigt ist.

3. Einer besonderen Betrachtung bedarf noch die Verjährung der aus dem Mietverhältnis herrührenden Ansprüche, insbesondere auch die durch das B.G.B. neu geordnete Verjährung der Ansprüche des Vermieters auf den rückständigen Mietzins (197), auf Schadensersatz für Veränderungen und Verschlechterungen der vermieteten Räume (558), sowie der Anspruch des Mieters auf Ersatz von Verwendungen oder auf Gestattung der Wegnahme einer Einrichtung (558). In dieser Beziehung steht zunächst soviel außer Zweifel, daß eine unter der Herrschaft des früheren Rechts bereits vollendete Verjährung lediglich nach diesem Rechte, eine unter der Herrschaft des B.G.B. beginnende Verjährung aber, auch bezüglich eines dem früheren Rechte unterstehenden Anspruchs, nach dem neuen Rechte zu beurteilen ist.

Die weitere Frage aber, nach welchem Rechte die Verjährung der vor dem Inkrafttreten des B.G.B. entstandenen, zu diesem Zeitpunkt noch nicht verjährten Ansprüche zu beurteilen ist, wird in Art. 169 des Einf.-Ges. dahin geregelt, daß hier die Verjährungsvorschriften das B.G.B. Anwendung finden, mit der alleinigen Beschränkung, daß der Beginn, sowie die Unterbrechung und Hemmung der Verjährung sich für die Zeit vor dem B.G.B. nach den seitherigen Gesetzen bestimmen. Denn der unter der Herrschaft des bisherigen Rechts abgelaufene Teil der Verjährung kann überhaupt nur so Berücksichtigung finden, wie er sich unter dem bisherigen Recht gestaltet hat, s. Motive S. 251.

Die neuen Vorschriften sind dagegen nicht nur für die neuerdings seit dem 1. Januar 1900 eintretenden Unterbrechungen und Hemmungen, sondern namentlich auch für die Wirkungen (§ 222 B.G.B) einer unter der Herrschaft des früheren Gesetzes begonnenen und unter der des neuen Rechts vollendeten Verjährung maßgebend.

Eine besondere Vorschrift gilt für den Fall, daß das B.G.B. die noch nicht beendigte Verjährungsfrist gegenüber dem seitherigen Recht verkürzt. Hier wird die neu eingeführte kürzere Frist erst von dem Inkrafttreten des B.G.B. an berechnet. Läuft jedoch die im früheren Recht begründete längere Frist früher ab, so ist die Verjährung mit dem (früheren) Ablauf dieser längeren Frist beendigt.

Achter Abschnitt.

Prozeßverfahren in Mietstreitigkeiten.

§ 51. Zuständigkeit. Verfahren. Wert des Streitgegenstandes.

Als besondere, den Mietstreitigkeiten eigentümliche oder bei ihnen regelmäßig anwendbare Vorschriften sind hier folgende anzuführen:

1. Für gewisse Mietsachen ist ohne Rücksicht auf den Wert des Streitgegenstandes die Zuständigkeit der Amtsgerichte begründet.

Es sind dies Streitigkeiten zwischen dem Vermieter und dem Mieter oder Untermieter [1] von Wohnräumen oder anderen Räu-

[1] Abweichend von dem früheren § 23 Z. 2 G.V.Ges. sind durch die Novelle vom 17. Mai 1898 auch Streitigkeiten zwischen Vermieter und Untermieter aufgeführt, weil der Vermieter nach § 556 Abs. 3 B.G.B.

men oder zwischen dem Mieter und dem Untermieter solcher Räume wegen Überlassung, Benutzung oder Räumung, sowie wegen Zurückhaltung der von dem Mieter oder dem Untermieter in die Mieträume eingebrachten Sachen. Ger.-Verf.-Ges. § 23 Z. 2.[2]

Für die Verhandlung anderer Ansprüche aus dem Mietverhältnis, deren rasche Erledigung nicht in gleichem Maße geboten erscheint, also insbesondere von Ansprüchen des Vermieters oder Mieters auf Feststellung des Bestehens eines Mietverhältnisses, von Ansprüchen des Vermieters auf Mietgeld[3] oder auf Entschädigung wegen unpfleglicher Behandlung der Mieträume, von Schadensansprüchen des Mieters wegen vorzeitiger Aufhebung des Mietverhältnisses oder wegen Nichtgewährung der gemieteten Räume, gilt die gewöhnliche Zuständigkeitsregel des § 23 Z. 1 G.V.Ges., d. h. sie gehören nur dann vor die Amtsgerichte, wenn ihr Gegenstand an Geld oder Geldeswert die Summe von 300 Mk. nicht übersteigt, bei einem höheren Streitwert aber vor die Landgerichte.[4]

2. Die ersterwähnten Mietstreitigkeiten (wegen Überlassung, Benutzung oder Räumung der Mieträume u. s. w.) werden als Feriensachen in erster wie in zweiter Instanz auch während der Gerichtsferien verhandelt und entschieden (§ 202 Z. 4 G.V.Ges.).

3. Ist die Geltendmachung des Anspruchs auf Räumung

---

nach Beendigung des Mietverhältnisses die Mieträume auch vom Untermieter seines Mieters zurückfordern kann.

[2] Hierher gehören auch Klagen auf Feststellung dahin, daß der Vermieter zu einer bestimmten Zeit die Wohnung zu überlassen oder daß der Mieter solche zu einem bestimmten Zeitpunkt zu räumen habe. Die Vereinbarung der Zuständigkeit des Landgerichts für derartige Sachen ist zulässig.

[3] Wird in einer Klage des Vermieters beim Amtsgericht gleichzeitig Räumung und Mietzins gefordert, so ist, wenn letzterer über 300 Mk. beträgt, der Rechtsstreit vom Amtsgericht nach § 506 C.P.O. insoweit an das Landgericht zu verweisen, über den Räumungsanspruch aber vom Amtsgericht zu verhandeln und zu entscheiden.

[4] Doch kann auch hier durch Vereinbarung für alle Streitigkeiten aus einem Mietvertrag das Amtsgericht für zuständig erklärt werden und eine derartige Vereinbarung ist als stillschweigend erfolgt anzusehen, wenn bei der amtsgerichtlichen Verhandlung einer vor das Landgericht gehörigen Sache gegen die Zuständigkeit des Amtsgerichts vom Beklagten kein Einwand erhoben wird.

eines Wohnraumes oder eines anderen Raumes an den Eintritt eines Kalendertages geknüpft,[5] so kann schon vor diesem Tage Klage auf künftige Räumung erhoben werden (§ 257 C.P.O.). Diese Klage ist durch die Nov. zur Z.P.O. vom 17. Mai 1898 im Anschluß an die Kündigungsklage der preuß. A.G.O. I 28 §§ 4, 16 eingeführt, um namentlich bei Streit darüber, ob Kündigung überhaupt oder rechtzeitig erfolgt sei, dem Kläger mit Rücksicht auf die drohende Gefahr die Möglichkeit zur Erwirkung eines Urteils zu geben, das mit dem Eintritt des betr. Kalendertages die Zwangsvollstreckung gestattet. Begr. zu § 231a C.P.O. S. 103.

Erkennt der verklagte Mieter den Anspruch sofort an und hat er nicht (durch Bestreiten der Kündigung 2c.) Anlaß zur Klage gegeben, so hat nach § 93 C.P.O. der Kläger die Kosten zu tragen.

4. Insoweit die Sache bei den Amtsgerichten verhandelt wird, sind die auch für andere amtsgerichtliche Streitsachen geltenden Vorschriften der C.P.O. hervorzuheben,

a) daß die Klage bei dem Gerichte schriftlich[6] eingereicht oder zum Protokolle des Gerichtsschreibers angebracht werden kann (§ 496);

b) daß nach erfolgter Bestimmung des Termins zur mündlichen Verhandlung (durch den Amtsrichter) der Gerichtsschreiber für die Zustellung der Klage Sorge zu tragen hat, sofern nicht der Kläger in der Klageschrift oder dem Protokoll des Gerichtsschreibers erklärt hat, dies selbst thun zu wollen (§ 497);

c) daß die Einlassungsfrist, d. h. die Frist zwischen der Zustellung der Klage und dem Termine zur mündlichen Verhandlung (§ 262), mindestens drei Tage beträgt, wenn die Zustellung im Bezirke des mit der Klage befaßten Amtsgerichts, mindestens eine Woche, wenn sie außerhalb desselben, jedoch im deutschen Reiche, erfolgt und daß das Gericht bei Festsetzung des Termins die Einlassungsfrist zu bestimmen hat, wenn die Zustellung im Auslande vorzunehmen ist (§ 498);

d) daß die Klage regelmäßig durch Zustellung der Klage-

---

[5] Mag nun dieser Tag von vornherein durch den Mietvertrag oder durch eine spätere Kündigung als Endtermin des Mietverhältnisses bestimmt sein.

[6] Abfassung und Unterzeichnung durch einen Rechtsanwalt ist nicht erforderlich, § 78 C.P.O.

schrift oder des die Klage enthaltenden Protokolles erhoben wird (§ 499), daß sie aber auch durch mündlichen Vortrag erhoben werden kann, wenn die Parteien freiwillig zur Verhandlung des Rechtsstreits an einem ordentlichen Gerichtstage vor Gericht erschienen sind (§ 500) oder in einem auf Anlaß einer Partei anberaumten Gütetermin der Sühneversuch erfolglos geblieben ist (§ 510);

e) daß während des Prozesses jede Partei der anderen Anträge und Erklärungen, auf welche dieselbe ohne vorgängige Mitteilung voraussichtlich eine Erklärung zu einer mündlichen Verhandlung nicht abzugeben vermag, durch Zustellung eines dieselben enthaltenden Protokolls des Gerichtsschreibers oder auch unmittelbar und ohne besondere Form, z. B. durch die Post, mitteilen kann (§ 502).

5. Wird vom Gericht auf Räumung einer Wohnung erkannt, so **kann** dasselbe dem Schuldner (Mieter) auf dessen Antrag eine den Umständen nach angemessene Frist zur Räumung gewähren.[7] Dieser Antrag ist vom Beklagten vor dem Schlusse der letzten mündlichen Verhandlung, auf welche das Urteil ergeht, zu stellen. Die Entscheidung darüber ist unter denselben Voraussetzungen und mit denselben Rechtsmitteln angreifbar, wie das Urteil überhaupt (§ 721. Begr. S. 147).

6. Urteile in den oben, Z. 1 im Eingang erwähnten, zur Zuständigkeit der Amtsgerichte gehörigen Streitigkeiten (wegen Überlassung, Benutzung oder Räumung der Mieträume ꝛc.) sind auf Antrag der obsiegenden Partei für vorläufig vollstreckbar zu erklären, so daß auf Grund derselben schon vor Eintritt der Rechtskraft die Zwangsvollstreckung erfolgen kann (§ 709 Z. 1). Wegen des Entschädigungsanspruchs des unterliegenden Teiles für den Fall späterer Aufhebung des für vorläufig vollstreckbar erklärten und vollzogenen Urteils s. § 717 Abs. 2 C.P.O. (Verschulden nicht vorausgesetzt).

7. Bei der Vollstreckung eines auf Räumung gerichteten Urteils hat der Gerichtsvollzieher den Schuldner aus dem Besitze zu setzen und den Gläubiger in den Besitz einzuweisen.

[7] Die Fristgewähr ist abzulehnen, wenn sie unverhältnismäßige Nachteile für den Vermieter zur Folge haben würde, z. B. wenn die Räume bereits anderweit vermietet sind (Resolution der Reichstagskommission zur Beratung des Entwurfes des B.G.B., Kommissionsbericht S. 176). Es erledigen sich hierdurch die von Fränkel S. 63 angeregten Bedenken gegen die obligatorische Gewährung der Räumungsfrist.

Die beweglichen Sachen des Mieters, welche nicht Gegenstand der Zwangsvollstreckung sind und an welchen auch der Vermieter nicht das ihm zustehende Pfand- und Zurückbehaltungsrecht ausübt, werden von dem Gerichtsvollzieher aus den Mieträumen geschafft und dem Schuldner oder, wenn dieser abwesend ist, einem Bevollmächtigten desselben oder einer zur Familie des Schuldners gehörigen oder in dieser Familie dienenden erwachsenen Person übergeben oder zur Verfügung gestellt.

Ist weder der Schuldner noch eine der bezeichneten Personen anwesend, so hat der Gerichtsvollzieher die Sachen auf Kosten des Schuldners in das Pfandlokal zu schaffen oder anderweit in Verwahrung zu bringen.

Verzögert der Schuldner die Abforderung, so kann das Vollstreckungsgericht (das Amtsgericht, in dessen Bezirk die Vollstreckung erfolgt ist) den Verkauf der Sachen und die Hinterlegung des Erlöses anordnen (§ 885). Vgl. auch Jur. Wochenschr. 1894 S. 200.

8. Der Wert des Streitgegenstandes ist bei Ansprüchen aus dem Mietverhältnis, welche nicht, wie die oben unter Z. 1 im Eingang erwähnten, ohne Rücksicht auf den Streitwert den Amtsgerichten überwiesen sind, für die Zuständigkeit des Gerichts (ob Amtsgericht oder Landgericht § 23 Z. 1 G.V.Ges.), sowie auch für die Zulässigkeit der Revision (§ 546), außerdem aber auch in allen Mietstreitigkeiten für die Berechnung der Gerichtskosten und Anwaltsgebühren maßgebend.

Derselbe wird bei Ansprüchen auf einzelne Leistungen aus dem Mietverhältnis, also insbesondere auf Mietzins, Entschädigung, sowie auf Räumung oder Rückgewähr der Mieträume nach Ablauf der vertragsmäßigen Mietzeit[8] in Anwendung des § 3 C.P.O. vom Gericht nach freiem richterlichen Ermessen festgesetzt.

Eine besondere Vorschrift gilt dagegen für den Fall, wenn das Bestehen oder die Dauer eines Pacht- oder Mietverhältnisses streitig ist. Dann ist der Betrag des auf die gesamte streitige Zeit fallenden Zinses[9] und, wenn der fünfund-

[8] S. R.G. Bd. 33 S. 3.

[9] Der Vermieter einer Hauses klagt Anfang Oktober 1900 gegen den Mieter eines Hauses, welcher dasselbe noch bis zum 1. Juli 1902 für ein jährliches Mietgeld von 2000 Mk. fest gemietet zu haben behauptet, auf Räumung zu Ende 1900, weil der Vertrag von einem nicht gehörig legitimierten Vertreter des Vermieters abgeschlossen und daher für ihn nicht

zwanzigfache Betrag des einjährigen Zinses geringer ist, dieser Betrag für die Wertberechnung entscheidend (§ 8).

Dies gilt nicht nur für die Feststellungsklage,[10] sondern auch für die Räumungsklage,[11] wenn nach der Klagebegründung die Fortdauer des mit bestimmter Zeitdauer eingegangenen Vertragsverhältnisses über den geltend gemachten Räumungszeitpunkt hinaus verneint, also entweder dessen Entstehung bestritten oder dessen vorzeitige Aufhebung behauptet wird. R.G. Bd. 17 S. 378, Bd. 33 S. 3, Gruchot Bd. 35 S. 117, s. auch Gaupp, 4. Aufl. Erl. I—III zu § 8 C.P.O.[12] Dagegen ist nicht § 8, sondern § 3 zur Anwendung zu bringen, wenn sich der Streit nur auf die Gründe und Folgen der an sich unstreitigen Auflösung des Mietverhältnisses bezieht. R.G. Bd. 30 S. 373, Jur. Wochenschr. 1895 S. 322. Ebenso wenig gilt § 8, wenn ein nicht auf bestimmte Dauer geschlossener Mietvertrag behauptet und dessen Auflösung auf Grund erfolgter Kündigung gefordert wird. R.G. Bd. 17 S. 376, Jur. Wochenschr. 1895 S. 537 Nr. 3.[13] Hier wird der Streitgegenstand durch das auf die Kündigungsfrist entfallende Mietgeld bestimmt. Seuff. Arch. Bd. 42 Nr. 323.

Übrigens gilt der erwähnte § 8 innerhalb der angegebenen Grenzen nur für die Wertberechnung behufs Feststellung der **Gerichtszuständigkeit** (und der Zulässigkeit der Revision), insoweit der Streitwert hierbei in Betracht kommt. Für die Berechnung der **Gerichtskosten** und **Anwaltsgebühren** ist da-

---

bindend sei. Hier bildet der (an sich feststehende) Mietzins auf die $1^1/_2$ Jahre vom 1. Januar 1901 bis 1. Juli 1902, mithin 3000 Mk., den Streitwert.

[10] Z. B. dahin gehend, daß ein Mietverhältnis nicht, wie der Vermieter behaupte, bis zum 30. Juni 1900, sondern bis zum 30. Juni 1901, wie der Mieter geltend mache, bestehe.

[11] S. das Beispiel in Anm. 9.

[12] Denn es wird, auch wenn der Klageantrag zunächst auf Räumung gerichtet ist, doch nach der Klagebegründung auch eine rechtskräftige Entscheidung über das Bestehen und die Dauer des Mietverhältnisses verlangt. Ähnlich wird ja bei der auf Grund des Eigentums gegen den Besitzer erhobenen Räumungsklage zugleich mit über den Bestand des Eigentums entschieden. Petersen, C.P.O. 4. Aufl. § 8 Anm. 7.

[13] Beide Teile sind darüber einverstanden, daß ihr Vertrag auf unbestimmte Zeit mit 1000 Mk. jährlichem Mietzins und einer jedem Teile zustehenden Kündigungsfrist von einem halben Jahre bestehe. Der Vermieter klagt auf Räumung zum 1. Januar 1901, da er am 1. Juli 1900 gekündigt habe, der Mieter bestreitet diese Kündigung.

gegen die durch die Novelle vom 17. Mai 1898 eingefügte Vorschrift in § 9a des Gerichtskostengesetzes maßgebend, wonach, wenn das Bestehen oder die Dauer eines Mietverhältnisses für einen längeren, als einjährigen Zeitraum streitig ist, der Wert nur auf den Betrag des einjährigen Zinses berechnet wird [14]

[14] Vgl. die zum Preußischen Gerichtskostengesetze vom 10. Mai 1851 erlassene Novelle vom 9. Mai 1854 Art. 3 Nr. 3, R.G. Bd. 33 S. 6 unten. Anders bei Ansprüchen auf Einzelleistungen, wie sie oben bei Anm. 3 erwähnt sind. Hier ist, wie für die Bestimmung der Gerichtszuständigkeit, so auch für die Berechnung der Gebühren lediglich der nach dem Betrag der Forderung oder nach richterlichem Ermessen zu ermittelnde Wert der Leistung zu Grunde zu legen.

Anhang I.

Rechtsverhältnis zwischen Gastwirt und Gast.

Der Wohnungsmiete läßt sich das Rechtsverhältnis zwischen Gastwirt und Gast anreihen. Allerdings hat der erstere dem letzteren gegen die von demselben zu zahlende Vergütung neben der Wohnung auch andere Leistungen mannigfachen Inhalts: Beköstigung, Beleuchtung, Heizung, Dienstleistungen der verschiedensten Art, zu gewähren.[1] Immerhin bildet aber die Gewährung der Wohnung oder, wie § 701 sich ausdrückt, die Aufnahme des Gastes zur Beherbergung[2] das unterscheidende Merkmal des Gastwirts von anderen ähnlichen Gewerbetreibenden, wie Restaurateuren, Schank- und Stallwirten und zugleich die erste Vorbedingung für eine besondere Verpflichtung und andererseits für ein besonderes Recht des Gastwirts dem Gaste gegenüber.

---

[1] Windscheid II § 384 Anm. 7. Mit Rücksicht auf dieses gemischte Vertragsverhältnis werden daher je nach Umständen die Grundsätze über Wohnungsmiete, Dienstmiete, Werkverdingung, Kauf zur Anwendung gelangen.

[2] So auch A.L.R. II 8 § 444 und C. c. art. 1952 (aubergistes ou hôteliers). Abweichend das gemeine Recht l. 1 pr. D. 4, 9. Windscheid II § 384, welches allgemein caupones und stabularii für haftbar erklärte sowie das S.G.B. § 1290, wonach die Vorschriften über die Haftung der Gastwirte auch bei Stallwirten rücksichtlich der bei ihnen eingestellten Tiere und des dazu gehörigen Geschirres gelten sollen. Ist auch diese Vorschrift aufgehoben, so besteht doch auch gegenwärtig die Haftung des Gastwirts für das Geschirr und die Tiere der bei ihm wohnenden Gäste.

Die Haftung der Eisenbahnen und Schiffer für den Verlust und die Beschädigung von Reisegepäck ist durch §§ 465, 606 bis 610, 673 H.G.B. und durch § 77 des Gesetzes betr. die privatrechtlichen Verhältnisse der Binnenschiffahrt vom 15. Juni 1895 geregelt.

I. Verpflichtung zur Fürsorge für die eingebrachten Sachen des Gastes.

Der Gastwirt, der gewerbemäßig Fremde zur Beherbergung aufnimmt, hat dem im Betriebe dieses Gewerbes aufgenommenen Gaste den Schaden zu ersetzen, den derselbe durch den Verlust oder die Beschädigung eingebrachter Sachen erleidet (701 Abs. 1 S. 1).[3] Im einzelnen ist hierzu zu bemerken.

1. Als eingebracht gelten die Sachen, welche der Gast[4] dem Gastwirt oder dessen Leuten, die zur Entgegennahme der Sachen bestellt oder nach den Umständen als dazu bestellt anzusehen waren, übergeben oder an einen ihm von diesen angewiesenen Ort oder in Ermangelung einer Anweisung an den hierzu bestimmten Ort gebracht hat (70 Abs. 2).[5]

2 Für den Verlust oder die Beschädigung dieser Sachen haftet der Gastwirt schlechthin, mag solches durch ihn, durch seine Leute, andere Gäste oder dritte Personen herbeigeführt sein.[6]

---

[3] Diese Verpflichtung, welche unmittelbar aus dem ausdrücklich oder stillschweigend abgeschlossenen Aufnahmevertrag entspringt (Protok. II S. 2393) und mit der Einbringung beginnt, geht über die Haftpflicht des Verwahrers (Depositars), der regelmäßig nur für eigenes Verschulden einzustehen hat, erheblich hinaus und ist in Übereinstimmung mit dem seitherigen Rechte festgestellt, um dem Gaste den ihm nach allgemeinen Grundsätzen obliegenden, höchst schwierigen oder unmöglichen Beweis des Verschuldens des Wirts zu ersparen. Mot. II S. 584.

[4] Nicht ein Dritter, z. B. ein vom Gaste zum Mittagessen eingeladener Freund desselben.

[5] Eingebracht sind hiernach auch die Sachen (Reisegepäck, Waren, Musterkoffer), welche der Reisende am Bahnhof dem Kutscher eines Gasthofwagens zum Transport nach dem Gasthause mit dem Bemerken abgiebt, daß er demnächst in diesem Gasthause abzusteigen gedenke; R.O.H.G. Bd. 17 S. 12, Bd. 25 S. 336; R.G. Bd. 1 S. 83. — Eingebracht sind ferner die vom Gaste nachträglich während seines Aufenthaltes in den Gasthof geschafften Sachen (vgl. S.G.B. § 1282), dagegen nicht die zurückgelassenen Sachen, bezüglich welcher nur ein einfaches Verwahrungsverhältnis vorliegt. R.O.H.G. Bd. 11 S. 314.

[6] Mot. II S. 586. Zur Begründung seines Anspruches auf Rückgabe oder Wertersatz hat daher der Gast nur die Einbringung, den beim Gastwirt eingetretenen Verlust oder Schaden und eventuell die Höhe dieses Schadens darzuthun.

3. Ausgeschlossen ist seine Haftpflicht nur, wenn der Verlust oder Schaden

a) von dem Gaste selbst, einem Begleiter desselben oder einer Person, die er bei sich aufgenommen hat, verursacht wird,[7]

b) durch die Beschaffenheit der eingebrachten Sachen, also der beschädigten oder anderer, vom Gaste eingebrachter Sachen oder

c) durch höhere Gewalt[8] entsteht. Er kann auch

d) die Haftpflicht durch Vereinbarung mit dem Gaste, nicht aber durch einseitigen Anschlag ablehnen (701 Abs. 3).[9]

4. Eine beschränktere Haftpflicht des Gastwirts findet statt für Geld, Wertpapiere und Kostbarkeiten des Gastes.[10] Hierfür hat der Gastwirt in der vorstehend angegebenen Weise nur bis zum Betrag von 1000 Mark einzustehen, zu einem höheren Betrag aber nur dann, wenn er

a) diese Gegenstände mit Kenntnis ihrer Eigenschaft als Wertsachen zur Aufbewahrung übernimmt oder

b) die Aufbewahrung ablehnt oder

c) der Schaden von ihm oder seinen Leuten verschuldet ist (702), wobei sich der Gastwirt nicht darauf berufen kann, daß

---

[7] Abweichend vom A.L.R. II 8 §§ 447, 451, S.G.B. § 1285 wird hier ein Verschulden des Gastes oder seiner Begleiter nicht vorausgesetzt. Hat dagegen bei der Entstehung des Schadens ein Verschulden des Gastes oder seiner Begleiter mitgewirkt (durch nicht gehörigen Verschluß, Offenliegenlassen von Wertstücken (R.G. Bd. 1 S. 83), so kommt es nach § 254 darauf an, welches Verschulden das überwiegende ist.

[8] D. h. unabwendbaren äußeren Zufall; R.G. Bd. 21 S. 13. Planck Anm. 1 zu § 203.

[9] Die Zulassung einer Vereinbarung über den Umfang und das Maß der Haftpflicht war auch nach seitherigem Recht unbestritten; Windscheid II § 384 bei Note 8; vielfach bestritten aber war die Wirksamkeit eines einseitigen Anschlages (vgl. S.G.B. § 1288), welche durch § 701 Abs. 3 schlechthin ausgeschlossen ist.

[10] Nach gemeinem und französischem Recht haftet der Gastwirt für die eingebrachten Wertsachen des Gastes in gleicher Weise und unter denselben Voraussetzungen, wie für andere Sachen. Das S.G.B. § 1288 läßt nur unter gewissen Voraussetzungen die Befreiung des Gastwirtes durch Anschlag zu. Die Vorschrift des B.G.B. ist im Interesse des Gastwirtes aufgestellt, der bei den hier in Betracht kommenden, unter Umständen bedeutenden Wertsachen durch eine unbedingte Haftung erheblich gefährdet werden würde. Mot. II S. 588.

er bei der Auswahl oder Beaufsichtigung seiner Leute die erforderliche Vorsicht angewendet habe (vgl. § 831).

5. Der dem Gaste zustehende Anspruch erlischt, wenn der Gast nicht unverzüglich nach erlangter Kenntnis von dem Verluste oder der Beschädigung dem Gastwirt Anzeige macht (Mot. II, S 589). Der Anspruch erlischt nicht, wenn die Sachen dem Gastwirt zur Aufbewahrung übergeben waren (703). Der Gastwirt hat hiernach zu seiner Entlastung nachzuweisen, daß und wann der Gast Kenntnis von dem Schaden erhalten habe. Dem Gaste dagegen liegt der Beweis ob, daß er rechtzeitig Anzeige gemacht habe. Planck, Anm. zu § 703.

II. Pfandrecht des Gastwirts.

Der Gastwirt, der gewerbemäßig Fremde zur Beherbergung aufnimmt,[11] hat wegen seiner Forderung für Wohnung und andere, dem Gaste zur Befriedigung seiner Bedürfnisse gewährte Leistungen[12] mit Einschluß der Auslagen ein Pfandrecht an den eingebrachten Sachen des Gastes.[13] Auf dieses Pfandrecht finden die oben §§ 26 bis 28, 30 aufgestellten Vorschriften über den Ausschluß der der Pfändung nicht unterliegenden Sachen, über das Erlöschen des Pfandrechts durch die mit Wissen und Willen des Vermieters erfolgte Entfernung aus dem Grundstücke, über die Widerspruchsbefugnis des Vermieters und deren Beschränkung, das Selbsthilfe- und Klagerecht des Vermieters, das Verhältnis des Vermieters zum Pfändungspfandgläubiger und über die Befugnis des Mieters zur Abwendung des Pfandrechts durch Sicherheitsleistung entsprechende Anwendung (704, 559 S. 3, 560 bis 563).

---

[11] Dem Restaurateur und Stallwirt steht dieses Pfandrecht nicht zu.

[12] Beköstigung, Heizung, Beleuchtung 2c. Insoweit reicht das Pfandrecht des Gastwirts weiter, als dasjenige des Vermieters, welches sich auf derartige Forderungen nur dann erstreckt, wenn sie nebensächlicher Natur sind. S. oben § 26 Anm. 11.

[13] So auch A.L.R. II 8 § 455.

Anhang II.

Die Stempelpflichtigkeit schriftlicher Mietverträge über Wohnungen 2c.

ist in den nachgenannten deutschen Staaten durch die nachbemerkten Gesetze und Verordnungen geregelt.

I. Im Königreich Preußen (mit Ausschluß der Hohenzollernschen Lande und der Insel Helgoland)

unterliegt nach dem Stempelsteuergesetz vom 31. Juli 1895, insbesondere Tarifstelle Nr. 48 (neben welchem noch die Bekanntmachung des Finanzministers vom 13. Febr. 1896, betr. die Ausführung des Stempelsteuergesetzes, in Betracht kommt), ein schriftlicher Wohnungsmietvertrag (oder Untermietvertrag), sofern der verabredete, nach der Dauer eines Jahres zu berechnende Mietzins mehr als 300 Mark beträgt, einer Abgabe in Höhe von einem Zehntel Prozent des Mietzinses.

Dabei gilt namentlich noch folgendes:

1. Der Mindestbetrag der Stempelsteuer ist 50 Pf. Sie steigt in Abstufungen von je 50 Pf., wobei überschießende Steuerbeträge auf je 50 Pf. abgerundet werden, § 11 des Gesetzes. Der Stempel beträgt daher

Bei einem Mietzins von mehr als	300	bis 500	Mark	.. 0,50 Mk.
" " " " " "	500	" 1000	"	.. 1,— "
" " " " " "	1000	" 1500	"	.. 1,50 "

u. s. w.

2. Die Stempelabgabe wird nur von dem in barem Gelde bestehenden Mietzins entrichtet, während andere Leistungen des Mieters, Dienstleistungen, übernommene Reparaturen 2c. dieser Abgabe nicht unterliegen.

3. Beträgt der bare Mietzins, nach der Dauer eines Jahres berechnet, mehr als 300 Mark, so sind die Verträge auch alsdann steuerpflichtig, wenn der auf die vereinbarte Geltungsdauer des Vertrages während des betr. Kalenderjahres entfallende Zinsbetrag 300 Mark oder weniger ausmacht, so daß z. B. ein auf die Dauer von zehn Jahren geschlossener Vertrag bei einer Jahresmiete von 300 Mark stempelfrei, dagegen ein für einen Monat geschlossener Mietvertrag stempelpflichtig ist, sofern der für den Monat verabredete Zins mehr als 25 Mark beträgt, der Jahreszins also 300 Mark übersteigen würde.

4. Stempelpflichtig sind nur schriftliche Vertragsurkunden, welche von den Ausstellern oder von Dritten in deren Auftrag mit ihren Namen oder ihrer Firma unterzeichnet sind. § 1 Abs. 2 des Gesetzes.

Mittels Briefwechsels errichtete Mietverträge sind dann stempelpflichtig, wenn sie sich nach Form und Inhalt nicht bloß auf die Verständigung der Vertragsparteien über die hauptsächlichen Geschäftsbedingungen beschränken, sondern wenn aus ihnen die Absicht der Beteiligten hervorgeht, ein die Beurkundung eines förmlichen schriftlichen Vertrages ersetzendes Dokument über ein bereits verabredetes Vertragsverhältnis herzustellen. § 1 Abs. 3 des Gesetzes Urteile des. R.G. vom 14. Januar, 17. Februar, 3. Oktober 1881, Centralblatt 1881 S. 104, 114, 445.

5. Stempelpflichtig sind auch die schriftlich (durch Briefwechsel) abgeschlossenen Gastaufnahmeverträge der Hotelbesitzer und die Mietverträge über möblierte Zimmer oder Wohnungen falls der Jahresmietzins über 300 Mark beträgt oder betragen würde, dagegen nicht die Verträge, durch welche sich jemand bei einem Gastwirt oder einer Familie in Pension begiebt. Heinitz, Komm. S. 328 Abs. 8.

6. Wenn in einem stempelpflichtigen Mietvertrag bestimmt ist, daß das Rechtsverhältnis unter gewissen Voraussetzungen als verlängert gelten solle, so sind die hiernach eintretenden Verlängerungen nach Maßgabe der obigen Bestimmungen ebenfalls stempelpflichtig. Tarif Nr. 48.

7. Wenn Mietverträge vor Ablauf der vertragsmäßig festgesetzten Zeit — sei es durch beiderseitige Vereinbarung oder berechtigten Rücktritt des einen Teils — ihr Ende erreichen, so ist der Stempel nur für die Zeit bis zur Beendigung des Vertragsverhältnisses zu entrichten, so daß beispielsweise ein für die Zeit vom 1. Januar bis Ende Dezember 1900 zu einem Jahres-

mietzins von 6000 Mark verabredeter Mietvertrag, welcher zum 1. Juli 1900 durch beiderseitige Einwilligung aufgelöst wurde, nur auf den Betrag von 3000 Mark (also mit 3 Mark) zu versteuern ist. Tarifst. 48 Abs. 4. Ausführungsverordnung vom 13. Februar 1896.

8. Hiervon abgesehen wird der entrichtete Stempel auch erstattet, wenn ein beurkundetes Geschäft nichtig ist oder durch rechtskräftiges gerichtliches Urteil für ungiltig oder nichtig erklärt und die Erstattung innerhalb zweier Jahre nach der Beurkundung des nichtigen Geschäfts oder binnen Jahresfrist nach Eintritt der Rechtskraft des gerichtlichen Erkenntnisses nachgesucht wird.

Außerdem kann der Finanzminister die Erstattung bereits verwendeter Stempel aus Billigkeitsrücksichten anordnen, wenn die Ausführung eines Geschäfts unterblieben und die Erstattung innerhalb zweier Jahre nach der Beurkundung des Geschäfts beantragt worden ist. § 25 Abs. 3 und 4 des Gesetzes.

9. Von der Entrichtung des Stempels sind die in § 5 Abs. 1 des Gesetzes aufgeführten Personen, Behörden, Anstalten, Vereine und Gesellschaften befreit.

Haben Privatpersonen mit den von der Stempelsteuer befreiten Personen ꝛc. Mietverträge abgeschlossen, so ist dafür die Hälfte des Mietstempels und für die Nebenausfertigung der Duplikatstempel zu entrichten.

10. Die Stempelpflicht ist vom Vermieter (Untervermieter) dadurch zu erfüllen, daß er die während der Dauer des Kalenderjahres in Geltung gewesenen (schriftlichen) Verträge und Vertragsverlängerungen bis Ende Januar des darauf folgenden Jahres in ein Verzeichnis (Mietverzeichnis), welches die Bezeichnung des Grundstücks, den Namen des Mieters oder Untermieters, die Dauer des Vertragsverhältnisses während des betr. Kalenderjahres, den Mietzins, den erforderlichen Stempelbetrag und die Namensunterschrift des Vermieters enthalten muß, einzeln einträgt, dieses Verzeichnis mit der Versicherung, daß er andere stempelsteuerpflichtige Verträge nicht abgeschlossen, versieht und unter Vorlegung dieses Verzeichnisses die Versteuerung bis Ende Januar bei einer Steuerstelle (Hauptamt, Steueramt oder Stempelverteiler) bewirkt, welche das erforderliche Stempelmaterial auf dem Verzeichnisse verwendet. Tarif Nr. 48 Abs. 2.

11. Der Vermieter (Untervermieter), welcher den Vorschriften bezüglich der Verpflichtung zur Entrichtung der Stempelsteuer für Mietverträge zuwider handelt, hat eine Geldstrafe verwirkt, welche

dem zehnfachen Betrage des hinterzogenen Stempels gleichkommt, mindestens aber 30 Mark beträgt. Er wird von dieser Strafe auch dann nicht frei, wenn er einen Hausverwalter bestellt und dieser die Zuwiderhandlung verschuldet hat. — Neben der Strafe ist der hinterzogene Stempel nachzuzahlen.

Ergiebt sich aus den Umständen, daß eine Steuerhinterziehung nicht hat verübt werden können, oder nicht beabsichtigt worden ist, so tritt eine Ordnungsstrafe bis zu 300 Mark ein.

Die Umwandlung einer Geldstrafe in eine Freiheitsstrafe findet im Falle des Unvermögens des Verpflichteten nicht statt, § 22 des Ges.

Vgl. im übrigen die Kommentare von

Hoyer, die Preuß. Stempelgesetzgebung für die alten und neuen Landesteile, neu bearbeitet von Gaupp, 5. Aufl. Berlin 1895,

Heinitz, Berlin 1896 und von

Hummel und Specht, Berlin 1897.

II. Im Königreich Sachsen

1. unterliegen nach dem Gesetz über den Urkundenstempel vom 13. November 1876, insbesondere § 1 Tarifpos. 34 (in der Fassung des Gesetzes vom 10. Juni 1898), schriftliche Mietverträge einer Stempelabgabe von einem Zehntel Prozent der Vertragssumme, mindestens aber von 20 Pf., jedoch nur dann, wenn

a) sie von einer öffentlichen Behörde oder von einem Notare aufgenommen oder ausgefertigt worden sind oder bei einer öffentlichen Behörde oder bei einem Notare vorgelegt oder eingereicht werden,

b) der zu versteuernde Betrag die Summe von 150 Mark übersteigt. Art. 2 Nr. 4.

2. Duplikate und Abschriften sind stempelfrei, wenn das Hauptexemplar mit dem erforderlichen Stempel versehen ist.

3. Privatpersonen, welche solche Mietverträge mit einem Mietzinsbetrag von mehr als 150 Mark unter sich ausfertigen, haben keinen Stempel zu entrichten und können auch dann, wenn dieselben später bei einer öffentlichen Behörde oder bei einem Notare eingereicht oder vorgelegt werden, der Behörde oder dem Notare die Verwendung des Stempel überlassen.

4. Bei Feststellung der Vertragssumme ist der Betrag des Mietzinses einschließlich des Geldwertes vereinbarter Natural-

leistungen innerhalb der bedungenen und in Ermangelung einer Vereinbarung innerhalb der gesetzlichen Vertragsdauer zu Grunde zu legen. Anm. c zur Tarifnummer 34 A.

5. Schriftliche Verlängerungen von Verträgen sind in Bezug auf die Stempelpflicht als neue Verträge zu behandeln. Art. 9 § 2.

6. Die Wiederaufhebung abgeschlossener Verträge ändert nichts an der rücksichtlich derselben bereits begründeten Stempelpflicht. Doch findet Rückerstattung des entrichteteten Stempels in dem Falle statt, wenn auf Grund eines in dem Vertrage enthaltenen Vorbehalts der Widerruf des Vertrages mit der Wirkung der völligen Wiederauflösung innerhalb der vorbehaltenen Frist erfolgt (Art. 9 § 3).

7. Ist bei einem Vertrage, für den der Stempel von den Vertragschließenden anteilig zu entrichten ist, der eine Teil von der Stempelsteuer befreit (Art. 2 Z. 1—3 des Ges.), so wird der Stempel von der Hälfte der Vertragssumme berechnet. Hat der Befreite den Stempel zur alleinigen Berichtigung übernommen, so ist der Stempel nicht zu erheben (Art. 9 § 4).

8. Für die Entrichtung des Stempels sind alle Teilnehmer, also nicht bloß die Vertragsparteien, sondern auch die Beamten und Notare haftbar (Art. 12). Die letzteren unterliegen im Fall der Zuwiderhandlung einer Ordnungsstrafe bis zu 200 Mark (Art. 13).

Vgl. im übrigen den Kommentar von

Wahl, Königl. Sächs. Gesetze über die Erbschaftssteuer und den Urkundenstempel vom 13. November 1876. 3. Aufl.

Die Stempelpflichtigkeit von schriftlichen Mietverträgen und Untermietverträgen besteht ferner

III. im Großherzogtum Mecklenburg-Schwerin

nach der Verordnung betr. die Stempelsteuer vom 13. Oktober 1873, sowie nach Nr. 68 des beigefügten Tarifs;

IV. im Großherzogtum Oldenburg

nach dem Gesetz betr. die Stempelabgabe vom 9. Oktober 1868;

V. im Herzogtum Braunschweig

nach der Verordnung die Stempelsteuer betr. vom 29. Oktober 1821;

VI. im Herzogtum Anhalt

nach dem Gesetz Nr. 668 vom 29. März 1884 über die Urkundenstempelsteuer, dem Gesetze Nr. 868 vom 29. März 1892 betr die Abänderung des vorgenannten Gesetzes und nach dem Gesetze Nr. 984 vom 22. Mai 1897 betr. die anderweite Abänderung des Gesetzes Nr. 668;

VII. im Fürstentum Schaumburg Lippe

nach dem Gesetz vom 26. April 1880 den Urkundenstempel betr.;

VIII. in der Freien und Hansestadt Lübeck

nach der Stempelordnung vom 17. Dezember 1879 und nach der Bekanntmachung des Senats vom 10. Juli 1889;

IX. in der Freien und Hansestadt Hamburg

nach dem Gesetz vom 5. Mai 1876.

Anhang III.

Der einheitliche Mietvertrag des Centralverbandes der Haus- und Grundbesitzervereine Deutschlands.

Der Centralverband der Deutschen Hausbesitzervereine hat auf seinem Verbandstage zu Elberfeld am 10. August 1899 ein Formular zu einem einheitlichen Mietvertrage aufgestellt, welches den von den einzelnen Hausbesitzervereinen unter Berücksichtigung der örtlichen Gewohnheiten und Bedürfnisse auszuarbeitenden Mietvertragsformularen als Grundlage und Muster dienen soll. Man ist dabei von der Ansicht ausgegangen, daß durch die Vorschriften des Bürgerlichen Gesetzbuches das Interesse der Vermieter zu wenig, dasjenige der Mieter zu sehr berücksichtigt werde und daß, zum Schutze der Vermieter gegen die gesetzlichen Vorschriften, eine abweichende Gestaltung der beiderseitigen Rechte und Pflichten im Wege der vertragsmäßigen Vereinbarung herbeizuführen sei.

Was zunächst diesen, gegen das Gesetzbuch und damit gegen die gesetzgebenden Organe des Reiches erhobenen Vorwurf anlangt, so dürfte derselbe nicht begründet sein.

Das B.G.B. hat in §§ 535 flg. die Verpflichtungen und Rechte des Vermieters wie des Mieters in eingehender Weise geregelt. Danach hat

der Vermieter

dem Mieter

1. den Gebrauch der vermieteten Sache, bei der Wohnungsmiete also der Mieträume, während der Mietzeit zu gewähren, diese Räume insbesondere in einem zum Gebrauche geeigneten Zustande zu übergeben und während der Mietzeit darin zu erhalten (Reparaturpflicht), widrigenfalls der Mieter Beseitigung der den Gebrauch hindernden Mängel, außerdem auch gänzliche oder teilweise Befreiung vom Mietzins oder statt dessen, wenn

der Mangel bereits beim Abschluß des Vertrages vorhanden war oder infolge eines vom Vermieter zu vertretenden Umstandes entstanden ist, Schadensersatz wegen Nichterfüllung verlangen und bei Nichtgewährung oder nicht rechtzeitiger Gewährung des Gebrauches, erfolgloser Aufforderung zur Abhilfe und bei Erheblichkeit der Vorenthaltung des Gebrauches ohne Einhaltung einer Kündigungsfrist kündigen kann.

Der Vermieter hat nach dem bürgerlichen B.G.B. ferner

2. die auf dem vermieteten Grundstück ruhenden Lasten (Grund- und Gebäudesteuern, Kanalisationsabgaben u. dgl.) zu tragen und

3. dem Mieter die notwendigen, d. h. die von demselben zur Erhaltung der Mieträume gemachten Verwendungen, unbeschränkt, die nützlichen nach den Grundsätzen der Geschäftsführung ohne Auftrag d. h. insoweit sie dem Interesse des Vermieters entsprechen oder von ihm genehmigt sind, sonstige Verwendungen aber nur, soweit der Vermieter dadurch bereichert ist, zu ersetzen und dem Mieter die Wegnahme von (nicht notwendigen) Einrichtungen gegen die Verpflichtung zur Wiederinstandsetzung der Räume und Ersatz etwaigen Schadens zu gestatten.

Andererseits hat

der Mieter

1. die gemieteten Räume vertragsgemäß und mit der durch deren Beschaffenheit und Zweckbestimmung gebotenen Sorgfalt zu gebrauchen, widrigenfalls der Vermieter auf Unterlassung klagen, ferner in dem Falle, wenn der Mieter oder dessen Untermieter ungeachtet einer Abmahnung des Vermieters die Rechte des Vermieters in erheblichem Maße verletzt, ohne Einhaltung einer Kündigungsfrist kündigen, außerdem auch Schadensersatz fordern kann.

Der Mieter haftet beim Gebrauch der Mieträume nicht bloß für den durch eigenes Verschulden, sondern auch durch dasjenige seiner gesetzlichen Vertreter, der von ihm zur Erfüllung seiner Obliegenheiten bestellten Dienstleute und Familienangehörigen, sowie seiner Untermieter angerichteten Schaden; weiter auch für den Schaden, den seine Dienstleute in Ausführung einer Dienstverrichtung, sowie die seiner Aufsicht unterstellten Mitglieder seines Hausstandes während dieses Aufsichtsverhältnisses anrichten, sofern er nicht den Nachweis führen kann, daß ihm bei der Auswahl der Dienstleute und bei der Beaufsichtigung der aufsichtsbedürftigen Mitglieder seines Hausstandes kein Verschulden zur Last falle.

Der Mieter hat nach dem B.G.B.

2. das Mietgeld rechtzeitig (postnumerando) zu bezahlen, widrigenfalls der Vermieter, wenn der Mieter mit der Entrichtung zweier aufeinander folgender Zahlungstermine ganz oder teilweise im Verzuge ist, ohne Einhaltung einer Kündigungsfrist kündigen kann.

Er hat ferner

3. nach Beendigung des Mietverhältnisses die Mieträume rechtzeitig und in ordnungsmäßigem Zustande zurückzugeben und darf endlich

4. den Gebrauch der gemieteten Räume ohne Erlaubnis des Vermieters keinem Dritten überlassen, kann aber, wenn der Vermieter die Überlassung ohne wichtigen Grund verweigert, mit der gesetzlichen Frist kündigen.

Zur Sicherung der ihm hiernach zustehenden Ansprüche hat der Vermieter ein gesetzliches Zurückhaltungs- und Pfandrecht an den eingebrachten Sachen des Mieters, soweit sie demselben eigentümlich gehören und nicht nach den Vorschriften der Civilprozeßordnung der Pfändung entzogen sind.

Das sind im wesentlichen die Vorschriften des B.G.B. über die beiderseitigen Rechte und Verpflichtungen. Bei unbefangener Prüfung derselben wird man (wie schon oben in der Einleitung bemerkt wurde) dem Gesetzgeber das Zeugnis nicht versagen können, daß er bemüht gewesen ist, das Vertragsverhältnis in einer dem Wesen des Mietvertrages und der Billigkeit entsprechenden, die Interessen beider Teile gleichmäßig berücksichtigenden Weise zu gestalten.

Wird man dasselbe Zeugnis auch dem von dem Centralverbande der deutschen Hausbesitzervereine aufgestellten Vertragsformulare erteilen können?

Dasselbe hat folgenden Wortlaut:

Herr . . . vermietet an Herrn . . . und dessen Gattin unter deren samtverbindlicher Haftung in seinem Haus Nr. . . . an de . . . die Räume . . . als Geschäftslokal zum Betriebe . . . auf . . . Jahre . . . Monate . . . zu folgenden Bedingungen.

§ 1. Die Miete beginnt am . . . . und endet am . . . . Falls der Vertrag nicht . . . Monate . . . Tage vor seinem Ablauf gekündigt wird, gilt er jedesmal als um . . Jahr . . . Monat verlängert.

Bei nicht rechtzeitiger, das ist binnen drei Tagen nach Fälligkeit geleisteter Zahlung des Mietzinses ist der Vermieter zur

Kündigung des Vertrags mit dreitägiger Kündigungsfrist berechtigt.

§ 2. Die Miete beträgt auf das Jahr . . Mark . . Pfg. und ist Zug um Zug bei Beginn der Mietzeit und sodann vierteljährlich — monatlich — wöchentlich mit Mark . . . an den Kalendervierteljahrs-Monatsersten zu zahlen.

§ 3. Die dem Vermieter obliegenden Reparaturen, Verbesserungen oder sonst von diesem zu treffenden Einrichtungen in dem Mietobjekt hat derselbe innerhalb der ersten (2) Wochen nach Beginn der Mietzeit ausführen zu lassen. Das Unterlassen der vorherigen Vornahme berechtigt den Mieter nicht zu einer Auflösung des Vertrags oder zu einem Entschädigungsanspruch.

§ 4. Der Mieter übernimmt die Mieträume in gebrauchsfähigem Zustande, hat selbige in solchem Zustande während der Mietsdauer zu erhalten und nach Auflösung des Vertrags zu übergeben.

§ 5. Der Mieter verzichtet auf Ersatz von Auslagen für notwendige Reparaturen, wenn er solche vorgenommen hat, ohne dem Vermieter vorher Anzeige gemacht oder Abhilfe in angemessener Frist abgewartet zu haben. Ebenso verzichtet er auf Wegnahme etwaiger von ihm getroffener Ein- und Vorrichtungen, wenn die Entfernung derselben das Mietobjekt schädigen würde.

§ 6. Mieter verzichtet auf Aufrechnung von Gegenforderungen auf den fälligen Mietzins.

§ 7. Aftermieter ist nur bei schriftlicher Genehmigung des Vermieters gestattet. Mieter hat bei Ablehnung eines etwa in Vorschlag gebrachten Aftermieters durch den Vermieter weder einen Entschädigungsanspruch noch ein außerordentliches Kündigungsrecht.

§ 8. Mieter darf in die Mieträume dauernd nur seine Familienangehörigen — Frau, Kinder und Bedienstete aufnehmen.

§ 9. Die Schadensersatz- und Gewährleistungspflicht des Vermieters für etwaige ihm unbekannte, aber bei Vertragsabschluß vorhandene Mängel wird ausgeschlossen, sofern der Vermieter in angemessener Frist die mögliche Abhilfe trifft. Der Mieter haftet für allen Schaden, welcher durch etwa gestattete Aftermieter, Hausgenossen, Bedienstete oder Beauftragte an dem Grundstück, Haus und Zubehör angerichtet wird.

§ 10. Vermieter ist berechtigt, selbst oder durch Beauftragte die Mieträume zum Zwecke der Prüfung, ob bauliche Anordnungen zu treffen sind, mit Sachverständigen zu gelegener Zeit zu besichtigen.

§ 11. Der Mieter ist verpflichtet, nach erfolgter Kündigung die Mieträume durch Mietlustige in Begleitung des Vermieters oder dessen Beauftragten in der Zeit von . . . bis . . . besichtigen zu lassen.

§ 12. Mieter haftet dafür, daß die eingebrachten Mobilien- und Moventien sein freies Eigentum und mit keinem Pfand belastet sind. Sollte dieses sein Mobiliar nicht sein freies Eigentum sein oder der Mieter dasselbe nicht pfandfrei in die Mieträume einbringen, ist der Vermieter jederzeit berechtigt, vom Vertrage zurückzutreten.

Zum Zwecke der Ausübung seines gesetzlichen Pfandrechts steht dem Vermieter zu, die Mieträume im Beisein eines Zeugen zu betreten. Dieses Recht kann er auch durch einen Beauftragten ausüben lassen.

§ 13. Zieht Mieter vor Ablauf der Mietzeit aus, oder ist er längere Zeit abwesend, so hat er entweder dem Vermieter die Schlüssel zur Wohnung zu behändigen, damit dieser jederzeit dieselbe vorzeigen oder untersuchen kann, oder er hat Vorkehrung zu treffen, daß zu den oben angegebenen Vorzeigungszeiten jemand sich in den Mieträumen aufhält, widrigenfalls Vermieter berechtigt ist, die Mieträume öffnen zu lassen.

§ 14. Mieter haftet für alle Beschädigungen, Verstopfung an der Wasserleitung, Kloset, Gas oder elektrischen Beleuchtung, hat für die Beleuchtungskosten selbst aufzukommen und bei elektrischer Beleuchtung die Beleuchtungsapparate selbst zu beschaffen. Die Leitung geht nur bis zu seiner Wohnung. Für Nichtfunktionieren der Wasser-, Gas- oder elektrischen Leitung haftet Vermieter nicht, und steht dem Mieter kein Entschädigungsanspruch zu.

§ 15. Für den Fall der Versetzung oder des Todes des Mieters kann die Kündigung des Mietverhältnisses seitens des Mieters oder seiner Erben, soweit sie überhaupt nach dem Gesetze gestattet ist, erst zum Ablauf des dem Tode oder der Versetzung folgenden Mietehalbjahres erfolgen, unbeschadet des Rechtes der Kündigung des Vermieters zu einem früheren Termine gemäß den gesetzlichen Bestimmungen.

§ 16. Die beigedruckte Hausordnung gilt als Bestandteil des Vertrags. Die Nichtbeachtung derselben berechtigt den Vermieter nach dreimaliger Mahnung zur Kündigung des Vertrags mit dreitägiger Kündigungsfrist.

§ 17. Wenn der Vermieter wegen Verstoßes des Mieters gegen die Vertragspflicht gemäß den Bestimmungen des Gesetzes oder dieses Vertrags von seinem Kündigungsrecht Gebrauch macht, haftet der Mieter dem Vermieter für den Ausfall an Miete für die ganze Vertragsdauer

§ 18 Die Erklärung eines Mietteiles ist für den anderen Mietteil rechtsverbindlich.

§ 19. Etwa später getroffene Vereinbarungen zu gegenwärtigem Vertrage haben nur dann Wirkung, wenn solche schriftlich getroffen sind.

Dies der Wortlaut des Formulars.

Zunächst ist es fraglich, ob ein solcher einheitlicher Mietvertrag für ganz Deutschland bei der unendlichen Verschiedenheit der örtlichen Gewohnheiten und Bedürfnisse, sowie der im einzelnen Falle zu regelnden Vertragsverhältnisse überhaupt möglich und rätlich und ob er namentlich in einfachen Verhältnissen und in kleineren Städten notwendig ist. Hier wird eine Aufzeichnung der vermieteten Räume, des Mietzinses, der Zahlungs- und Kündigungsfristen genügen und im übrigen das Gesetz, sowie das beiderseitige Festhalten an Treu und Glauben eine bessere Garantie bieten, als ein umfänglicher, wohl verklausulierter Mietvertrag

Immerhin ist soviel anzuerkennen, daß in den verwickelteren Verhältnissen der Großstädte, bei der Vermietung umfangreicher Miethäuser an eine große Zahl von Mietparteien, sowie unpünktlichen und nachlässigen oder gar böswilligen Mietern gegenüber die Aufstellung einer Reihe vertragsmäßiger Normen neben den gesetzlichen nicht zu umgehen ist. Das vorliegende Formular geht aber über diesen an sich gerechtfertigten Zweck insofern hinaus, als es eine allgemeine Regelung für alle Wohnungsverträge, sowie allen Mietern gegenüber trifft und dabei in ganz übermäßiger Weise die Interessen der Vermieter betont. Eine Durchgehung der einzelnen Paragraphen desselben, sowie eine Vergleichung mit den oben angeführten Gesetzesvorschriften ergiebt, daß dasselbe für den Vermieter nur Rechte, für den Mieter nur Pflichten kennt und den Schutz und die Rechte, welche dem letzteren durch das Gesetz gewährleistet sind, thunlichst zu beseitigen, die Rechte des Vermieters aber thunlichst zu vermehren strebt. Einige dieser Bestimmungen mögen, wenn auch an sich hart und prinzipiell nicht zu billigen, doch als Notbehelfe in großstädtischen Verhältnissen zu ertragen sein, so z. B.

a) die in § 2 festgesetzte Vorauszahlung des Mietzinses, welche schon seither in einer beträchtlichen Zahl größerer Städte üblich war, dort zu erheblichen Übelständen nicht geführt hat und unbekannten oder unsicheren Mietern gegenüber dem Vermieter eine erwünschte Sicherung und einen Ersatz für die Beschränkung des gesetzlichen Pfandrechts auf die der Pfändung nicht unterworfenen Sachen bietet, und ferner

b) der in § 7 bestimmte Wegfall des außerordentlichen Kündigungsrechts des Mieters bei Ablehnung eines von ihm vorgeschlagenen Untermieters ohne Vorhandensein eines wichtigen Grundes, auch

c) die in § 15 enthaltene Einführung einer halbjährlichen Kündigungsfrist bei Versetzung oder Tod des Mieters (anstatt der gesetzlichen vierteljährlichen), obgleich dadurch die, namentlich im Todesfall, ohnehin herantretenden Opfer und Bedrängnisse der Verpflichteten ohne deren Verschulden verschärft werden.

Weit bedenklicher und teilweise für den Mieter geradezu unannehmbar sind aber die folgenden (nach dem Grundsatze der Vertragsfreiheit an sich möglichen) Bestimmungen:

a) in § 1 Abs. 2, daß bei nicht rechtzeitiger, das ist binnen drei Tagen nach Fälligkeit, geleisteter Zahlung des Mietzinses (also einer Mietrate) der Vermieter zur Kündigung mit dreitägiger Kündigungsfrist berechtigt sein soll. Nach der oben erwähnten gesetzlichen Vorschrift tritt das Kündigungsrecht des Vermieters nur ein, wenn der Mieter mit der Entrichtung zweier aufeinander folgender Mietraten im Verzuge ist, also infolge eines von ihm zu vertretenden Umstandes nicht rechtzeitig zahlt. Wollte man nun auch gegen die im Formular enthaltene Zulassung der Kündigung beim Rückstand von nur einem Zinstermin nichts einwenden, so muß doch ein anderes Bedenken schwerer ins Gewicht fallen. Nach der Wortfassung des angeführten § 1 Abs. 2 berechtigt nämlich schon die Thatsache der nicht rechtzeitigen Zahlung an sich den Vermieter zur Kündigung, so daß letztere auch dann eintreten kann, wenn die Zahlung ohne Verschulden des Mieters nicht rechtzeitig erfolgt. ein höchst unbilliges und wenig annehmbares Ergebnis, zumal, wenn man bedenkt, daß schon ein einmaliger Rückstand zur Kündigung genügen soll. Zu einem befriedigenden Ergebnis kann man hier nur gelangen, wenn man diese Vertragsbestimmung nach Treu und Glauben (157) auslegt, ihr also einen mit der gesetzlichen Vorschrift übereinstimmenden Sinn giebt und demgemäß das Kündigungsrecht nur bei schuldhaftem Verzug des Mieters in der Entrichtung einer Mietzinsrate gewährt.

b) Für den Mieter schlechthin unannehmbar ist die Bestimmung des § 4, wonach derselbe die Mieträume während der Mietzeit in gebrauchsfähigem Zustand erhalten und nach Auflösung des Vertrags übergeben soll. Diese Bestimmung verstößt gegen einen aus der rechtlichen Natur des Mietvertrags folgenden Fundamentalsatz, wonach der Vermieter während der Mietzeit den vertragsmäßigen Gebrauch der Mietsache gewähren, also dieselbe auch in dem hierzu geeigneten Zustande erhalten muß. Nur hierfür zahlt der Mieter das Mietgeld, nicht aber für die Überlassung einer Wohnung, die er wegen ihrer Mangelhaftigkeit nicht gebrauchen kann und erst gebrauchsfähig machen muß. Ist der Mangel vom Mieter oder einer durch ihn zu vertretenden Person verschuldet, dann hat derselbe schon nach dem Gesetz für die Reparatur und für Schadensersatz aufzukommen; ihm aber die gleiche Pflicht auch für den Fall eines ohne sein Verschulden eingetretenen Schadens aufzuerlegen, widerspricht ebenso dem Recht wie der Billigkeit. Die angeführte Bestimmung würde z. B. dazu führen, daß der Mieter, wenn seine Parterrewohnung infolge zufälligen Eindringens von Wasser durchnäßt und auf vier Wochen teilweise unbewohnbar geworden ist, auf seine Kosten für die Wiederherstellung sorgen und auch noch für die Zeit der Unbenutzbarkeit den vollen Mietzins zahlen müßte. Es mag unter Umständen zulässig sein, dem Mieter, namentlich einer größeren Wohnung, kleinere Reparaturen (wie Streichen der Decken und Fußböden, oder Reparaturen bis zu einem gewissen mäßigen Geldbetrag — vgl. die sog. réparations locatives nach Art. 1754 des Code civil) zur Last zu legen. Eine Vertragsbestimmung aber, nach welcher der Vermieter die ihm obliegende Reparaturpflicht in ihrer Gesamtheit auf den Mieter abwälzt und auch für die Überlassung einer gebrauchsunfähig gewordenen Sache sich gleichwohl den Mietzins ausbedingt, verstößt gegen die Grundlagen des Mietvertrags und unter Umständen geradezu gegen die guten Sitten (138).

c) Charakteristisch für den einseitigen Standpunkt des Formulars ist sodann die Bestimmung in § 14, wonach der Mieter für alle Beschädigungen (also auch die durch Zufall und ohne sein Verschulden entstandenen) an der Gas- und Wasserleitung, der elektrischen Beleuchtung und am Kloset zu haften, der Vermieter aber für das Funktionieren der Wasser-, Gas- oder elektrischen Leitung nicht einzustehen hat. Auch hier Abwälzung des gesamten Risiko für alle möglichen zufälligen Betriebsstörungen auf den Mieter, der sich nicht einmal durch den Nachweis befreien kann, daß ihn kein Verschulden trifft.

d) Nach § 16 giebt die Nichtbeachtung der Hausordnung durch den Mieter nach dreimaliger Mahnung dem Vermieter das Kündigungsrecht mit dreitägiger Frist. Wie bereits oben in § 19 bemerkt wurde, könnte diese Bestimmung nach ihrer Fassung auch dann zur Kündigung führen, wenn die Hausordnung nur in einem ganz unerheblichen Punkt, z. B. durch unverwahrte Aufstellung eines einzigen Blumenstocks auf dem äußeren Fensterbrett, verletzt wurde. Im Wege der Auslegung nach § 157 wird auch diese Bestimmung nur bei erheblicher Verletzung der Hausordnung für anwendbar zu erachten sein.

e) Nach § 18 soll die Erklärung eines Mietteiles, d. h. eines von mehreren Mietern für den anderen Mietteil, d. h. für den oder die anderen Mieter, rechtsverbindlich sein. Diese — überdies wenig klare — Bestimmung kann unter Umständen eine Mietpartei in ganz empfindlicher Weise schädigen, namentlich bei der Kündigung. Es haben z. B. Mann und Frau, wie im Eingang des Formulars verlangt wird, gemeinsam gemietet; die Frau, eine unverträgliche und leidenschaftliche Persönlichkeit, kündigt während eines Streites mit dem Vermieter demselben das Mietverhältnis. Der Mann, der von alledem nichts weiß, muß infolge davon, ungeachtet nach § 1354 B.G.B. ihm eigentlich die Leitung des Hausstands zusteht, wider seinen Willen die ihm vollständig zusagende Wohnung nach Ablauf der Kündigungsfrist räumen. Weit gerechter ist hier die gesetzliche Vorschrift in § 356 B.G.B., wonach beim Vorhandensein mehrerer Beteiligter auf der Vermieter- oder der Mieterseite eine Kündigung, um wirksam zu sein, von Allen und an Alle zu geschehen hat.

Den vorstehend herausgehobenen Bestimmungen lassen sich noch weitere hinzufügen.

So ergeben sich, ganz abgesehen von sozialpolitischen Gesichtspunkten, schon vom Standpunkte des Rechts und der Billigkeit gegen die Anwendung einer Mehrzahl von Bestimmungen in dem einheitlichen Mietvertragsformular sehr ernste Bedenken, denen sich bei unbefangener Prüfung auch billig denkende Vermieter nicht entziehen werden.

Sachregister.

(Die beigefügten Ziffern bezeichnen die Seitenzahlen.)

Kolibri 360 GmbH
Ferdinand-Jühlke-Straße 7
99095 Erfurt, Deutschland
produktsicherheit@kolibri360.de